L'islam vécu en Afrique et ses implications missiologiques pour les pentecôtistes

Dieudonné Komla Nuekpe

*Traduit de l'anglais par Komi Edina Agbavitoh
et Kpokame Kouadio Kaya Gabriel*

© Dieudonné Komla Nuekpe, 2025

Publié en 2025 par Langham Academic,
Une marque de Langham Publishing
www.langhampublishing.org

Les éditions Langham Publishing sont un ministère de Langham Partnership.

Langham Partnership
PO Box 296, Carlisle, Cumbria, CA3 9WZ, UK
www.langham.org

Numéros ISBN :
978-1-78641-241-6 Format papier
978-1-78641-242-3 Format ePub
978-1-78641-243-0 Format PDF

Ce travail est à l'origine une thèse de doctorat en études interculturelles écrite dans le cadre de l'école Torch Trinity Graduate University, Corée du Sud.

Conformément au « Copyright, Designs and Patents Act, 1988 », Dieudonné Komla Nuekpe déclare qu'il est en droit d'être reconnu comme étant l'auteur de cet ouvrage.

Tous droits réservés. La reproduction, la transmission ou la saisie informatique du présent ouvrage, en totalité ou en partie, sous quelque forme ou par quelque procédé que ce soit, électronique, mécanique, photographique, est interdite sans l'autorisation préalable de l'éditeur ou de la Copyright Licensing Agency. Pour toute demande d'autorisation de réutilisation du contenu publié par Langham Publishing, veuillez écrire à publishing@langham.org.

Les citations bibliques avec la mention « BDS » sont tirées de La Bible du Semeur® Texte copyright © 1992, 1999, 2015 Biblica, Inc.® Utilisé avec la permission de Biblica, Inc.® Tous droits réservés.

Les citations bibliques avec la mention « NBS » sont tirées de la Nouvelle Bible Segond © Société biblique française – Bibli'O, 2002. Avec autorisation.

Les citations bibliques avec la mention « S21 » sont tirées de la Bible version Segond 21 Copyright ©2007 Société Biblique de Genève. Reproduit avec aimable autorisation. Tous droits réservés.

Les citations bibliques avec la mention « NEG » sont tirées de la Nouvelle Edition de Genève Copyright © 1979 par la Société Biblique de Genève.

Les citations bibliques avec la mention « Colombe » sont tirées de la nouvelle version de la Bible Segond révisée dite « La Colombe ». ©Société Biblique Française – Bibli'O, 1978, avec autorisation.

Les citations bibliques avec la mention « LSG » sont tirées de la Bible version Louis Segond 1910 (publiée en 1910 par Alliance Biblique Universelle).

Les textes coraniques sont tirés de *Le Coran (al-Qor'àn)*, traduction de l'arabe par Régis Blachère, Paris, Maisonneuve et Larose, 1966.

Traduit de l'anglais par : Komi Edina Agbavitoh et Kpokame Kouadio Kaya Gabriel.

Titre d'origine : *Lived Islam in Africa and Its Missiological Implications for Pentecostals*, Carlisle, Langham Monographs, 2023.

Les citations qui figurent dans ce livre et sont tirées d'ouvrages en anglais ont toutes été traduites par les traducteurs.

British Library Cataloguing in Publication Data
A catalogue record for this book is available from the British Library
ISBN : 978-1-78641-241-6

Mise en page et couverture : projectluz.com

Langham Partnership soutient activement le dialogue théologique et le droit pour un auteur de publier. Toutefois, elle ne partage pas nécessairement les opinions et avis avancés ni les travaux référencés dans cette publication et ne garantit pas son exactitude grammaticale et technique. Langham Partnership se dégage de toute responsabilité envers les personnes ou biens en ce qui concerne la lecture, l'utilisation ou l'interprétation du contenu publié.

À l'apôtre Eric Nyamekye,
Président de l'Église de Pentecôte, pour une coexistence pacifique avec les musulmans en vue du développement national.

Préface

Pendant la pandémie de COVID-19, beaucoup ont été amenés à reconnaître l'impuissance des êtres humains face à la maladie et à la mort, ce qui les a amenés à contempler le monde qui suit la mort. Si le résultat naturel d'une telle contemplation est souvent la conversion à la religion établie, les résultats déformés ont varié de la dépendance aveugle aux hérésies à la confiance aveugle dans des pratiques spirituelles malsaines.

Simultanément, la pandémie a créé de nouvelles circonstances pour forger une solidarité au-delà des différences religieuses, pour s'unir contre la discrimination et la mort. Par exemple, dans le dernier numéro de *Muslim World*, un article a attiré l'attention en évoquant la solidarité des musulmans et des chrétiens noirs des États-Unis face à la réalité de l'injustice médicale, dans laquelle le racisme systémique entraîne la marginalisation des minorités dans la distribution des vaccins et les soins spécialisés[1].

Publié dans ce contexte, *L'islam vécu en Afrique et ses implications missiologiques pour les pentecôtistes* du Dr Nuekpe, présente des réflexions missiologiques opportunes et applicables sur le rôle du christianisme pentecôtiste dans l'instauration d'une solidarité et d'une guérison interreligieuses au Ghana.

Les chrétiens et les musulmans du Ghana ont entretenu des relations cordiales dans l'ensemble et, jusqu'à récemment, les chrétiens ghanéens ne cherchaient pas à évangéliser les musulmans. Plus précisément, le Dr Nuekpe analyse que trois aspects clés de la société ghanéenne ont permis de maintenir la paix entre chrétiens et musulmans : « la communauté culturelle, l'éducation coopérative et l'alliance politique ».

---

1. David D. Grafton, « Muslim-Christian Relations in the Midst of the COVID-19 Pandemic », *The Muslim World* 111, no. 4, 2021, p. 563-572.

Pour la plupart des Ghanéens, l'identité ethnique ou tribale prime sur l'identité religieuse : les Ghanéens se considèrent comme des frères et sœurs d'une même nation avant de reconnaître leur appartenance à une religion spécifique. Ainsi, cette priorité ghanéenne de l'identité communautaire constamment renforcée et intégrée dans la sphère publique – au marché, dans les fermes, lors des funérailles, des festivités culturelles – crée une base permettant aux chrétiens de forger des relations saines avec les musulmans au sein de la communauté. D'un point de vue institutionnel, le système d'éducation coopérative au Ghana invite les étudiants musulmans et chrétiens à fréquenter les mêmes écoles secondaires, où tous sont exposés aux religions traditionnelles africaines (RTA), au christianisme et à l'islam. En créant un espace propice à la compréhension mutuelle, il contribue par conséquent à atténuer les tensions interreligieuses. Enfin, le Dr Komla Nuekpe estime que la pratique consistant à intégrer des musulmans et des chrétiens dans l'élite gouvernementale a énormément contribué à la coexistence pacifique des croyants au Ghana en prévenant les conflits causés par un groupe religieux exerçant une force politique sur l'autre.

Malgré l'atmosphère généralement pacifique entretenue par ces systèmes sociétaux, des conflits entre chrétiens et musulmans continuent de surgir au Ghana, lorsque les deux confessions s'efforcent de se convertir. L'émergence de certains groupes chrétiens qui tentent de convertir les musulmans au christianisme, sans avoir une connaissance suffisante des moyens appropriés pour s'engager auprès des musulmans, a donné lieu à de vives polémiques antichrétiennes de la part des musulmans, entachant les relations pacifiques entre les deux religions. Comme l'observe le Dr Komla, il en va de même pour les chrétiens pentecôtistes du Ghana.

Bien qu'ils aient autrefois joué un rôle de premier plan dans la croissance du christianisme au Ghana, le Dr Komla estime que les chrétiens pentecôtistes n'ont pas aujourd'hui la bonne compréhension et les bonnes approches pour faire connaître l'Évangile aux musulmans. Pour répondre à ces besoins, ce livre met en évidence les domaines d'incompréhension et d'ignorance qui peuvent être réduits parmi les chrétiens ghanéens, en commençant par l'observation que les musulmans ghanéens sont des musulmans populaires qui partagent avec les pentecôtistes un héritage spirituel commun de pratiques des religions traditionnelles africaines. S'appuyant sur sa maîtrise de divers textes, ainsi que sur des réflexions perspicaces tirées de son propre ministère, l'auteur affirme que ces pratiques des religions traditionnelles africaines peuvent servir de tremplin à l'engagement des pentecôtistes auprès des musulmans par le biais de l'Évangile, et propose en outre des moyens par lesquels les pentecôtistes peuvent dialoguer avec les musulmans, tout en préservant la coexistence pacifique des confessions au Ghana.

La revitalisation de l'engagement des pentecôtistes auprès des musulmans au Ghana est d'autant plus cruciale que le pays s'efforce de se remettre de la pandémie et des défis qu'elle a posés aux revendications de vérité et aux doctrines de nombreuses communautés religieuses. En mettant l'accent sur la guérison physique et la puissance de soutien du Saint-Esprit dans l'adversité, la communauté pentecôtiste était bien placée pour répondre de manière efficace et innovante à la pandémie de COVID-19. En effet, le Dr Komla écrit que les thèmes de la guérison, de la délivrance et de la restauration, qui constituent les produits les plus essentiels sur le marché pentecôtiste africain, sont les besoins les plus ressentis par les musulmans ghanéens pendant la période pandémique et postpandémique, ce qui souligne le potentiel du christianisme pentecôtiste pour les musulmans ghanéens. En ce sens, le Dr Komla redéfinit le pentecôtisme comme « une religion reconstruite qui répond aux besoins quotidiens et aux expériences d'insécurité spirituelle et physique auxquels sont confrontés de nombreux Africains », quelle que soit leur appartenance religieuse.

Écrit par le Dr Komla, qui a une connaissance approfondie du christianisme et de l'islam ghanéens, ainsi que des religions traditionnelles africaines (RTA) qui englobent les deux, j'espère et je prie pour que ce livre devienne une force motrice pour le Ghana, connu comme la ceinture de résistance à l'islam en Afrique, en devenant une ceinture de résistance contre l'histoire du conflit islamo-chrétien.

Dr Ah Young Kim
Professeure de Mission
Torch Trinity Graduate University, Séoul (Corée du Sud)
Directrice du Torch Trinity Centre for Islamic Studies

Résumé

Cette étude décrit la présence des musulmans populaires au Ghana et analyse les implications missiologiques pour les pentecôtistes. Le Ghana était autrefois connu comme une ceinture de résistance à l'islam en Afrique. Malheureusement, cette ceinture de résistance s'est effondrée, comme en témoigne la présence, que l'on ne peut pas ignorer, de l'islam au Ghana. Bien que les relations entre chrétiens et musulmans au Ghana soient généralement cordiales, il peut y avoir des tensions, des malentendus et des affrontements religieux entre eux lorsque les chrétiens partagent l'Évangile avec les musulmans ou font des efforts de prosélytisme en utilisant des modèles missionnaires locaux.

Cette étude vise à sensibiliser à la présence des musulmans au Ghana et à mettre en lumière les domaines d'incompréhension ou d'ignorance, afin de savoir comment les pentecôtistes, le groupe de chrétiens qui connaît la croissance la plus rapide au Ghana, peuvent transmettre l'Évangile aux musulmans ghanéens de manière pacifique. Pour ce faire, cette étude a intégré des recherches sur les études interculturelles et islamiques, la missiologie pentecôtiste, l'histoire de l'Église, l'anthropologie culturelle et la théologie biblique. Grâce à un examen descriptif et analytique de cette littérature, cette étude démontre que les musulmans ghanéens sont principalement des musulmans populaires, un groupe de musulmans qui n'ont pas complètement abandonné les pratiques des religions traditionnelles africaines (RTA) lorsqu'ils ont adopté l'islam. En tant que tels, les musulmans populaires sont des personnes orientées vers la puissance, comme les pentecôtistes, et les deux groupes partagent l'héritage spirituel ghanéen des pratiques des RTA. Cet article propose de voir comment cet héritage commun peut permettre aux pentecôtistes de s'engager auprès des musulmans avec l'Évangile. Plus précisément, quatre engagements sont détaillés : l'engagement avec la théologie (rencontre de la vérité) par la douceur et le respect, l'engagement par des services d'amour qui répondent aux besoins existentiels, l'engagement par des rencontres de puissance qui répondent aux besoins expérientiels, et l'engagement par le discipulat et la puissance de soutien de l'Esprit Saint.

Abréviations

AECAWA-IRDC	Association of Episcopal Conferences of Anglophone West Africa - Inter-Religious Dialogue Commission (Association des conférences épiscopales de l'Afrique de l'Ouest anglophone - Commission de dialogue interreligieux)
AFMI	Action Faith Ministries International (Ministères internationaux de la foi en action)
RTA	Religions traditionnelles africaines
CE	Conférence des évêques
CCG	Conseil chrétien du Ghana
CMA	Coalition of Muslim Associations (Coalition des associations musulmanes)
CMCM	Converted Muslim Christian Ministries (Ministères chrétiens des musulmans convertis)
EdP	Église de Pentecôte
GPCC	Ghana Pentecostal and Charismatic Council (Conseil pentecôtiste et charismatique du Ghana)
ICGC	International Central Gospel Church (Église évangélique centrale internationale)
PNDC	Provisional National Defense Council (Conseil de défense nationale provisoire)
PROCMURA	Program for Christian-Muslim Relationships in Africa (Programme pour les relations islamo-chrétiennes en Afrique)
TTGU	Torch Trinity Graduate University
OMS	Organisation Mondiale de la Santé

Remerciements

Merci à Dieu pour sa grâce abondante, sa protection et ses conseils divins qui m'ont permis d'accéder à la Torch Trinity Graduate University (TTGU). Comme le dit un proverbe ghanéen : « La connaissance est comme un baobab, le bras d'une seule personne ne peut l'englober[1]. » Je reconnais que mon parcours vers l'obtention d'un doctorat en philosophie n'aurait jamais pu se concrétiser sans les efforts inlassables des personnes qui y ont consacré leur temps, leurs connaissances, leurs prières et leur soutien financier. Je tiens à rendre hommage à ces précieux collaborateurs, trop nombreux pour que je puisse les citer tous.

Ah Young Kim, ma professeure et ma mentore par excellence, qui a eu un impact significatif sur moi et a changé positivement ma perception des musulmans grâce à son séminaire de doctorat sur les études islamiques. Ce changement de paradigme a fait naître en moi la décision de m'atteler à la tâche actuelle. La Dr Kim m'a fourni des conseils d'expert et des encouragements inébranlables, me guidant laborieusement à travers la rigueur académique, depuis la proposition initiale jusqu'à l'achèvement de ce document. Je lui en suis sincèrement reconnaissant. Je remercie également le Dr Hyung Jin Park pour ses idées de recherche précieuses, ses encouragements et ses corrections. Je remercie le Dr Jeongmo Yoo pour son rôle de lecteur interdisciplinaire et le Dr Chang Seop Kang pour ses critiques constructives, ses prières et ses contributions. Je remercie sincèrement le Dr Seung Hyun Chung (lecteur externe) d'avoir participé à mon parcours universitaire et d'avoir consacré un temps précieux à la lecture de mon travail.

---

1. « Baobab: How One Tree Gives Life Mystery and Hope », 28 juillet 2017, https://storytimeedu.org/stories/2017/7/26/tree-of-life-the-baobab.

J'aimerais également exprimer ma sincère reconnaissance à l'ancien et à l'actuel président de la TTGU, le Dr Jung-Sook Lee et le Dr Yoon Hee Kim, pour leur leadership et le soutien institutionnel qu'ils m'ont apporté. Je suis reconnaissant à tous les professeurs qui m'ont enseigné et encouragé pendant toute la durée de mon séjour à la TTGU, je remercie le personnel administratif de la TTGU et les bibliothécaires.

Je voudrais exprimer ma gratitude au Révérend Professeur B. Y. Quarshie (Akrofi-Christaller Institut of Theology, Mission and Culture) pour avoir lu ma proposition et offert des suggestions perspicaces pour ce travail, ainsi qu'au Dr Hannah S. An pour ses encouragements lors de la phase initiale de ce travail.

Je suis redevable au personnel de l'Institut Woodberry pour les relations islamo-chrétiennes pour sa coopération, sa gentillesse et ses prières constantes. Ils sont merveilleux. Merci à Ivaneide Xavier de Sousa, qui m'a beaucoup encouragé, a relu mon travail et m'a apporté des corrections utiles. Je remercie mes amis, les pasteurs J. W. Park et Yon Hyok Lim, pour leur amitié et leur soutien. Je suis également reconnaissant au pasteur Theophilus Agbemenou pour ses encouragements constants.

Sœur Emily Tregelles, rédactrice infatigable, coopérative et très attentionnée, a brillamment corrigé l'ensemble de l'ouvrage. Je lui suis reconnaissant pour son sacrifice et le temps qu'elle a consacré à ce travail. Je remercie sincèrement le rév. prof. J. Kwabena Asamoah-Gyadu, le révérend Dr Robert Owusu, l'apôtre Dr Lord Elorm Donkor, l'apôtre Dr Samuel Ofori, et l'apôtre Dr Emmanuel Anim pour leur encouragement et pour leurs suggestions pertinentes au stade initial de ce travail. Je suis reconnaissant au professeur John Azumah de s'être intéressé personnellement à ce travail, d'avoir organisé des séances de tutorat informelles et d'avoir fourni des sources pertinentes pour mon contexte, malgré son emploi du temps chargé. L'apôtre Nii Kotei Djani mérite des éloges particuliers pour avoir été une source de bénédiction pour moi. Je tiens également à exprimer ma profonde gratitude à l'apôtre Eric Nyamekye (actuel président de l'Église de Pentecôte), à l'apôtre Professeur Opoku Onyinah (ancien président), à l'apôtre Alexander Nana Yaw Kumi-Larbi (secrétaire général), à l'apôtre Emmanuel Agyemang-Bekoe (directeur des missions internationales) et à l'ensemble du Conseil exécutif pour leur autorisation et leur soutien à ce travail.

Au fil des ans, des personnes ont sincèrement exprimé leur intérêt pour les tournants de ma vie, en particulier l'apôtre Emmanuel Gyesi-Addo, à qui je suis particulièrement reconnaissant pour le rôle qu'il a joué dans mon parcours académique à différentes époques. Je ne saurais oublier ma sœur aînée, l'adjudant de première classe à la retraite Elizabeth Nuekpe, et toute sa famille pour leurs encouragements constants.

À ma chère épouse, Juanita Recamier Toffa-Nuekpe, qui m'a poussé à poursuivre cette étude, a sacrifié son confort et a tenu bon avec moi tout en m'encourageant, en priant, en me faisant des suggestions, en m'aimant et en me donnant la tranquillité d'esprit qui m'a permis d'achever ce travail : bravo ! À mes fils Jacques Morris et Jean Claude, que le Seigneur vous bénisse pour votre soutien moral.

Introduction

Énoncé de la problématique de la recherche

Au début de la propagation de l'islam en Afrique, l'islam était géographiquement confiné à l'Afrique du Nord. Samuel Zwemer a noté que l'islam était sur le point de mourir en tant que religion, parce qu'il contenait les « germes de la mort[1] ». Cependant, au lieu de cette mort annoncée, l'islam a connu une résurgence et une croissance rapide qui ont fait sentir sa présence dans le monde entier et au Ghana. Cette propagation de l'islam en Afrique, et plus particulièrement au Ghana, est une réalité indéniable. Bien que John Spencer Trimingham ait un jour décrit le Ghana comme un « îlot de résistance » à l'influence des musulmans en Afrique[2], il n'en est pas resté là. La ceinture de résistance du Ghana s'est progressivement effondrée, comme en témoigne la prolifération des mosquées dans la capitale, Accra. John Azumah a noté qu'il n'y a pratiquement aucun village au Ghana aujourd'hui où l'on ne trouve pas de musulmans, qu'ils soient minoritaires ou majoritaires[3].

L'effondrement de cette ceinture de résistance a une signification missiologique pour les chrétiens vivant au Ghana. L'une des principales motivations des missionnaires chrétiens en Afrique de l'Ouest au début du quinzième

---

1. Samuel Zwemer, *The Influence of Animism on Islam*, New York, McMillan, 1920, p. 18, cité dans Sampson Kenneth Kofi Twumasi, « Understanding the Folk Islam of the Dagbani-Speaking People. A Prerequisite to Evangelism in North Ghana », thèse de doctorat, Andrews University, 1996, p. 49.
2. John Spencer Trimingham, *Islam in West Africa*, Oxford, Oxford University Press, 1959, p. 19.
3. John Azumah, « Controversy and Restraint in Ghana », *Transformation 17*, no. 1, janvier 2000, p. 23-26.

siècle était leur désir d'enrayer la propagation de l'islam en Afrique[4]. La conférence missionnaire d'Édimbourg a par la suite mis l'accent sur ce même objectif d'enrayer la propagation de l'islam, en déclarant que « toute la stratégie de la mission chrétienne en Afrique devrait être considérée en relation avec l'islam[5] ». Si les Ghanéens ne prennent pas conscience de la situation, le pays, qui était autrefois considéré comme une nation chrétienne, pourrait devenir une nation musulmane.

Cette prise de conscience est particulièrement nécessaire chez les pentecôtistes. Le Ghana Pentecostal and Charismatique Council (GPCC, le Conseil pentecôtiste et charismatique du Ghana) est le plus grand organisme de tutelle religieux du Ghana qui dirige les affaires des dénominations pentecôtistes et charismatiques. L'Église de Pentecôte est l'un des principaux membres de ce conseil en termes d'influence et de nombre de membres. Malgré sa taille et son influence, Rahman Yakubu a noté que le GPCC n'a « aucune politique ou formation pour les Églises membres sur la question de l'islam et des relations islamo-chrétiennes[6] ». Les Églises membres n'ont pas une bonne compréhension de l'islam, ce qui se traduit souvent par une approche conflictuelle et polémique des relations entre chrétiens et musulmans, caractérisée par d'âpres affrontements entre les membres du GPCC et les musulmans[7].

En particulier, une meilleure connaissance de l'islam populaire est nécessaire. L'islam populaire est une variété de la foi qui résulte du mélange de l'islam avec les superstitions et les pratiques religieuses traditionnelles africaines, en particulier en Afrique subsaharienne. L'expérience vécue et la pratique religieuse des musulmans populaires, ceux qui pratiquent l'islam populaire, s'écartent de l'islam orthodoxe en raison des coutumes et croyances populaires issues du mysticisme et de l'animisme[8].

Parce que les responsables missionnaires au sud du globe s'appuient avec confiance sur l'action surnaturelle du Christ ressuscité à travers des rencontres

---

4. K. B. C. Onwubiko, *History of West Africa. Book Two*, Accra, Africana Publishing, 1985, cité dans Elom Dovlo et Alfred Ofosu Asante, « Reinterpreting the Straight Path. Ghanaian Muslim Converts in Mission to Muslims », *Exchange* 32, no. 3, juillet 2003, p. 214.
5. *Ibid.*
6. Rahman Yakubu, « Ghana », dans *The African Christian and Islam*, sous dir. John Azumah et Lamin Sanneh, Carlisle, Langham Monographs, 2013, p. 307.
7. *Ibid.*
8. Paul G. Hiebert, *Transforming Worldviews. An Anthropological Understanding of How People Change*, Grand Rapids, Baker Academic, 2008, p. 46.

de puissance, ils peuvent être particulièrement bien placés pour s'engager auprès des musulmans populaires[9]. Les pays du Sud sont généralement moins développés que les pays du Nord et sont donc plus enclins à faire appel à des rencontres surnaturelles. Les musulmans populaires sont plus intéressés par l'intervention de Dieu dans leur réalité actuelle que par une forme de discussion dogmatique sur Dieu. Ainsi, les responsables missionnaires du Sud qui s'appuient sur la puissance de soutien du Saint-Esprit sont en mesure de démontrer l'œuvre de Dieu parmi les musulmans populaires. Cependant, sans une formation ou des méthodes d'engagement appropriées, les missions des pentecôtistes auprès des musulmans[10] manqueront d'efficacité.

De nombreux chrétiens vivant dans les pays du Sud avec une forte présence musulmane n'oseraient pas témoigner auprès de leurs concitoyens, même si on leur offrait de très bons salaires pour le faire[11]. Ils souffrent d'humiliations et d'agressions physiques et sont considérés comme des citoyens de seconde zone, si bien que les innombrables séminaires et formations organisés par les missionnaires occidentaux pour s'engager auprès des populations locales au Moyen-Orient, au Pakistan, en Inde, au Bangladesh, en Malaisie et en Indonésie n'aboutissent qu'à de maigres résultats[12]. Le Sud est donc devenu un faiseur de disciples de confiance pour les musulmans. Les Églises d'Amérique latine, d'Afrique et d'Asie sont considérées par le monde entier comme des partenaires de l'Évangile pour les musulmans, en raison de la croissance du christianisme dans ces régions[13]. On s'attend à ce que d'ici 2025, quatre missionnaires sur cinq viennent du Sud, de sorte que le travail de la moisson reposera sur leurs épaules[14]. C'est pourquoi il est nécessaire de

---

9. Greg Livingstone, « Laborer from the Global South. Partnering in the Task », dans *From Seed to Fruit. Global Trends, Fruitful Practices, and Emerging Issues among Muslims*, sous dir. J. Dudley Woodberry, 2ᵉ éd., Pasadena, William Carey Library, 2011, p. 86.

10. L'expression « mission des pentecôtistes auprès des musulmans » désigne le partage de l'Évangile avec les musulmans par des personnes d'origine pentecôtiste, dont l'identité est enracinée dans les événements de la Pentecôte (Ac 2) et le réveil de la rue Azusa au début du vingtième siècle, qui mettait l'accent sur les manifestations surnaturelles du Saint-Esprit par le biais des dons du Saint-Esprit. Plus précisément, les pentecôtistes de l'hémisphère sud ont l'intention de participer à la mission de Dieu auprès des musulmans populaires. Opoku Onyinah, « The Movement of the Spirit around the World in Pentecostalism », *Transformation* 30, no. 4, 2 octobre 2013, p. 273-286.

11. Livingstone, « Laborer from the Global South. Partnering in the Task », p. 42.

12. *Ibid.*

13. *Ibid.*, p. 41.

14. *Ibid.*, p. 43.

mener des recherches dans une perspective africaine, afin de sensibiliser et de réduire les malentendus dans les relations entre chrétiens et musulmans au Ghana et d'élaborer un modèle de mission pour l'évangélisation pentecôtiste auprès des musulmans populaires.

Alors que de nombreuses personnes s'efforcent de gagner les musulmans au Christ, « nous ne sommes pas au début de la fin, mais seulement à la fin du début » ; il faut donc redoubler d'efforts et adopter des pratiques fructueuses pour partager l'Évangile[15]. En raison de la croissance du christianisme dans les pays du Sud, y compris le Ghana, il existe à la fois de grands espoirs et un certain scepticisme quant au fait que la forte augmentation du nombre de chrétiens se traduira par une forte augmentation du nombre de pionniers de l'implantation d'Églises parmi les musulmans, réduisant ainsi la croissance de l'islam.

Contexte de l'étude

La croissance de l'islam et ses implications pour les pentecôtistes

Nombreux sont ceux qui pensent que la majorité des musulmans résident dans le monde arabe. Pourtant, les Arabes ne représentent que 20 % de la population islamique dans le monde[16]. Des études démographiques montrent que l'islam est la religion majoritaire dans cinquante pays, en particulier en Asie du Sud-Est. Cela signifie que la présence de l'islam est bien représentée dans les nations non arabes, comme en témoigne la diversité culturelle que l'on trouve dans les mosquées du monde entier. L'islam a été classé parmi les religions mondiales à la croissance la plus rapide[17], et cette tendance peut être liée au déclin du christianisme dans le monde occidental.

Il existe suffisamment de preuves visibles de la présence croissante des musulmans dans le monde occidental pour renforcer la motivation des musulmans à voir l'islam dominer le monde. Une évaluation de la croissance des

---

15. *Ibid.*, p. 39.
16. Patrick Johnstone, « Look at the Fields. Survey of the Task », dans *From Seed to Fruit. Global Trends, Fruitful Practices, and Emerging Issues among Muslims*, sous dir. J. Dudley Woodberry, 2ᵉ éd., Pasadena, William Carey Library, 2011, p. 6.
17. Michael Lipka et Conrad Hackett, « Why Muslims Are the World's Fastest-Growing Religious Group », Pew Research Center, 6 avril 2017, http://pewrsr.ch/2nOPNXY.

religions mondiales par pays entre 1900 et 2050 prévoit que l'islam passera de 0,2 milliard de personnes à 2,5 milliards. Au cours de cette période, la population mondiale aura été multipliée par près de six, tandis que les musulmans auront été multipliés par plus de douze. L'islam a considérablement dépassé le christianisme, étant donné que les chrétiens d'Occident n'ont plus de familles nombreuses et que le taux de natalité est faible par rapport aux familles musulmanes. La conversion à l'islam par le mariage, la persuasion et la conviction ne représente pas plus de 10 % de sa croissance, tandis que près de 90 % de sa croissance est due à la natalité[18]. La tendance à la croissance de l'islam au fil des ans a prouvé que le monde non musulman a subi des transformations historiques qui ont entraîné une crise profonde pour le christianisme.

De même, l'influence de l'islam se retrouve dans presque tous les secteurs du Ghana. Depuis quelques années, les musulmans se sont lancés dans un programme agressif de sécularisation pour mettre en place des systèmes d'éducation islamiques, et le gouvernement du Ghana, pour des raisons politiques, a progressivement mis en place des unités islamiques qui supervisent les écoles anglaises et arabes financées par le gouvernement. Depuis l'indépendance du Ghana, la communauté musulmane internationale s'est intéressée de près à ce pays et a soutenu stratégiquement l'agenda islamique en accordant des prêts gouvernementaux et diverses aides aux ONG musulmanes. Elle a soutenu, entre autres, les secteurs de l'agriculture et de la santé au Ghana. Pour la première fois depuis 1996, le parlement ghanéen a accordé deux jours fériés aux musulmans, l'Eid-al-Fitr et l'Eid-al-Adha, signe visible que l'islam gagne en influence au Ghana. En 2002, la Coalition des associations musulmanes (CMA) estimait que l'islam représentait 45 % de la population ghanéenne, qui compte 21 millions d'habitants[19]. Bien que le recensement effectué par le service statistique du Ghana en 2000 ait contredit le chiffre de la CMA, la dispersion des musulmans à travers le pays ainsi que leur présence et leur influence dans les sphères publiques, en particulier dans la région du nord du Ghana, confirment l'affirmation de la CMA[20]. Depuis

---

18. Johnstone, « Look at the Fields. Survey of the Task », p. 40.
19. Elom Dovlo et Alfred Ofosu Asante, « Reinterpreting the Straight Path. Ghanaian Muslim Converts in Mission to Muslims », *Exchange* 32, no. 3, juillet 2003, p. 216.
20. *Ibid.*

l'an 2000, le Ghana a élu deux vice-présidents musulmans sous les auspices du Parti Patriotique National. L'influence de l'islam au Ghana ne peut plus être sous-estimée, comme en témoigne la présence visible de musulmans dans la politique et dans d'autres ministères du pays. Même si l'on attend de chaque Ghanéen qu'il contribue à la construction de la nation et qu'il soit politiquement conscient et actif, les chrétiens doivent être conscients des effets de la présence des musulmans. Mohammad Saani Ibrahim a déclaré que l'une des raisons de la montée de l'islam (wahhabisme) dans le nord du Ghana était l'élection et l'influence des musulmans dans la politique électorale du Ghana. Lors des élections parlementaires de 2008, les musulmans ont remporté vingt et un sièges parlementaires dans le nord du pays et leur domination politique leur a finalement donné « un levier pour diffuser leurs croyances doctrinales et les faire accepter par la population[21] ».

Au milieu des années 1980, on a assisté à une émergence soudaine de la mission chrétienne auprès des musulmans au Ghana, sous l'impulsion de missions chrétiennes spécifiques, telles que « Xristomus Publications, l'organisation Converted Muslim Christian Ministries (CMCM), et le Markaz Al Bishara[22] ». Malgré les efforts de ces groupes pour atteindre les musulmans, l'islam continue de croître au Ghana. En 2010, selon la démographie religieuse du Pew Research Center, 74,9 % de la population ghanéenne était chrétienne, et les musulmans ne représentaient que 15,8 % de la population. En 2020, la population chrétienne est tombée à 73,6 %, tandis que la population musulmane a augmenté à 17,5 %. D'ici 2050, on estime que la population musulmane augmentera considérablement pour atteindre 22,3 % (11 030 000 personnes), tandis que les chrétiens chuteront à 67,8 % (34 490 000 personnes)[23].

Alors que Samuel Huntington a prédit que la population musulmane dépasserait la population chrétienne au début du XXIe siècle, Philip Jenkins affirme que le christianisme ne succombera probablement pas à l'augmentation du nombre de musulmans, en raison de l'augmentation du

---

21. Mohammad Saani Ibrahim, « The Decline of Sufism in West Africa. Some Factors Contributing to the Political and Social Ascendancy of Wahhabist Islam in Northern Ghana », thèse de doctorat, McGill University, Montréal, octobre 2011, p. 2.
22. Dovlo et Asante, « Reinterpreting the Straight Path », p. 214.
23. Pew Research Center, « The Future of World Religions. Population Growth Projection 2010–2050 », Washington, D.C., Pew Research Center, 2016.

nombre de chrétiens évangéliques, en particulier dans l'hémisphère Sud[24]. Patrick Johnstone affirme également que, comme certains musulmans se convertissent au christianisme évangélique, « nous pourrions être surpris par le nombre de disciples de Jésus qui sortiront des tombes musulmanes[25] ».

Les premiers missionnaires au Ghana ont d'abord ciblé les traditionalistes, c'est-à-dire les adeptes des religions indigènes, dans le but d'empêcher leur conversion à l'islam. Ce faisant, ils ont tenté de freiner la propagation de l'islam au Ghana. Cependant, ils n'ont pas fait d'efforts particuliers pour faire connaître l'Évangile aux musulmans. Musulmans et chrétiens coexistaient au Ghana en tant que rivaux pour les âmes des « païens non convertis ». Quelques musulmans ont subi une certaine forme d'influence chrétienne dans les écoles missionnaires chrétiennes, mais rien ne prouve que ces écoles missionnaires aient réussi à instruire les musulmans dans la foi chrétienne[26]. C'est pourquoi, malgré le mandat biblique et l'aspiration historique des missionnaires au Ghana à faire connaître l'Évangile aux musulmans, les adeptes de l'islam ont été négligés plus que toute autre population au Ghana[27].

L'essor du pentecôtisme africain

Malgré les efforts des mouvements modernes, il n'y avait globalement que trois millions de disciples de Jésus dans les Églises protestantes en 1887[28]. Bien que le message de l'Évangile ait continué à être prêché après la conférence missionnaire d'Édimbourg, de 1910 à 1960, la semence est tombée sur un sol dur, caractérisé par une théologie moderne et libérale qui l'a rendue improductive. Après les années 1960, la fin de l'impérialisme colonial occidental a entraîné une augmentation des conversions[29]. Le christianisme a connu une croissance massive dans l'hémisphère Sud, en particulier en Afrique, en Asie et en Amérique latine.

---

24. Johnstone, « Look at the Fields. Survey of the Task », p. 31.
25. *Ibid.*, p. 40.
26. Dovlo et Asante, « Reinterpreting the Straight Path », p. 215.
27. *Ibid.*, p. 214.
28. B. Broomhall, « The Evangelization of the World, a Missionary Band. A Record of Consecration, and an Appeal », dans *From Seed to Fruit. Global Trends, Fruitful Practices, and Emerging Issues among Muslims*, sous dir. J. Dudley Woodberry, 2ᵉ éd., Pasadena, William Carey Library, 2011, p. 33.
29. Johnstone, « Look at the Fields. Survey of the Task », p. 33.

Le centre de gravité du christianisme se trouve aujourd'hui dans l'hémisphère Sud, et cette croissance est spécifiquement défendue par le mouvement pentecôtiste. Selon Allan Heaton Anderson, le pentecôtisme est le mouvement religieux qui connaît la croissance la plus rapide dans le monde d'aujourd'hui[30], et il est le fer de lance de l'expansion mondiale du christianisme au XXIe siècle. Dana L. Roberts souligne que les régions chrétiennes les plus peuplées du monde d'ici le milieu du XXIe siècle devraient se trouver dans l'hémisphère Sud, en Afrique et en Amérique du Sud[31]. Selon Kwabena Asamoah-Gyadu, la croissance massive du christianisme et sa transformation en Afrique sont dues à l'influence du pentecôtisme[32]. L'augmentation de la population chrétienne dans l'hémisphère Sud ne se traduit toutefois pas par une réduction de la population musulmane, comme on pourrait s'y attendre.

La croissance de l'Église de Pentecôte en tant que pentecôtisme africain local

L'Église de Pentecôte (EdP), qui est la version locale du pentecôtisme africain, est devenue la plus grande Église protestante du Ghana, avec une forte orientation missionnaire[33]. Le pentecôtisme ghanéen a eu un impact considérable sur la croissance du christianisme au Ghana. À l'instar de nombreuses dénominations pentecôtistes, l'un des principaux facteurs contribuant à la croissance de l'EdP est le phénomène pneumatique – l'accent mis sur le rôle du Saint-Esprit dans la mission, les signes et les prodiges, et les rencontres de puissance dans l'évangélisation. Son succès repose sur une augmentation des conversions, par le biais du gain des âmes et de l'évangélisation[34]. Cette étude part du principe que le manque de sensibilisation et de pratiques efficaces en

---

30. Allan Heaton Anderson, *To the Ends of the Earth. Pentecostalism and the Transformation of World Christianity*, New York, Oxford University Press, 2013, p. 1.
31. Dana L. Robert, *Christian Mission. How Christianity Became a World Religion*, West Sussex, John Wiley & Sons, 2009, p. 9.
32. J. Kwabena Asamoah-Gyadu, « Pentecostalism and the Missiological Significance of Religious Experience. The Case of Ghana's Church of Pentecost », *Trinity Journal of Church and Theology* 12, no. 1, juillet/décembre 2002, p. 30.
33. Ghana Evangelical Committee, « Survey of Churches in Ghana, 1989, 1991, 2010 », cité dans Amos Jimmy Markin, « Spirit and Mission. The Church of Pentecost as a Growing African Pentecostal Denomination », thèse de doctorat, South African Theological Seminary, 2018, p. 21.
34. *Ibid.*, p. 9.

matière d'évangélisation des musulmans explique l'incapacité des pentecôtistes à attirer l'attention des musulmans.

Azumah affirme à juste titre qu'il y a un manque général de sensibilisation et d'intérêt parmi les chrétiens concernant les questions relatives aux musulmans. De nombreux chrétiens et responsables chrétiens ghanéens ne voient pas l'intérêt de mener des études islamiques. L'impression que les chrétiens ghanéens ont des musulmans est celle d'un « gardien sale et analphabète du nord ou d'une bande d'étrangers grossiers vivant dans la partie la plus sale et la plus crasseuse de la ville », et ce sont des objets d'évangélisation ou de conversion. Leur présence au Ghana ne pose aucun problème pour les « confronter à Jésus[35] ». Étant donné que les pentecôtistes ont contribué de manière significative à la croissance du christianisme au Ghana, ils pourraient être en mesure de sensibiliser les musulmans à l'Évangile de manière plus efficace s'ils avaient une meilleure compréhension de l'islam et s'ils utilisaient des méthodes appropriées.

Les musulmans populaires au Ghana

Zwemer souligne que « l'islam, dans ses contacts avec l'animisme, n'a pas été le vainqueur, mais plutôt le vaincu[36] ». Plus de 70 % des musulmans sont influencés par l'islam populaire, dont les pratiques offrent des possibilités de dialogue entre chrétiens et musulmans. Nombreux sont ceux qui pensent que les musulmans sont homogènes et que l'image monolithique de l'islam est profondément ancrée dans l'esprit du commun des mortels. Cependant, ce qui se passe dans la vie privée des musulmans va au-delà de l'orthodoxie morte. Partout dans le monde, les musulmans sont à la recherche d'un islam pratique qui réponde à leurs besoins quotidiens et qui ne soit pas de simples données cognitives sous forme de lignes directrices et de pratiques, qui laissent des vides dans l'âme des adeptes[37].

La majorité des musulmans africains croient beaucoup plus en l'islam populaire qu'en l'islam orthodoxe[38], car l'islam populaire apporte facilement

---

35. Azumah, « Controversy and Restraint in Ghana », p. 23-26.
36. Zwemer, *The Influence of Animism on Islam*, cité dans Twumasi, « Understanding the Folk Islam », p. 49.
37. Philip L. Parshall, *Bridges to Islam. Christian Perspective on Folk Islam*, Downers Grove, IVP, 2006, p. 3.
38. Twumasi, « Understanding the Folk Islam », p. 51.

des solutions aux questions sans réponse des musulmans africains. En raison du potentiel de l'islam populaire à attirer les habitants des campagnes et les analphabètes, les missiologues le perçoivent comme un islam populaire dans le sens où « il cherche à s'occuper du cœur du dévot plutôt que de sa tête[39] ». Les musulmans du Ghana sont quotidiennement confrontés à des problèmes réels, tels que la peur des mauvais esprits et des sorciers. Bill Musk résume ainsi les pratiques de l'islam populaire :

> L'islam populaire a ajouté toute une série de croyances et de pratiques animistes. L'utilisation du rosaire pour la divination et la guérison, l'utilisation d'amulettes et de talismans, l'utilisation de coupures de cheveux et d'ongles, la croyance et la pratique du culte des saints, l'utilisation de charmes, de nœuds, de magie, de sorcellerie, l'exorcisme des démons, la pratique du culte des arbres et des pierres, la malédiction et la bénédiction – et bien d'autres pratiques animistes – témoignent du fossé qui sépare la religion théologique de la religion réelle[40].

Azumah écrit que l'islam n'est pas un *homo islamicus* et ne peut être considéré comme une entité monolithique dotée d'un système de croyances unifié[41]. L'islam est adapté au Ghana en fonction des différents contextes culturels et groupes de population. Par exemple, l'islam dans le nord du Ghana est différent de l'islam dans les régions de la Volta, de l'Ashanti ou du centre (où vit le peuple Fante). Quelle que soit la forme de l'islam, ses expressions sont souvent absorbées par l'héritage africain spécifique du milieu. Par exemple, l'islam soufi est considéré comme un « islam africain », parce que de nombreux éléments des RTA s'y sont retrouvés[42]. Même si l'influence de la forme wahhabite de l'islam s'est accrue dans certaines parties du nord du Ghana, en particulier à Tamale, en raison de l'influence sociopolitique, le

---

39. *Ibid.*, p. 50.
40. Parshall, *Bridges to Islam*, p. 2.
41. John Azumah, « Fault Lines in African Christian Responses to Islam », dans *The African Christian and Islam*, sous dir. John Azumah et Lamin Sanneh, Carlisle, Langham Monographs, 2013, p. 126.
42. D. Westerlund et E. Rosander, sous dir., « African Islam and Islam in Africa. Encounter Between Sufis and Islamists », Athens, Ohio University Press, 1997, cité dans Mohammad Saani Ibrahim, « The Decline of Sufism in West Africa. Some Factors Contributing to the Political and Social Ascendancy of Wahhabist Islam in Northern Ghana », thèse de doctorat, McGill University, Montreal, octobre 2011, p. 23.

soufisme reste la forme prédominante de l'islam au Ghana[43]. Son expression est presque identique aux pratiques islamiques populaires. Le soufisme est communément appelé « mysticisme musulman[44] », c'est-à-dire la connaissance des mystères ou « la communion avec le divin par l'intuition et la contemplation ». Le Coran différencie « le monde du témoignage », qui est le monde visible ou perceptible, du « monde du mystère », qui ne peut être découvert par la vue naturelle. Le soufisme vise à percer le monde invisible pour découvrir les réalités spirituelles qui ne peuvent être obtenues par la simple foi. Il fait référence à l'état où l'humanité cède la place à la divinité et où toute trace humaine disparaît[45]. Le nom de soufisme vient du verbe arabe *sufiya*, qui signifie « il a été purifié ». David W. Shenk définit les soufis comme les mystiques de l'islam, car leur quête est de faire l'expérience de Dieu.

Les racines de la spiritualité soufie plongent dans les premiers moments de l'histoire de l'islam. Le soufisme est un mouvement syncrétique qui a vu le jour à Bagdad, deux siècles après le déplacement du prophète Muhammad (*hijra*) de La Mecque à Médine[46]. Al Hallaj, un saint soufi de la première heure du mouvement soufi, a été crucifié après avoir été accusé d'avoir revendiqué la possibilité d'une présence divine. À ses côtés, un saint soufi de Somalie, Shaikh Uways, a été martyrisé avec vingt-six de ses disciples à Biyolay en 1909[47]. Le mur de séparation entre l'islam soufi et l'islam orthodoxe remonte à un paradoxe coranique qui nie la communion entre Dieu et l'humanité, *tanzih* (sourate 112), et à une doctrine sur l'amitié avec Dieu, *awilya* (Coran 5.53-54 ; 10.63)[48].

Le soufisme est une réponse au désir ardent des musulmans de faire l'expérience de Dieu, qui peut être comparé au pentecôtisme et à l'aspiration des chrétiens ghanéens à faire l'expérience de Dieu personnellement. Dans le soufisme, les musulmans croient que, parce qu'ils sont des êtres imparfaits, ils ne peuvent recevoir la bénédiction (*baraka*) de Dieu sans un intermédiaire

---

43. Ibrahim, « The Decline of Sufism in West Africa », p. 6.
44. Eric Geoffrey, *Introduction to Sufism. The Inner Path of Islam*, Bloomington, World Wisdom, 2010, p. 2.
45. *Ibid.*
46. David W. Shenk, « The African Christian and Islamic Mysticism. Folk Islam », cité dans John Azumah et Lamin Sanneh, *The African Christian and Islam*, Carlisle, Langham Monographs, 2013, p. 252.
47. *Ibid.*
48. *Ibid.*

ou un intercesseur. L'intercesseur est censé être une personne décédée qui a mené une vie sainte pendant son séjour sur terre et qui remplit les conditions requises pour devenir un saint local[49]. L'image d'un intercesseur dans le soufisme partage certaines nuances avec la croyance africaine traditionnelle dans les ancêtres, et a donc une signification missiologique. Cependant, dans le Coran, il ne peut y avoir d'intercesseur que s'il est désigné par Dieu : « [*ces infidèles*] ne posséderont aucune intercession sauf ceux qui ont pris un pacte auprès du Bienfaiteur » (Coran 19.87). Alors que certains musulmans sont confrontés à la question de l'intercesseur, d'autres croient, sur la base du *ḥadīth*, que Muhammad agira comme un intercesseur dans le tribunal d'Allah lors du jugement final.

L'islam affirme que Dieu est plus proche des musulmans que la veine jugulaire (Coran 50.16) ; cependant, cette proximité ne conduit pas à la connaissance de Dieu. Dieu révèle ses qualités aux musulmans, mais pas son essence. En particulier parce que Dieu ne peut pas rencontrer les musulmans, il peut faire descendre sa volonté par sa grande compassion, mais une relation personnelle avec les gens est hors de question. Il est donc impossible de connaître Dieu personnellement. Les soufis souhaitent faire l'expérience de Dieu personnellement, mais le seul moyen d'y parvenir est de réciter les noms et les qualités de Dieu pour se souvenir de lui (*dhikr*) et de réciter les quatre-vingt-dix-neuf noms à l'aide du *tasbih* (le chapelet musulman composé de quatre-vingt-dix-neuf perles)[50].

L'Évangile, appelé Injil par les musulmans, désigne Jésus le Messie comme l'unique et véritable intercesseur, indestructible et éternel (Hé 7.23-28)[51] et dit : « Le Seigneur a juré, et il ne se repentira pas : Tu [le Messie] es sacrificateur pour toujours » (Hé 7.21, LSG). En outre, Jésus lui-même a promis que « le Père vous donnera tout ce que vous lui demanderez en mon nom » (Jn 15.16, NFC). Le ministère d'intercession de Jésus répond à la quête d'un intercesseur chez les musulmans soufis, qui imprègne la spiritualité des musulmans africains. Le soufisme offre donc des passerelles qui permettent aux chrétiens pentecôtistes de dialoguer avec les musulmans.

---

49. *Ibid.*, p. 255.
50. *Ibid.*, p. 259.
51. *Ibid.*, p. 255.

Une majorité de musulmans pratiquent le mysticisme et considèrent les dirigeants musulmans populaires comme des médiateurs entre les hommes et Dieu, dotés de certains pouvoirs de guérison. La pratique mystique du soufisme prépare donc le terrain pour l'explication d'un guérisseur divin et du pouvoir de restauration et de soutien de l'Esprit Saint. Nombreux sont ceux qui en ont assez de tenter d'obtenir le salut par le biais d'un système interminable de lois et de rituels. Les musulmans ayant une orientation mystique n'ont pas l'assurance du salut que Jésus seul donne (1 Jn 5.13). Il existe un vide spirituel qui doit être comblé par une relation personnelle d'amour avec Dieu par l'intermédiaire du Messie, Jésus. Cette étude part donc du principe que l'islam populaire contient des éléments qui servent de passerelles pour le dialogue avec les musulmans et que, en s'appuyant sur le Saint-Esprit, les chrétiens peuvent partager l'Évangile pour répondre à la quête des musulmans d'une relation personnelle avec Dieu.

L'engagement des chrétiens auprès des musulmans au Ghana

En 1984, un responsable d'une Église membre du Conseil chrétien du Ghana (CCG), une Église traditionnelle, a engagé les musulmans ghanéens dans des débats publics agressifs et conflictuels qui ont abouti à sa mort prématurée[52]. Plus tard, le 30 novembre 1996, huit personnes ont été blessées à Kumasi, la deuxième ville du Ghana, lors d'une confrontation entre jeunes musulmans et chrétiens. Une approche polémique du dialogue entre chrétiens et musulmans a été à l'origine de l'affrontement. De jeunes musulmans ont détruit le système de sonorisation utilisé par un groupe d'évangélistes chrétiens pour prêcher dans les rues et sur les places publiques. Les fenêtres et les systèmes d'éclairage de sécurité des églises presbytériennes et méthodistes de Kumasi ont été vandalisés par les jeunes musulmans au cours de la rencontre, tandis que les jeunes chrétiens ont également brisé des échoppes et des hangars traditionnels appartenant aux musulmans[53].

Depuis lors, le CCG s'engage auprès des musulmans par le biais d'une approche relationnelle dans le cadre de sa participation au Programme pour

---

52. Yakubu, « Ghana », p. 311.
53. Ben Ephson, « Muslim-Christian Clashes Escalate », *Christianity Today* 40, no. 2, 5 février 1996, p. 102.

les relations islamo-chrétiennes en Afrique (PROCMURA). Le PROCMURA a été fondé en 1959 sous le nom de Projet Islam en Afrique, dans le but d'aider l'Église en Afrique à comprendre sa mission auprès des musulmans et à interpréter et partager l'Évangile au sein de l'islam[54]. Comme l'a souligné Yakubu, il existe un niveau élevé d'ignorance de l'islam parmi les chrétiens et une « réalité du potentiel de conflits interreligieux en Afrique[55] ». L'essence du PROCMURA est donc d'équiper ses coordinateurs pour qu'ils forment les Églises membres à un dialogue constructif avec les musulmans. Il produit des publications pour promouvoir l'éducation à l'islam, ainsi que des bulletins d'information trimestriels à l'intention des Églises membres. Le CCG organise également des séminaires et des ateliers pour les Églises sur le témoignage chrétien et les relations interreligieuses, et il avait l'habitude de publier un bulletin annuel pour les femmes leaders, appelé « Breakthrough », sur des questions liées à l'islam. Toutefois, ce bulletin n'est plus publié[56].

L'approche du programme promeut une manière holistique de dialogue avec les musulmans plutôt que l'approche des pentecôtistes ghanéens centrée sur la conversion. Le PROCMURA œuvre en faveur de la paix, de la tolérance et d'une compréhension mutuelle propice au dialogue entre chrétiens et musulmans. Malheureusement, les dénominations pentecôtistes ne font pas partie de ce conseil, principalement en raison de différences doctrinales avec les Églises principales, et ne peuvent donc pas bénéficier des projets du PROCMURA.

L'approche de l'Église catholique romaine

La Conférence des évêques catholiques du Ghana, également appelée Conférence des évêques (CE), fait partie du CCG et est un membre à part entière du PROCMURA. La CE comprend l'Association des conférences épiscopales de l'Afrique de l'Ouest anglophone - Commission de dialogue interreligieux (AECAWA-IRDC), qui est chargée des affaires interreligieuses de la CE. La commission vise à encourager le dialogue entre les catholiques et les autres religions et a été créée en réponse au discours du pape Jean Paul II du 3 mars 1984, qui soulignait l'importance du dialogue interreligieux. Ce

---

54. Yakubu, « Ghana », p. 308.
55. *Ibid.*, p. 309.
56. *Ibid.*

discours a motivé les catholiques à dialoguer avec les personnes d'autres confessions, y compris les musulmans, au fil des ans. Par l'intermédiaire de l'AECAWA-IRDC, les catholiques du Ghana se sont engagés auprès des musulmans en organisant des sessions d'étude communes et des recherches sur l'islam lors d'un événement annuel de deux à trois jours qui rassemble des musulmans, des chrétiens et des praticiens des RTA. Au cours de cet événement, ils discutent de questions d'intérêt commun. L'approche de l'Église catholique n'est pas propre au Ghana, mais elle est liée à la politique du Vatican en matière d'engagement avec les personnes d'autres confessions[57].

Les approches des deux conseils non pentecôtistes, le CCG et le CE, démontrent des méthodes viables de relations avec les musulmans, de sensibilisation à la présence et à l'influence des musulmans au Ghana, et de gestion des défis éventuels qu'ils posent au christianisme. Leurs approches ont contribué au changement progressif de la mentalité chrétienne ghanéenne à l'égard des musulmans, qui sont passés d'une non-entité à une force avec laquelle il faut compter, et de la violence à la coexistence[58]. Bien que l'on ne puisse pas affirmer que les actions du CCG ont abouti à la conversion de musulmans ghanéens au christianisme, les Églises membres peuvent au moins témoigner que leurs actions ont conduit à des relations pacifiques avec les musulmans. Bien que le CCG ait réussi à éduquer ses propres membres au sujet des musulmans, elle ne semble pas réussir à parler du Christ aux musulmans. Le CCG adopte une « présence silencieuse » pour représenter le Christ auprès des musulmans et du monde incroyant, sans partager l'Évangile directement avec les musulmans.

Il est plutôt regrettable que les Églises pentecôtistes du Ghana ne fassent pas partie de ces projets et qu'elles n'aient toujours pas la compréhension nécessaire pour dialoguer avec les musulmans. En outre, je n'ai encore trouvé aucune recherche effectuée par un universitaire pentecôtiste ghanéen sur la sensibilisation à l'engagement des chrétiens et des musulmans vis-à-vis de l'Évangile. Comme nous l'avons déjà démontré, les pentecôtistes sont les principaux gagneurs d'âmes au Ghana et en Afrique au XXIe siècle. Leur compréhension de la mission auprès des musulmans est indispensable pour

---

57. *Ibid.*, p. 312.
58. *Ibid.*, p. 311-313.

réduire l'influence de l'islam au Ghana, qui était autrefois considéré comme la ceinture de résistance à l'influence des musulmans en Afrique[59].

Yakubu fait remarquer qu'« avoir de bonnes nouvelles mais ne pas savoir comment les transmettre pourrait en faire de mauvaises nouvelles[60] ». Les pentecôtistes, comme d'autres groupes chrétiens centrés sur le Christ, connaissent la bonne nouvelle de Jésus et peuvent la transmettre avec l'aide du Saint-Esprit. Toutefois, leur manque de connaissance de l'islam peut faire de leur bon message une mauvaise nouvelle lorsqu'ils le partagent avec les musulmans. Les pentecôtistes, sur la base d'Actes 1.8, se vantent d'avoir reçu l'autorisation de l'Esprit de partager la bonne nouvelle avec toutes les nations, depuis « Jérusalem, dans toute la Judée et en Samarie, et jusqu'aux extrémités de la terre » (NBS). Cependant, les pentecôtistes doivent comprendre que les musulmans font partie de ce mandat universel qu'ils ont reçu et doivent s'efforcer de réconcilier les musulmans avec Dieu en comprenant mieux la foi islamique. En comprenant l'islam, les pentecôtistes ghanéens peuvent s'engager auprès des musulmans de manière responsable, sans provoquer de conflits évitables.

Déclaration d'intention

La plupart des chrétiens ont une « réaction allergique » aux musulmans, comme en témoigne l'histoire. La grande majorité des évangéliques (pentecôtistes) vivant en Afrique, les chrétiens africains doivent adopter des stratégies réalistes pour gagner les musulmans et en faire des disciples. L'engagement missionnaire protestant est le résultat du défi lancé par William Carey aux Églises protestantes[61]. Les pentecôtistes du Ghana ont besoin d'un défi similaire pour prendre conscience de l'influence de l'islam au Ghana et dans les pays voisins, comme le Nigeria et la Côte d'Ivoire. Les chrétiens ne doivent pas attendre que l'islam extrême prenne le dessus avec ses kamikazes pour se lever et évangéliser les musulmans. Si la bataille doit être gagnée et la prochaine génération sauvée des dangers de Boko Haram, de l'État islamique et des guerres civiles (guerres politico-religieuses) que d'autres ont déjà

---

59. Trimingham, *Islam in West Africa*, p. 19.
60. Yakubu, « Ghana », p. 310.
61. Johnstone, « Look at the Fields. Survey of the Task », p. 33.

affrontées, alors la mission auprès des musulmans doit être prise au sérieux dès maintenant. En outre, si les chrétiens ont de l'amour pour les musulmans qui sont eux-mêmes victimes des dangers de l'extrémisme islamiste, alors le moment est venu de s'engager dans une mission auprès des musulmans. À la lumière de ce qui précède, cette recherche vise à faire prendre conscience de l'influence des musulmans au Ghana et à mettre au point une méthode efficace pour faire connaître l'Évangile aux musulmans.

Jésus a dit aux disciples : « Tout sarment qui porte du fruit, il l'émonde, afin qu'il porte encore plus de fruit » (Jn 15.1-2, LSG). Le pentecôtisme et l'Église de Pentecôte, qui représente l'expression locale du pentecôtisme au Ghana, sont l'une des branches de la vigne qui produit des fruits dans son désir d'atteindre le monde. Pour porter davantage de fruits, l'Église de Pentecôte doit être « émondée » en comprenant l'islam et en développant des pratiques missionnaires efficaces afin de s'engager auprès des musulmans avec l'Évangile. Ce travail vise donc à :

- sensibiliser et réduire les malentendus causés par un fossé d'ignorance dans les relations entre chrétiens et musulmans au Ghana ;
- développer une approche missionnaire pour les pentecôtistes afin de transmettre l'Évangile aux musulmans populaires.

Problématique

- L'Église de Pentecôte est la dénomination pentecôtiste qui connaît la croissance la plus rapide au Ghana, avec plus d'une centaine de branches, mais elle n'a pas d'approche missionnaire spécifique pour l'évangélisation des musulmans.
- Les activités missionnaires de l'Église de Pentecôte sont centrées sur l'engagement à la base, mais il n'existe pas de manuel de formation pour l'évangélisation des musulmans.
- Les pentecôtistes ne comprennent pas suffisamment les musulmans dans le contexte de l'islam populaire pour les impliquer dans un ministère axé sur les besoins.

Hypothèses

- Les pentecôtistes sont le fer de lance de la croissance du christianisme dans l'hémisphère Sud ; par conséquent, leur compréhension des musulmans et leur mission auprès d'eux freineront l'influence de l'islam en Afrique.
- Les pentecôtistes n'arrivent pas à transmettre efficacement l'Évangile aux musulmans en raison du manque de modèles appropriés d'évangélisation des musulmans.
- La compréhension de l'islam populaire est une condition préalable à l'évangélisation des musulmans ghanéens.
- Les pentecôtistes et l'islam populaire partagent un héritage spirituel similaire au Ghana ; par conséquent, la compréhension des pratiques de l'islam populaire permettra de partager efficacement l'Évangile avec les musulmans ghanéens.

Méthodologie

J'ai utilisé des méthodes d'analyse textuelle à la fois descriptives et évaluatives sur une variété de sources littéraires, y compris des livres, des archives, des thèses et des périodiques. Outre mon expérience de dirigeant pentecôtiste, j'ai glané les expériences des praticiens de l'évangélisation musulmane, dont il est fait écho dans « J'ai planté, Apollos a arrosé, mais c'est Dieu qui a fait grandir » (1 Co 3.6, S21)[62]. L'internet, la bibliothèque de la TTGU et de l'Institut Woodberry des relations islamo-chrétiennes ont servi de ressources pour mon travail.

La recherche est menée non seulement pour accumuler des données, mais aussi pour découvrir des réponses à des questions par l'application de procédures systématiques. Elle cherche des réponses en examinant différents contextes sociaux et les personnes qui les habitent. Dans le contexte de cette recherche, les réponses peuvent être trouvées en examinant les contextes sociaux des musulmans qui vivent au Ghana. En ce sens, j'ai utilisé une méthodologie descriptive et analytique avec des liens synchrones, ce qui m'a permis d'accéder à des connaissances non quantifiables sur les pentecôtistes et

---

62. J. Dudley Woodberry, *From Seed to Fruit. Global Trends, Fruitful Practices, and Emerging Issues among Muslims*, 2ᵉ éd., Pasadena, William Carey Library, 2011, p. 25.

les musulmans populaires[63]. Selon William Sebunje, la recherche descriptive « décrit les phénomènes tels qu'ils existent et [est] utilisée pour identifier et obtenir des informations sur les caractéristiques d'une question particulière[64] ». Ce type de recherche répond à des questions de type « quoi », afin de déterminer et de décrire les caractéristiques du problème. La recherche analytique s'inscrit dans le prolongement de la recherche descriptive et va au-delà de la description des caractéristiques pour analyser et expliquer le problème en question. Une approche interdisciplinaire des études dans le domaine de la mission et du pentecôtisme est essentielle[65], c'est pourquoi l'étude actuelle sur les études interculturelles et islamiques a intégré des connaissances issues de la missiologie pentecôtiste, de l'histoire de l'Église, de l'anthropologie culturelle et de la théologie biblique.

L'analyse des succès et des échecs des praticiens de l'évangélisation musulmane issus d'horizons divers a permis de découvrir des pratiques missiologiques efficaces. L'analyse des données historiques a été utilisée pour déterminer l'évolution historique du pentecôtisme au Ghana, la présence et la nature de l'islam dans ce pays et les implications de ces éléments pour les pentecôtistes d'aujourd'hui. David Bosch note que l'histoire de la mission chrétienne n'est pas simplement réalisée pour satisfaire la curiosité, mais « dans le but de mieux comprendre ce qu'est la mission pour nous aujourd'hui. Après tout, toute tentative d'interprétation du passé est indirectement une tentative de compréhension du présent et de l'avenir[66] ». Une enquête et une analyse de la manière dont les gens se sont engagés auprès des musulmans populaires dans le passé sont menées pour tenter de comprendre comment s'engager auprès des musulmans populaires aujourd'hui et à l'avenir.

---

63. Bruce L. Berg et Howard Lune, *Qualitative Research Methods for the Social Sciences*, 8ᵉ éd., Pearson New International Editions, Essex, Pearson Education, 2014, p. 62.
64. William Sebunje, « Research Techniques », Kampala, Uganda, Centre for Statistics and Applied Research Capacity Building. Consulté le 20 novembre 2021. https://docplayer.net/52407791-Research-techniques-researched-anddocumented-by-william-sebunje.html.
65. J. rg Haustein, « Birmingham GloPent Conference Report », News and Events, GloPent, dernière modification le 30 mai 2006, https://www.glopent.net/Members/webmaster/birmingham-2006/birmingham-conference-report.
66. David Bosch, *Transforming Mission. Paradigm Shifts in Theology of Mission*, 20ᵉ éd., American Society of Missiology 16, Maryknoll, Orbis, 2011, éd. Kindle.

Andrew F. Walls affirme que les chrétiens africains doivent développer une approche africaine des musulmans dans les contextes africains[67], ainsi, les pentecôtistes ghanéens doivent développer une approche pentecôtiste ghanéenne des musulmans populaires ghanéens. En tant que pentecôtiste ghanéen et participant actif à la mission de l'EdP, notamment en matière d'évangélisation et d'implantation d'Églises, j'ai eu l'occasion de mener cette recherche d'un point de vue émique ou d'un point de vue d'initié. Le domaine de recherche étant lié à la mission, ma propre observation et mon expérience de l'évangélisation pratique, des croisades, des rassemblements, de la radio, de l'évangélisation et des cultes funéraires et de guérison ont renforcé ma compréhension des résultats des ressources littéraires. En tant que membre d'une confession pentecôtiste, j'avais déjà une certaine connaissance des pratiques missiologiques pentecôtistes dans le contexte choisi, le Ghana, et cette compréhension a facilité l'interaction avec la littérature sur le sujet. Comme l'indique Sema Unluer, les initiés possèdent normalement un grand nombre de connaissances qu'un étranger mettrait beaucoup de temps à acquérir ou à comprendre.

Je suis toutefois conscient des effets de la familiarité, qui entraîne des préjugés et des hypothèses inconscientes fondées sur des connaissances antérieures. Tout en étant conscient de ce risque de perte d'objectivité, je n'ai pas validé les résultats en m'appuyant sur l'expérience d'un initié, mais je me suis soigneusement appuyé sur la littérature savante et interdisciplinaire. J'ai examiné et cité en référence plusieurs universitaires non pentecôtistes qui ont écrit sur les pratiques missiologiques pentecôtistes, afin de juxtaposer ce travail à d'autres perspectives et d'éliminer toute forme de parti pris personnel. En mettant ces perspectives sur un pied d'égalité, j'ai soigneusement mis entre parenthèses ma propre expérience, afin d'acquérir une nouvelle compréhension du sujet[68]. Le Woodberry Institute for Muslim-Christian Relations (WIMCR, l'Institut Woodberry pour les relations islamo-chrétiennes), qui est un centre de recherche islamique à part entière, offre une variété de ressources utiles à la compréhension des questions de recherche.

---

67. Andrew F. Walls, *The Cross-Cultural Process in Christian History. Studies in the Transmission and Appropriation of Faith*, Maryknoll, Orbis Books, 2002, p. 146.
68. Sema Unluer, « Being an Insider Researcher while Conducting Case Study Research », *Qualitative Report* 17, no. 29, 2012, p. 2.

Limites

Je n'ai aucune connaissance de l'arabe, et je dépends des traductions anglaises, françaises et allemandes. En outre, les méthodes d'engagement proposées peuvent ne pas convenir à l'évangélisation musulmane mondiale, car elles sont limitées au contexte spécifique des pentecôtistes de l'hémisphère Sud, en particulier du Ghana. Ajoutons que l'objectif de ce travail n'est pas d'étudier toute l'histoire du pentecôtisme en Afrique ou au Ghana ; il se limite à une brève description de leur croissance, en utilisant l'Église de Pentecôte comme une version spécifique et locale du pentecôtisme.

Thèse

Au Ghana, l'héritage spirituel commun des RTA a créé des intersections entre les pratiques des pentecôtistes et des musulmans populaires, qui, lorsqu'elles sont bien comprises, peuvent être utilisées par les pentecôtistes comme des passerelles pour partager efficacement l'Évangile avec les musulmans populaires.

Questions de recherche

Question centrale de la recherche

Comment les pentecôtistes ghanéens peuvent-ils partager efficacement l'Évangile avec les musulmans populaires du Ghana, qui partagent un héritage spirituel commun avec les religions traditionnelles africaines ?

Sous-questions

1. Quelle est la perception des pentecôtistes à l'égard de l'islam au Ghana ? Quels sont les modèles d'évangélisation des musulmans utilisés par l'Église de Pentecôte en tant que dénomination pentecôtiste dont la croissance est la plus rapide et la plus importante au Ghana, et comment ces modèles peuvent-ils être remodelés pour accroître l'efficacité de la mission auprès des musulmans ?
2. Quelles stratégies et/ou structures missiologiques ont été utilisées pour atteindre les musulmans ?

3. Quels sont les modèles d'évangélisation (existants) les mieux adaptés à l'engagement chrétien auprès des musulmans au Ghana ?
4. Quelles sont les caractéristiques générales de l'islam populaire au Ghana ?
5. Quels sont les modèles spécifiques à utiliser pour faire connaître l'Évangile aux musulmans du Ghana ?

Importance de la recherche

Bien que quelques universitaires aient écrit sur la mission de l'Église de Pentecôte, peu de recherches ont été effectuées jusqu'à présent sur l'évangélisation chrétienne des musulmans au Ghana ou sur la mission de l'Église de Pentecôte auprès des musulmans. Ces résultats fourniront de nouvelles informations qui permettront aux pentecôtistes de mieux comprendre les populations musulmanes et d'apprendre comment leur proposer l'Évangile, en particulier pour l'Église de Pentecôte et d'autres dénominations qui s'efforcent d'atteindre les populations musulmanes. Les idées et recommandations proposées dans le cadre de cette étude peuvent servir de guide aux futurs responsables chrétiens pour partager efficacement l'Évangile au Ghana.

Définition des termes

- Musulman : le terme « musulman » désigne une personne qui se soumet à la volonté d'Allah et qui confesse et pratique la foi islamique. Dans cette monographie, le terme « musulman » désigne tous ceux qui professent et pratiquent la foi islamique, qu'ils soient sunnites ou chiites.
- Pentecôtisme africain : Lamin Sanneh affirme que « le christianisme est né dans les affres de la Pentecôte et, tout au long de son histoire, il ne s'est pas départi de sa marque de naissance[69] ». Cette marque de naissance de l'œuvre et de la manifestation des dons du Saint-Esprit (emphase

---

69. Lamin Sanneh, *Pentecostal Mission and Global Christianity*, Londres, Regnum Books International, 2014, p. vii.

pneumatologique) dans le contexte des cultures et de la spiritualité africaines est appelée « pentecôtisme africain ». Le pentecôtisme (qui s'appuie sur les accents pneumatologiques dérivés d'Actes 2) fait référence au rôle du Saint-Esprit dans la mission en tant qu'expression de la foi chrétienne dans le contexte religio-culturel de l'Afrique.
- Mission (auprès des musulmans) : dans cette thèse, la « mission » implique la participation avec Dieu à diverses activités et méthodes d'évangélisation pour la rédemption des musulmans dans le contexte du Ghana, et, plus largement, de l'Afrique.

Structure de l'étude

Le chapitre 1 est intitulé « Le développement historique du christianisme au Ghana et l'impact du pentecôtisme ». Il présente une vue d'ensemble de la situation actuelle du christianisme au Ghana et met en lumière l'impact du pentecôtisme sur le christianisme ghanéen. Le chapitre aborde également l'évolution historique de la mission de l'Église de Pentecôte auprès des musulmans, exprimée sous la forme d'une version locale du pentecôtisme.

Le chapitre 2, intitulé « Le développement de l'islam et la nature des relations entre chrétiens et musulmans au Ghana », porte sur le développement de l'islam au Ghana, en mettant l'accent sur l'histoire générale et les ordres de l'islam. Il donne un aperçu de l'émergence de l'islam et de son expansion au Ghana au milieu du XXe siècle. Il révèle également la nature des relations entre chrétiens et musulmans au Ghana.

Le chapitre 3, intitulé « L'influence de l'animisme sur les croyances et les pratiques des musulmans populaires ghanéens », décrit les croyances et les pratiques fondamentales de l'islam et la manière dont la vision du monde de l'islam populaire transforme ces croyances et ces pratiques au Ghana. Ce chapitre détaille la vie quotidienne des musulmans populaires ghanéens et identifie les pratiques à partir des RTA.

Le chapitre 4 est intitulé « Méthodes existantes pour partager l'Évangile avec les musulmans populaires ». Outre l'examen des méthodes et principes existants utilisés pour partager l'Évangile avec les musulmans, il propose une étude théologique comparative de l'islam et du christianisme. En se fondant sur l'intersection entre les pratiques islamiques populaires et les pratiques pentecôtistes, il mettra en évidence les passerelles permettant de partager l'Évangile avec les musulmans populaires.

Le chapitre 5, intitulé « L'engagement des pentecôtistes auprès des musulmans du Ghana », conclura la recherche, en proposant des méthodes permettant aux pentecôtistes de s'engager dans la mission auprès des musulmans du Ghana avec le Saint-Esprit, par le biais de la guérison et de la délivrance, de signes et de prodiges, et de rencontres de puissance. Des méthodes efficaces pour partager l'Évangile avec les musulmans populaires dans le contexte du Ghana seront recommandées, dans l'espoir que ces recommandations seront applicables à d'autres pentecôtistes qui souhaitent s'engager auprès des musulmans populaires.

CHAPITRE 1

Le développement historique du christianisme au Ghana et l'impact du pentecôtisme

La religion indigène au Ghana

Avant que le Ghana n'obtienne son indépendance le 6 mars 1957, la région était connue sous le nom de Côte-de-l'Or, en raison de l'abondance de l'or qui y avait été découvert. Le Ghana fait partie de la sous-région de l'Afrique de l'Ouest et a appartenu à l'Empire britannique pendant plus de cent ans (1844-1957)[1]. Avant l'arrivée des missionnaires en Afrique, les habitants de la Côte-de-l'Or avaient déjà la notion d'un Dieu suprême, créateur de l'univers, que les tribus locales, comme les Ewes et les Akans appelaient respectivement *Mawu Ga* et *Onyankopon*. Dans la tradition ghanéenne, ce Dieu suprême était autrefois plus proche de l'homme, mais, à cause de la désobéissance d'une femme qui le frappait continuellement avec un pilon pendant qu'elle pilait le *fufu*, ce Dieu s'est fâché et s'est retiré au ciel. Heureusement, le Dieu suprême n'a pas complètement abandonné les humains, mais a décidé de s'impliquer dans les affaires humaines et d'exercer son pouvoir par l'intermédiaire de dieux inférieurs, *abosom* en akan et *etro* en ewe, qui constituaient ses fils et filles spirituels sous la forme de rivières locales, d'arbres,

---

1. Daniel Okyere Walker, « The Pentecost Fire Is Burning. Models of Mission Activities in the Church of Pentecost », thèse de doctorat, University of Birmingham, mars 2010, p. 40.

de montagnes, de rochers, de forêts et d'autres créatures physiques innombrables. Ils n'ont cependant pas remplacé l'identité du Dieu suprême par celle des dieux inférieurs. Ces derniers pouvaient être écartés, mais pas le Dieu suprême[2]. Ainsi, avant l'arrivée des missionnaires européens, les habitants de la Côte-de-l'Or étaient « dans une large mesure plutôt monothéistes que polythéistes, puisqu'ils attribuaient le terme de Dieu [*Nyame* ou *Mawu*] à un seul être suprême[3] » et tenaient à l'unicité absolue d'un Dieu suprême, que les théologiens modernes définissent comme « le terme incompréhensible de la transcendance humaine[4] ».

La pyramide spirituelle ewe était dirigée par *Mawu*, un Dieu créateur auprès duquel les divinités mineures, les esprits et les ancêtres étaient tous des médiateurs subordonnés ; les divinités étaient généralement considérées comme les personnifications des activités de Dieu (*Mawu*). Il existe des références à *Mawu* en tant que divinité féminine qui forme un être suprême avec une divinité masculine inséparable appelée *Lisa* : *Mawu-Lisa*, l'être suprême insurpassable.

Les intermédiaires sont appelés *mawuviwo*, « enfants » ou « serviteurs » de *Mawu*. Ces différentes divinités accomplissaient des missions, à l'instar des anges[5]. Chez les Akans, les divinités étaient considérées comme des médiateurs entre les hommes et Dieu. Les divinités étaient invoquées en même temps que *Nyame*, le Dieu suprême. Dans la plupart des prières des fêtes, le nom des dieux mineurs, *abosom*, n'était mentionné qu'après le nom de l'être suprême, *Nyame*. Henry St. John Tomlinson Evans a noté que « les preuves […] montrent clairement qu'il y a un fond monothéiste défini dans la religion des Akans et donnent des raisons de croire que ce monothéisme est un élément, si ce n'est l'élément prédominant, de leur foi la plus primitive[6] ».

---

2. Emmanuel Kingsley Larbi, *Pentecostalism. The Eddies of Ghanaian Christianity*, Accra, Centre for Pentecostal and Charismatic Studies, 2015, édition Kindle, chap. 1.
3. *Ibid.*
4. *Ibid.*
5. Wiel Eggen, « Mawu Does Not Kill. On Ewe Kinship-Focused Religion », *Exchange* 31, no. 4, octobre 2002, p. 345.
6. H. St. John T. Evans, « The Akan Doctrine of God. African Ideas of God », Londres, Edinburgh House Press, 1995. Cité dans Olof Petterson, « Monotheism or Polytheism? A Study of the Ideas about Supreme Beings in African Religion », *Temenos Nordic Journal of Comparative Religion* 2, 1966, p. 49.

Dans la conception africaine de Dieu, il y avait une tendance à l'unité : les hommes essayaient de réunir les différentes puissances du monde suprahumain – dont ils subissaient les influences au cours des différents événements de leur vie – en un seul ensemble. Le destin des humains peut être déterminé par de nombreux dieux, esprits, choses magiques ou événements qui se produisent, qui résultent de nombreux êtres suprahumains différents, mais qui sont attribués à une seule « puissance » : *Nyame*. Dieu était à la fois perçu comme une unité et une multiplicité : « Ce qui existe est un faisceau d'associations qui s'attachent à un point donné et sont ainsi définies, bien qu'elles soient en réalité lâches et kaléidoscopiques[7]. » Les religions indigènes des peuples d'Afrique, y compris le Ghana, tournaient autour de la notion d'un Dieu suprême, et les Africains les reconnaissent comme profondément monothéistes, malgré les variations d'un peuple à l'autre et d'un lieu à l'autre. Traditionnellement, les Africains nommaient d'innombrables attributs de Dieu, tels que « Créateur, auto-existant, donneur d'enfants et de pluie, Père-Mère des peuples, saint, omnipotent, [et] éternel ». Ainsi, le nom africain de Dieu est devenu le fondement de l'articulation du Dieu biblique dans le contexte africain[8].

Les religions africaines et le concept de l'être suprême ne peuvent être analysés par les catégories occidentales exclusives de monothéisme ou de polythéisme. Comme ces termes ne révèlent pas vraiment l'expérience religieuse des Africains, « il semble que poser la question de savoir si les religions tribales africaines sont monothéistes ou polythéistes n'ait pas de sens[9] ». Ryan Patrick a noté que la perspective moderne de la façon dont les Africains ont traditionnellement perçu la transcendance trahit une tendance à imposer des catégories moyen-orientales ou gréco-romaines à l'expérience religieuse africaine. Selon lui, « décrire les conceptions africaines du transcendant dans des catégories théologiques sémitiques ou indo-européennes […] implique qu'elles imposent aux formes de la piété africaine traditionnelle,

---

7. Olof Petterson, « Monotheism or Polytheism? A Study of the Ideas about Supreme Beings in African Religion », *Temenos Nordic Journal of Comparative Religion* 2, 1966, p. 49.
8. John S. Mbiti, « Challenges of Languages, Culture, and Interpretation in Translating the Greek New Testament », *Swedish Missiological Themes* 97, no. 2, 2009, p. 147.
9. Petterson, « Monotheism or Polytheism? », p. 65.

sans équivalence d'intervalle adéquate, des schémas de pensée étrangers[10] ». Le Dieu dont le nom avait été sanctifié dans les langues indigènes ghanéennes dans la tradition préchrétienne s'est avéré être le Dieu de la Bible, *Onyankopon*, le Dieu et le Père de notre Seigneur Jésus-Christ[11]. Comme l'a souligné John Mbiti, le concept de l'être suprême et l'ensemble de l'expérience religieuse africaine constituaient une préparation à l'Évangile, une « *praeparatio evangelica*[12] ». On peut donc parler de monothéisme africain, bien qu'il soit différent du monothéisme occidental.

Le culte rendu à ce Dieu suprême passait par la médiation des dieux inférieurs, à qui l'on adressait des prières par le biais de divers sacrifices et de libations au nom de l'humanité. Le péché était considéré comme une désobéissance aux dieux et abhorré, car il attirait une punition sévère de la part du Dieu suprême par l'intermédiaire des dieux inférieurs. Ainsi, les habitants de la Côte-de-l'Or considéraient que le monde était peuplé d'une multiplicité d'esprits capables de faire le bien ou le mal à l'humanité. Ils pensaient que la mort prématurée était le résultat d'une désobéissance ou d'une mauvaise conduite, tandis que la vieillesse était le signe d'une bonne conduite[13]. Ils considéraient leur créateur comme la source de la vie et la procréation comme une bénédiction divine du Dieu suprême. Ainsi, une femme ayant beaucoup d'enfants témoignait de la bénédiction divine, tandis que l'absence d'enfants était une malédiction résultant des activités des mauvais esprits[14]. Comme d'autres Africains, leur monde était divisé en « deux parties interpénétrées et inséparables, mais distinctes[15] » : le monde spirituel et le monde humain.

Emmanuel Kingsley Larbi a observé que leur conception générale du monde spirituel s'inscrit dans la classification quadruple des religions ouest-africaines établie par E. G. Parrinder, à savoir « le Dieu suprême, les

---

10. Patrick J. Ryan, « "Arise, O God!": The Problem of 'Gods' in West Africa », *Journal of Religion in Africa* 11, no. 3, 1980, p. 161.
11. Kwame Bediako, *Jesus and the Gospel in Africa. History and Experience, Theology in Africa*, Yaoundé, Cameroun, Paternoster Press, 2000, p. 12.
12. John S. Mbiti, « The Future of Christianity in Africa (1970-2000) », *Communion Viatorum, Theological Quarterly* 13, no. 1-2, printemps 1970, p. 36.
13. Walker, « The Pentecost Fire Is Burning », p. 41.
14. Max Assimeng, *Social Structure of Ghana. A Study in Persistence and Change*, Tema, Ghana Publishing Corporation, 1999, cité dans Daniel Okyere Walker, « The Pentecost Fire Is Burning. Models of Mission Activities in the Church of Pentecost », thèse de doctorat, University of Birmingham, mars 2010, p. 41.
15. Larbi, *Pentecostalism*, chap. 1.

divinités ou les dieux, les ancêtres et les charmes ou amulettes[16] ». Les peuples croyaient que les forces spirituelles pouvaient être manipulées à de bonnes ou mauvaises fins par le biais de charmes et d'amulettes utilisés dans le domaine physique. Ainsi, les personnes qui pratiquaient le *juju* (c'est-à-dire la magie noire) en utilisant des talismans et d'autres moyens s'efforçaient de changer le cours de la vie de manière négative ou positive[17]. Les activités des forces des ténèbres étaient perçues comme dirigées vers l'humanité pour l'empêcher d'accomplir son destin (*dzogbese* en ewe et *nkrabea* en akan). Par conséquent, la quête religieuse ultime des habitants de la Côte-de-l'Or était la délivrance du mal, ce qui constituait leur concept de salut. Dans ce système de croyances, il n'y avait rien de tel que le péché originel dont il fallait se délivrer. Il s'agissait plutôt d'échapper à la punition des dieux en les apaisant par des rites ancestraux de purification et de protection.

Ces croyances culturelles ont conduit les populations locales à aspirer à toute pratique religieuse qui les protégerait des forces du mal et leur donnerait l'assurance d'une vie longue et abondante, d'une bonne santé, de la richesse ou de biens personnels, y compris de nombreux enfants et femmes. La vie abondante ne pouvait être obtenue que par la médiation de dieux mineurs et d'ancêtres. L'exemple suivant d'une prière traditionnelle, prononcée par le chef de famille pendant la période de Noël, révèle la conception que les gens avaient de Dieu et du salut :

> Dieu tout-puissant, voici de la boisson ; dieu de la terre, voici de la boisson ; grands ancêtres, venez boire… Nous ne vous appelons pas à cause de mauvaises nouvelles. L'année est revenue et vous n'avez pas permis qu'un malheur nous atteigne. Nous vous offrons à boire, en demandant que l'année à venir soit prospère. Ne permettez pas qu'un malheur s'approche de notre demeure. Bénissez-nous de la pluie, de la nourriture, des enfants, de la santé et de la prospérité[18].

---

16. *Ibid.*
17. Walker, « The Pentecost Fire Is Burning », p. 41.
18. Larbi, *Pentecostalism*, chap. 1.

Sutherland Rattray a fait une observation similaire à propos d'une prière prononcée par un roi ashanti lors d'une fête annuelle :

> Les bords des années se sont rencontrés ; je prie pour la vie. Que la nation prospère. Que les femmes portent des enfants. Que les chasseurs tuent des gibiers. Que nous, qui travaillons dans les mines d'or, obtenions de l'or, et accordez-moi d'en obtenir pour l'entretien de ma royauté[19].

La quête du salut par les habitants de la Côte-de-l'Or était la recherche de réalités concrètes qu'ils pouvaient identifier dans la vie de tous les jours. Il s'agissait d'échapper à des dangers physiques immédiats qui empêchaient la paix, la prospérité et la plénitude de la vie (*agbe* en ewe et *nkaw* en akan) pour une communauté ou des individus[20]. C'est dans le cadre de cette vision du monde que le christianisme a émergé au Ghana.

L'arrivée du christianisme
Les missions catholiques au Ghana

Le début du christianisme au Ghana est souvent associé à l'arrivée des commerçants et explorateurs portugais sur les terres côtières de la Côte-de-l'Or en janvier 1842. Cependant, en 1471, un groupe de six cents Portugais dirigés par Don Diogo d'Azambuja est arrivé sur le rivage d'Elmina, à Cape Coast, dans la région centrale du Ghana. À leur arrivée, ils plantèrent une énorme croix de bois sur la côte pour signifier l'Évangile chrétien[21] et persuadèrent le chef d'Elmina de leur donner un terrain, où ils construisirent un fort et une chapelle[22]. Larbi écrit que les premiers chrétiens à avoir posé le

---

19. R. Sutherland Rattray, « Religion and Art in Ashanti », Londres, Oxford University Press, 1927, p. 138, cité dans Emmanuel Kingsley Larbi, *Pentecostalism. The Eddies of Ghanaian Christianity*, Ghana, Centre for Pentecostal and Charismatic Studies, 2015, chap. 1.
20. Larbi, *Pentecostalism*, chap. 1.
21. Harris W. Mobley, « The Ghanaian's Image of the Missionary. An Analysis of the Published Critiques of Christian Missionaries by Ghanaians, 1897-1965 », Leiden, E. J. Brill, 1970, cité dans Daniel Okyere Walker, « The Pentecost Fire Is Burning. Models of Mission Activities in the Church of Pentecost », thèse de doctorat, University of Birmingham, mars 2010, p. 43.
22. Kofi J. Agbeti, *West African Church History. Christian Missions and Church Foundations: 1482-1919*, Leiden, E. J. Brill, 1986. Cité dans Daniel Okyere Walker, « The Pentecost Fire Is Burning. Models of Mission Activities in the Church of Pentecost », thèse de doctorat, University of Birmingham, mars 2010, p. 43.

pied sur le rivage de la Côte-de-l'Or étaient les frères franciscains catholiques romains, qui n'étaient pas venus pour évangéliser les Ghanéens, mais pour fournir des services d'aumônerie aux explorateurs portugais[23]. Ces frères franciscains catholiques romains ont ensuite initié les populations indigènes de la région centrale à la foi catholique. Le roi d'Efutu et ses subordonnés ont accepté la foi chrétienne le 2 janvier 1513 et, en 1529, le roi du Portugal a chargé l'aumônier du fort d'apprendre aux enfants d'Elmina « à lire et à écrire, à chanter et à prier […] et à accomplir toutes les autres tâches liées au culte divin[24] ».

En 1637, quatre cents habitants d'Elmina sont devenus chrétiens, même si l'aumônier du fort d'Elmina reconnaît qu'ils ne l'étaient que de nom. Les habitants d'Efutu et de Komenda tuèrent trois des pères catholiques qui tentaient de christianiser les indigènes, ce qui perturba l'activité des premiers missionnaires portugais dans la région centrale. Les missionnaires protestants hollandais ont pris la relève des missionnaires catholiques portugais et ont établi une école et un centre d'éducation pour les enfants mixtes en 1641[25]. Les rivalités troublantes entre Portugais, Anglais et Hollandais se traduisent par des raids sur les villes d'Axim et d'Elmina de 1607 à 1642, et, en 1650, il ne reste plus aucune trace de catholicisme dans la région. Peter B. Clarke affirme qu'en dépit de ces conflits, les premiers missionnaires au Ghana ne se sont pas concentrés sur la diffusion du message évangélique. Ils se sont concentrés sur le commerce et les échanges, et, pour cette raison, ils ont axé leurs activités sur les communautés proches des forts[26]. Ce n'est qu'en 1880 que la foi catholique a été ravivée grâce au travail des pères Auguste Moreau et Eugene Murat, qui sont intervenus à la suite de l'appel de Sir James Marshall. Les deux pères se sont principalement concentrés sur la construction d'écoles, de centres de santé et de chapelles, qu'ils ont utilisés comme outils de mission pour prêcher l'Évangile[27].

---

23. Larbi, *Pentecostalism*, chap. 2.
24. E. Kafui Asem, sous dir., *A History of the Church of Pentecost*, vol. 1, Accra, Pentecost Press, 2005, p. 11.
25. *Ibid.*, p. 12.
26. Peter B. Clarke, « West Africa and Christianity », Londres, Edward Arnold, 1986, cité dans Daniel Okyere Walker, « The Pentecost Fire Is Burning. Models of Mission Activities in the Church of Pentecost », thèse de doctorat, University of Birmingham, mars 2010, p. 44.
27. Agbeti, *West African Church History*, cité dans Walker, « Pentecost Fire », p. 43.

Les missions protestantes au Ghana

Pour établir leurs missions sur la Côte-de-l'Or, les missionnaires néerlandais ont envoyé Frederick Pedersen Svane, un Gan originaire d'Accra, diplômé de l'université de Copenhague et marié à une Danoise. En 1735, il est arrivé avec sa femme au fort d'Accra, Christianborg, pour être le premier missionnaire protestant africain auprès de ses compatriotes. Malheureusement, Pedersen avait oublié sa langue maternelle, le ga, et n'était pas efficace en tant que missionnaire en raison des barrières de communication[28]. Les missionnaires Christian Protten et Henry Huckuff ont suivi Pedersen (1737-1772), mais ont perdu la vie en raison de conditions météorologiques défavorables. Les activités missionnaires sur la Côte-de-l'Or se sont ensuite arrêtées jusqu'au XIXe siècle, époque à laquelle elles ont repris[29], de sorte qu'il n'y a pas eu de témoignage substantiel du christianisme au cours de cette période[30].

La première preuve de l'existence de stations missionnaires permanentes est l'arrivée, le 18 décembre 1828, d'un missionnaire brêmois de l'Église évangélique presbytérienne et de quatre missionnaires bâlois : trois Allemands, Karl F. Salbach, Gottlieb Holzwarth et Johannes Henke, et un Suisse, Johannes Gottlieb Schmidt. Ils s'installent d'abord à Christianborg, puis déménagent à Akwapim, dans les montagnes, où les conditions climatiques sont plus favorables[31].

Le premier missionnaire méthodiste wesleyen, Joseph Dunwell, est arrivé en 1835 et s'est installé à Cape Coast. Thomas Birch Freeman, né d'un père africain et d'une mère anglaise, l'a suivi et a établi l'Église méthodiste parmi les Ashantis en 1838[32]. La mission méthodiste a créé le centre de formation des femmes de Kwadaso, le « Freeman College » et le « Trinity College ».

D'autres missionnaires allemands de Brême sont arrivés en 1847 et se sont installés dans le Togoland britannique, connu aujourd'hui sous le nom de région de la Volta. En l'espace de soixante-douze ans, la Northern German

---

28. Walker, « Pentecost Fire », p. 44.
29. Clarke, « West Africa and Christianity », cité dans Walker, « The Pentecost Fire Is Burning », p. 45.
30. Larbi, *Pentecostalism*, chap. 2.
31. *Ibid.*
32. Stephen Neill, « A History of Christian Missions », Londres, Penguin Group, 1964, cité dans Daniel Okyere Walker, « The Pentecost Fire Is Burning. Models of Mission Activities in the Church of Pentecost », thèse de doctorat, University of Birmingham, mars 2010, p. 46.

Missionary Society (La Société Missionnaire de l'Allemagne du Nord) a ouvert quarante stations missionnaires dans la région, avec 11 682 adhérents, 8 100 écoliers et 198 catéchistes[33].

En 1850, Johannes Zimmerman, de la mission de Bâle, se joint à l'œuvre missionnaire sur la Côte-de-l'Or et, sous sa direction, la mission de Bâle se développe et s'étend à d'autres régions du pays. Johann Gottlieb Christaller, un autre missionnaire bâlois, a traduit la Bible dans la langue locale, le twi, en 1871. Sa contribution a stimulé la croissance de la mission de Bâle en facilitant le culte en langue vernaculaire[34]. La mission de Bâle a construit des écoles, des centres de formation professionnelle et des résidences missionnaires dans les communautés, connues sous le nom de *Salem*. Souvent, les habitants de ces zones de *Salem* devaient adhérer à des principes chrétiens rigoureux, ce qui a aidé les missionnaires à construire des églises locales solides[35].

Les catholiques romains sont revenus sur la Côte-de-l'Or en 1881 et se sont installés dans la province centrale d'Elmina. Ils ont été suivis par l'African Methodist-Episcopal Zion Mission, une Église afro-américaine établie à Cape Coast par le Révérend Frank Arthur Osam Pinanko, qui avait reçu une formation pastorale aux États-Unis d'Amérique[36]. La confession anglicane, originaire d'Angleterre, a été la dernière à arriver au Ghana en 1906[37]. En raison de la Première Guerre mondiale, les missionnaires de Brême ont été expulsés en 1916, suivis par les missionnaires allemands de Bâle en 1917[38].

L'impact des missions occidentales

Les Églises qui ont envoyé des missionnaires au Ghana étaient connues sous le nom d'Églises traditionnelles, et elles suivaient strictement les formes conventionnelles des organisations qui les avaient envoyées[39]. Elles ont eu un

---

33. Walker, « Pentecost Fire », p. 47.
34. *Ibid.*, p. 45.
35. Peter Falk, *The Growth of the Church in Africa*, Grand Rapids, Zondervan, 1979, cité dans Daniel Okyere Walker, « The Pentecost Fire Is Burning. Models of Mission Activities in the Church of Pentecost », thèse de doctorat, University of Birmingham, mars 2010, p. 45.
36. Walker, « Pentecost Fire », p. 48.
37. Larbi, *Pentecostalism*, chap. 2.
38. *Ibid.*
39. Emmanuel Anim, « Mission, Migration, and World Christianity. An Evaluation of the Mission Strategy of the Church of Pentecost in the Diaspora », *Pentecost Journal of Theology and Mission 1*, no. 1, juillet 2016, p. 40.

impact sur le Ghana par l'implantation d'églises, la création d'hôpitaux, l'éducation et de nombreux autres services sociaux, à tel point que le gouverneur Guggisberg de la Côte-de-l'Or a décrit l'expulsion des missionnaires de Brême comme « le plus grand coup que l'éducation au Ghana n'ait jamais subi[40] ».

Les missionnaires ont contribué massivement à l'espace religieux de la Côte-de-l'Or et ont joué un rôle déterminant dans la formation des Ghanéens, qui sont devenus des combattants de la liberté pour l'indépendance du Ghana. Cependant, ils n'ont connu que très peu de succès missionnaires en termes de propagation de l'Évangile. L'un des défis auxquels les missionnaires ont été confrontés a été leur incapacité à proposer une alternative à la médecine traditionnelle et aux divinités des convertis ghanéens, après leur avoir appris à abandonner ces pratiques. Les habitants de la Côte-de-l'Or croyaient que toutes les maladies n'avaient pas de causes naturelles et cherchaient des solutions spirituelles, mais ils ont abandonné leurs dieux pour le « culte des Occidentaux », tout en continuant à souffrir de maladies et d'esprits démoniaques. Les activités missionnaires n'ont fait que modifier leur comportement, sans affecter leur vision du monde. Par exemple, la divinité *Tigare* était méprisée par les missionnaires, mais de nombreuses personnes locales craignaient d'être détruites par *Tigare* et se sont donc tournées vers son culte[41].

La croyance dans les pouvoirs surnaturels, la sorcellerie, le *juju* et les idoles est restée une réalité pour les habitants de la Côte-de-l'Or, mais les missionnaires ont considéré ces croyances comme des superstitions et les ont rejetées comme des illusions. Cet état d'esprit occidental, qui n'était pas, de par sa « nature et son objectif, holistique, répondant à l'ensemble des besoins de la personne, spirituels, physiques et émotionnels[42] », a poussé les habitants de la Côte-de-l'Or à continuer à chercher des solutions en dehors de l'Église. Pour devenir chrétien, il fallait changer de nom – passer d'un nom africain à un nom occidental – et participer aux rituels religieux occidentaux.

Le cadre philosophique des missionnaires occidentaux s'opposait aux modes de vie ancestraux des populations. Les missionnaires occidentaux célébraient la raison comme le pouvoir par lequel les gens devaient comprendre leur monde et améliorer leur vie. Comme les missionnaires s'adressaient

---

40. Larbi, *Pentecostalism*, chap. 2.
41. *Ibid.*
42. *Ibid.*

aux populations à partir d'un contexte rationnel postérieur au siècle des Lumières, les populations considéraient le christianisme comme la « religion de l'homme blanc », uniquement capable d'apporter des bénédictions matérielles. La négation totale de l'existence des forces spirituelles, des sorcières, des sorciers, de la magie fétichiste, des charmes et des divinités locales a grandement nui au travail des missionnaires et a conduit à la double allégeance de la population, l'une au Dieu des missionnaires et l'autre aux dieux africains. Walter J. Hollenweger décrit les efforts d'évangélisation des missionnaires occidentaux en Afrique comme une « forme tronquée et déformée d'évangélisation, parce que le colon prend son interprétation de l'Évangile, conditionnée par sa culture, pour l'Évangile de tous les autres[43] ». La recherche de solutions en dehors des églises missionnaires a conduit à l'émergence de revivalistes africains au Ghana.

Les origines du pentecôtisme mondial

Avant de décrire l'évolution historique de l'Église de Pentecôte au Ghana, il est utile de comprendre la propagation du pentecôtisme dans le monde et les pratiques pentecôtistes. Les racines du mouvement pentecôtiste remontent au mouvement de la Sainteté[44], « qui s'appuyait lui-même sur une interprétation particulière de l'enseignement du fondateur du méthodisme John Wesley (1703-1791) et de celui du théologien de Wesley, John Fletcher[45] ». Selon Gary McGee, quarante ans avant l'expérience du baptême du Saint-Esprit en Amérique du Nord, celle-ci avait déjà eu lieu en Inde, ce qui implique que le

---

43. Walter J. Hollenweger, « Evangelism. A Non-Colonial Model », *Journal of Pentecostal Theology* 3, no. 7, 1995, p. 107.
44. Le mouvement de la sainteté est un mouvement religieux qui a émergé au dix-neuvième siècle au sein des églises protestantes des États-Unis. Il a débuté lorsque Nathan Bangs, Timothy Merritt et Phoebe Palmer, un groupe de membres influents de l'Église épiscopale méthodiste, ont commencé à promouvoir la doctrine de la perfection chrétienne par la prédication et les publications. Le mouvement était caractérisé par la doctrine de John Wesley sur l'entière sanctification, qui était considérée comme obtenue par le baptême du Saint-Esprit, ou la « seconde bénédiction » - une expérience post-conversion obtenue par l'abnégation. Voir Samuel M. Powell, « The Theological Significance of the Holiness Movement », *Quarterly Review* 25, no. 2, été 2005, p. 126.
45. Onyinah, « Movement of the Spirit », p. 274.

pentecôtisme a commencé bien avant le réveil de la rue Azusa, qui est généralement considéré par les spécialistes comme le début du pentecôtisme[46].

Jonathan Edwards, Charles Finney, Dwight Moody et Reuben Torrey sont d'autres revivalistes qui se sont inspirés de John Wesley sous différents angles. La Convention de Keswick a affiné cette position en 1875 lors d'une rencontre annuelle dans le Lake District, une région du nord-ouest de l'Angleterre. La Convention de Keswick a affirmé que le baptême du Saint-Esprit se caractérisait par l'octroi d'une puissance pour le service ; ainsi, à la fin du XIXᵉ siècle, cette position est devenue prédominante parmi les revivalistes d'Amérique du Nord. Une troisième position est apparue, « la troisième bénédiction », qui liait à la fois la « deuxième bénédiction de la sanctification » et la « troisième bénédiction du baptême de feu », qui se caractérisait également par l'attribution d'une puissance[47]. Le pentecôtisme est né de ces préparatifs. Cependant, les positions de Wesley et de Fletcher ont été influencées par le premier piétisme allemand. Au début des XVIIᵉ et XVIIIᵉ siècles, les piétistes (c'est-à-dire les luthériens piétistes) mettaient l'accent sur une expérience personnelle de Dieu, qu'ils appelaient la « nouvelle naissance » par le Saint-Esprit. Cette nouvelle naissance était considérée comme meilleure que la connaissance intellectuelle.

Les piétistes se sont inspirés du mysticisme catholique, qui accordait de l'importance aux émotions dans l'expérience chrétienne et promouvait une relation personnelle avec Dieu. « Le piétisme encourageait la doctrine de la Réforme sur le sacerdoce de tous les croyants et l'action de l'Esprit pour susciter une vie chrétienne transformée, moralement ascétique et séparée du monde[48]. » Grâce au piétisme, le mouvement morave de Nicolaus Zinzendorf (1700-1760) a été ravivé, et ses réunions de prière 24 heures sur 24 ont duré des centaines d'années par la suite. Ce mouvement morave, à son tour, a eu un impact profond sur Wesley et sur le réveil qu'il a mené. Ainsi, le pentecôtisme

---

46. Gary B. McGee, « Pentecostal Phenomena and Revivals in India. Implications for Indigenous Church Leadership », *International Bulletin of Missions Research* 20, no. 3, 1ᵉʳ juillet 1996, p. 112.
47. Allan Heaton Anderson, *An Introduction to Pentecostalism*, Cambridge, Cambridge University Press, 2004, cité dans Opoku Onyinah, « The Movement of the Spirit around the World in Pentecostalism », *Transformation* 30, no. 4, 2 octobre 2013, p. 274.
48. Onyinah, « Movement of the Spirit », p. 274.

a puisé sa force dans les expériences spirituelles de diverses traditions, y compris « le catholicisme, le protestantisme et l'évangélisme[49] ».

Charles Fox Parham (1879-1929), ancien pasteur méthodiste et prédicateur du mouvement de la Sainteté, enseignait que le parler en langues était la preuve concluante du baptême du Saint-Esprit. Originaire d'Amérique du Nord, il a allumé la flamme du pentecôtisme à la Bethel Bible School de Topeka le 31 décembre 1900, lors d'une réunion de prière. On rapporte qu'Agness Ozman a reçu le baptême du Saint-Esprit avec le témoignage du parler en langues après l'imposition des mains[50]. Quelques années plus tard, en 1904, le réveil gallois a commencé ; il mettait l'accent sur « la repentance du péché, la sanctification et la présence de Dieu dans la vie des gens[51] » et a été le précurseur du pentecôtisme en Europe occidentale. Toutefois, les germes de ce qui allait devenir la dénomination pentecôtiste sont apparus lors du réveil de la rue Azusa en 1906, dirigé par William Seymour, un prédicateur noir de la Sainteté à Los Angeles[52]. À l'origine, le pentecôtisme n'était pas censé être une dénomination à part entière, mais plutôt un mouvement interconfessionnel dont les membres étaient des chrétiens de toutes origines ayant fait l'expérience de l'impact du Saint-Esprit. Malheureusement, la nouvelle expérience de l'Esprit a conduit à l'expulsion de membres des Églises traditionnelles, ce qui a donné lieu à des mouvements confessionnels à partir de 1909. Le feu rallumé dans la rue Azusa s'est rapidement propagé dans le reste du monde[53].

Thomas Ball Barratt (1862-1940), pasteur de l'Église épiscopale méthodiste d'Oslo, en Norvège, assista à la réunion de la rue Azusa et « saisit le feu », ce qui l'amena à organiser des réunions de réveil en Norvège, qui se répandirent dans toute l'Europe du Nord. C'est ainsi que de nombreuses Églises pentecôtistes d'Europe du Nord sont attribuées à Barratt. En Asie, bien que le phénomène pentecôtiste ait pu se produire bien avant l'émergence du

---

49. *Ibid.*
50. *Ibid.*
51. *Ibid.*, p. 275.
52. Synan Vinson, « The Charismatic Renewal After Fifty Years », dans *Spirit-Empowered Christianity in the 21st Century*, sous dir. Synan Vinson, Lake Mary, Charisma House, 2011, p. 9.
53. Todd M. Johnson, « The Demographics of Renewal », dans *Spirit-Empowered Christianity in the 21st Century*, sous dir. Synan Vinson, Lake Mary, Charisma House, 2011, p. 57.

pentecôtisme moderne, le réveil de la rue Azusa a eu un impact considérable sur la Corée, l'Inde, la Chine, l'Indonésie et les Philippines au XXe siècle[54].

En Amérique latine, les premiers pentecôtistes recensés se trouvaient au Chili, où le pentecôtisme est né du réveil associé à Willis Collins Hoover (1858-1938), pasteur de la plus grande Église méthodiste de l'époque. En Afrique, avant l'émergence du pentecôtisme, la manifestation de l'Esprit avait occupé une place prépondérante dans la vie de certaines personnes appelées « prophètes » et de quelques Églises émanant des grandes Églises (c'est-à-dire des Églises historiques). La plupart de ces « prophètes » étaient d'anciens prêtres et prêtresses traditionnels qui s'étaient tournés vers le Christ. Parmi eux, citons William Wade Harris du Libéria, Joseph Babalola du Nigéria, Simon Kimbagu du Congo et Joseph Appiah du Ghana, dont le ministère prophétique a conduit à la création des Églises d'initiative africaine, également connues au Ghana sous le nom d'« Églises spirituelles ». Ce nom révèle le type de pratiques auxquelles elles se livraient : prophéties, guérisons et expulsions de démons[55].

De même, les groupes pentecôtistes adhèrent à l'enseignement spécifique selon lequel tous les chrétiens doivent poursuivre une forme d'expérience post-religieuse par le baptême du Saint-Esprit, qui se traduit par le fait de parler en langues, d'exercer des dons spirituels surnaturels et de chasser les démons. Todd M. Johnson a énuméré certaines de leurs pratiques comme suit :

> Guérison divine par la prière, parler en langues (glossolalie) ou interpréter les langues, chanter en langues, chanter en Esprit, danser en Esprit, prier les mains levées, rêves, visions, discernement des esprits, paroles de sagesse, paroles de connaissance, miracles, rencontres de puissance, exorcismes (chasser les démons), réanimations, délivrances, signes et prodiges[56].

Asamoah-Gyadu définit le pentecôtisme de manière plus large comme suit :

---

54. Hwa Yung, « Pentecostalism and the Asian Church », dans *The Charismatic Face of Christianity in Asia*, sous dir. Allan Anderson et Edmond Tang, 2e éd., Regnum Studies in Mission, Oxford, Regnum, 2005, p. 38.
55. Onyinah, « Movement of the Spirit », p. 276.
56. Johnson, « The Demographics of Renewal », dans Vinson, *Spirit-Empowered Christianity*, p. 57.

> Des groupes chrétiens qui mettent l'accent sur le salut en Christ en tant qu'expérience transformatrice opérée par le Saint-Esprit et dans lesquels les phénomènes pneumatiques, y compris le « parler en langues », les prophéties, les visions, les guérisons et les miracles en général, perçus comme s'inscrivant dans une continuité historique avec les expériences de l'Église primitive, telles qu'elles figurent principalement dans les Actes des Apôtres, sont recherchés, acceptés, appréciés et consciemment encouragés parmi les membres comme signifiant la présence de Dieu et l'expérience de son Esprit[57].

Cela implique que les mouvements pentecôtistes opèrent dans une telle diversité de pratiques et de doctrines qu'il est de plus en plus difficile de trouver un facteur précis qui puisse décrire ce qu'est véritablement le pentecôtisme.

Yan Suarsana note que « ni les approches théologiques, phénoménologiques ou historiques visant à définir le sujet n'ont été épargnées par les attaques des chercheurs qui considèrent cet immense phénomène religieux essentiellement dans une perspective poststructurelle ou postcoloniale[58] ». Un examen du discours historique qui retrace la naissance du phénomène du pentecôtisme aux branches radicales du mouvement de la Sainteté au début du XXᵉ siècle révèle que, même à cette époque, il n'existait pas de définition claire et distincte du pentecôtisme. Cecil Robeck observe que « les pentecôtistes n'avaient pas résolu le problème de l'identité et n'étaient pas d'accord sur ce qui constituait un pentecôtiste, ce qui les empêchait d'être véritablement œcuméniques[59] ». Le terme reste donc ouvert. James Goff définit le pentecôtisme sur la base de la théologie du fondateur présumé, Charles Parham (1873-1929), concernant l'expérience de la glossolalie[60]. Cependant, des

---

57. J. Kwabena Asamoah-Gyadu, *African Charismatics. Current Developments within Independent Indigenous Pentecostalism in Ghana*, Studies of Religion in Africa 27, Leiden, Brill, 2005, p. 12.
58. Yan Suarsana, « What is Pentecostalism? Some Historiographical Considerations », Paper submitted to the workshop, « Studying Pentecostalism in a Transcultural Perspective » at the Cluster of Excellence « Asia and Europe in a Global Context », Karl Jaspers Centre for Advanced Cultural Studies, Heidelberg University, Allemangne, 3-5 avril 2014, p. 1.
59. Cecil M. Robeck, « A Pentecostal Theology for a New Millennium », Paper presented to the twenty-sixth annual meeting of the Society for Pentecostal Studies, Oakland, Californie, 1997, cité dans Allan Anderson, « Diversity in the Definition of 'Pentecostal/Charismatic' and Its Ecumenical Implications », *Mission Studies* 19, no. 1, 1ᵉʳ janvier 2002, p. 40.
60. Suarsana, « What is Pentecostalism? », p. 1-2.

militants pentecôtistes engagés de l'époque, dont « Willis C. Hoover (Chili), T. B. Barratt (Norvège), les travaux de Minnie Abrams (qui a récemment été déclarée fondatrice du pentecôtisme indien) et les activités de la Stone Church à Chicago peuvent montrer que la doctrine de la preuve initiale de Parham et Seymour était loin d'être reconnue comme le cœur de la théologie pentecôtiste[61] ». Walter Hollenweger propose une « origine noire » du pentecôtisme, qui trouverait ses racines dans les pratiques cultuelles des Églises afro-américaines[62]. Allan Anderson décrit l'origine du pentecôtisme comme une « "origine à plusieurs noyaux"… qui a eu lieu… lors de réveils parallèles dans le monde entier au tournant du dix-neuvième siècle[63] ».

En outre, de nombreuses personnes appartenant à des dénominations traditionnelles ont fait l'expérience du baptême du Saint-Esprit et des dons spirituels, mais ne se classent pas parmi les pentecôtistes. Ainsi, le pentecôtisme pourrait être décrit comme le mouvement de Dieu par le Saint-Esprit sous diverses formes à travers l'Église visible – quelle que soit la dénomination – pour réaliser la mission de Dieu, la *missio Dei*. Comme les Églises spirituelles partageaient ces caractéristiques avec le pentecôtisme, elles ont jeté les bases de l'émergence du pentecôtisme au Ghana.

Le pentecôtisme au Ghana
Le précurseur du pentecôtisme : les Églises spirituelles

L'identité spirituelle africaine a été cruciale pour la survie du christianisme au Ghana. C'est ce qu'observe Lamin Sanneh :

> Les missionnaires occidentaux, conscients de l'importance des sources locales de vitalité religieuse, ne pouvaient plus se passer des agents africains et devaient eux-mêmes revêtir leur pensée des cultures indigènes de leurs efforts, s'ils voulaient porter des fruits durables[64].

---

61. *Ibid.*, p. 2.
62. *Ibid.*, p. 5.
63. *Ibid.*.
64. Lamin Sanneh, *West African Christianity. The Religious Impact*, Londres, C. Hurst, 1993, p. 106.

Des évangélistes africains sont apparus au XXe siècle, et, grâce à leurs activités, des Églises ghanéennes indépendantes ont vu le jour, libres de toute attache occidentale. Parmi les évangélistes ghanéens les plus connus, citons William Wade Harris, John Swatson et Sampson Oppong. Le prédicateur libérien William Wade Harris (1860-1929), de la tribu des Grebos, est le plus connu des trois. Il a marqué le paysage religieux ghanéen par ses prêches, à partir de 1914, dans le Nzema, une région du sud-ouest du Ghana. Alors qu'il purgeait une peine de prison pour avoir profané le drapeau libérien et protesté contre le gouvernement répressif américano-libérien, il aurait reçu une visite angélique qui l'aurait désigné comme prophète de Dieu. Il s'est immédiatement lancé dans des missions après avoir purgé sa peine de prison. Bien qu'il n'ait pas eu beaucoup d'impact au Libéria, son ministère en Côte d'Ivoire et au Ghana a été marqué par un grand succès : Harris aurait gagné et baptisé plus d'un millier de personnes en Côte d'Ivoire et un millier d'autres au Ghana[65]. Le travail de Harris a été couronné de succès au Ghana grâce à sa compréhension de la vision africaine du monde et à son adaptation à la culture ghanéenne et aux formes de culte indigènes, ainsi qu'à sa connaissance approfondie des dons et de l'action du Saint-Esprit[66]. Il a prêché que Jésus était le Dieu suprême et que l'allégeance à ce dernier conférait aux convertis la protection divine nécessaire contre les assauts des mauvais esprits. Son attaque contre les dieux tribaux lui a valu une réputation de prophète de Dieu. Il inspirait la crainte et la peur à la population en détruisant les fétiches et en exerçant une maîtrise totale sur les forces obscures que les Ghanéens redoutaient. Son approche évangélique de la mission au Ghana était très différente de celle des missionnaires occidentaux. G. O. M. Tasie note que Harris contextualisait le message évangélique en portant des vêtements qui faisaient appel à la vision primitive du monde de son public : les couleurs mêmes de son boubou avaient une signification pour le public ghanéen. Son approche « était indiscrète, imprudente et non diplomatique. Lorsqu'il s'attaquait à la religion traditionnelle, il dirigeait son message vers la racine du problème[67] ».

---

65. Amos Jimmy Markin, « Spirit and Mission. The Church of Pentecost as a Growing African Pentecostal Denomination », thèse de doctorat, South African Theological Seminary, 2018, p. 62.
66. Larbi, *Pentecostalism*, chap. 4.
67. G. O. M. Tasie, « Christian Awakening in West Africa, 1914–1918. A Study in the Significance of Native Agency in the History of Christianity in West Africa », sous dir.

John Swatson était un disciple de Harris. Swatson est né à Apollonia (Nzema), dans la région occidentale du Ghana, d'une mère ghanéenne, membre de la famille royale, et d'un père européen attaché à la cour royale de l'Omanhene Amakyi I. Swatson, ancien enseignant-catéchiste de l'Église méthodiste.

> Swatson aurait rencontré Harris en 1914 en Côte d'Ivoire, où il l'aurait supplié de lui enseigner certains de ses pouvoirs de baptême. Harris l'a alors formé et nommé « évêque » et apôtre pour la Côte d'Ivoire et la Côte-de-l'Or. [...] Grâce à Swatson, l'Église anglicane a pu ouvrir une mission à l'intérieur du pays. Il a également contribué à la traduction d'une partie du Livre de la prière commune et des hymnes anglicans en langue nzema[68].

Comme Harris, Swatson guérissait les malades et chassait les démons, en plaçant la Bible sur la tête de la personne possédée par le démon jusqu'à ce que l'esprit la quitte.

Le troisième homme de réveil bien connu est Sampson Oppong, qui a commencé à prêcher sur la Côte-de-l'Or en 1917. Sampson n'avait reçu aucune éducation formelle lorsqu'il s'est converti au christianisme, après avoir été un féticheur. Il affirme que, lors de sa conversion, le Saint-Esprit lui a demandé de brûler tous ses fétiches, de construire une croix en bois et d'envelopper une pierre dans un mouchoir, qui sont devenus ses compagnons tout au long de son ministère. Bien qu'il n'ait pas reçu d'éducation, il avait une connaissance remarquable de la Bible, qu'il attribuait à l'action du Saint-Esprit. En 1923, son Église méthodiste pouvait se prévaloir de vingt mille convertis[69].

Le ministère de ces trois personnes au Ghana est apparu « en réponse à un christianisme qui niait ou justifiait les miracles et les œuvres puissantes attestés dans le Nouveau Testament ». Ils n'ont pas fondé d'Églises eux-mêmes, mais, grâce à leur ministère, des disciples ont fondé des congrégations au

---

Ogbu U. Kalu, Londres, Longman, 1980, p. 296, cité dans Daniel Okyere Walker, « The Pentecost Fire Is Burning. Models of Mission Activities in the Church of Pentecost », thèse de doctorat, University of Birmingham, mars 2010, p. 54.
68. Walker, « The Pentecost Fire Is Burning », p. 56.
69. Larbi, *Pentecostalism*, chap. 3.

Ghana, que l'on appelle aujourd'hui les Églises spirituelles[70]. La première de ces Églises fut l'Église des douze apôtres, fondée en 1914 par Grace Tani, John Nackabah et John Hackman, tous convertis de Harris. L'Église ressemblait aux Églises d'Aladura, qui se distinguent par leurs « croyances centrales concernant la révélation de l'Esprit par les prophètes et un salut pratique dans lequel la guérison occupe une place importante ». Le culte de l'Église des douze apôtres comprend différentes activités considérées comme invoquant l'action du Saint-Esprit sur les adorateurs[71]. Les Églises spirituelles utilisaient deux outils essentiels : la Bible et « une gourde traditionnelle africaine ornée de perles blanches ». La Bible n'était pas destinée à être lue ; les membres des Églises spirituelles la plaçaient sous leur oreiller ou l'utilisaient pour éloigner les mauvais esprits. De même, le son de la gourde était censé invoquer la présence de Dieu et éloigner les mauvais esprits[72]. Le mouvement pentecôtiste au Ghana a commencé après l'établissement des Églises spirituelles.

L'émergence du pentecôtisme

Comme l'affirme Larbi, l'émergence du pentecôtisme fait suite à la recherche de réponses aux situations difficiles de la vie que les RTA et les formes occidentales du christianisme n'avaient pas entièrement abordées[73]. Les Ghanéens sont arrivés à un carrefour où ils avaient besoin de réponses pratiques aux problèmes de santé, aux questions économiques, à la délivrance du mal et aux pouvoirs ancestraux. Les origines du pentecôtisme au Ghana remontent au ministère d'un certain Peter Anim, né le 4 février 1890 à Boso, dans la région de la Volta, au Ghana. Anim a bénéficié d'une éducation par le biais de la Mission de Bâle et, en 1917, il a commencé à lire *The Sword of the Spirit* (l'épée de l'Esprit), un magazine religieux publié par le pasteur A. Clark, qui avait fondé le Faith Tabernacle (le tabernacle de la foi) à Philadelphie, aux États-Unis[74].

---

70. *Ibid.*
71. *Ibid.*
72. Paul S. Breidenbach, « Spatial Juxtapositions and Belief Orientations in a Ritual of a Ghanaian Healing Movement 1 », *Journal of Religion in Africa* 7, no. 2, 1975, p. 95.
73. Larbi, *Pentecostalism*, chap. 3.
74. Robert W. Wyllie, « Pioneers of Ghanaian Pentecostalism. Peter Anim and James McKeown », *Journal of Religion in Africa* 6, no. 2, 1974, p. 109.

En lisant les enseignements et les conseils du fondateur du Faith Tabernacle dans *The Sword of the Spirit*, Anim a reçu la guérison divine d'une maladie chronique de l'estomac et d'une attaque de ver de Guinée dont il souffrait[75]. Impressionné par le contenu de ce magazine, Anim a déclaré : « Bien que j'aie déjà cru intellectuellement à la Bible, je n'avais jamais vu la vérité présentée d'une manière plus réaliste, où la foi était considérée comme une confiance volontaire plutôt que comme un accomplissement intellectuel[76]. » Anim a cependant continué à participer à la Mission de Bâle dans une Église presbytérienne jusqu'à la mort de sa femme en 1920. Il quitte alors la Mission de Bâle et décide de fonder sa propre Église en 1922, sous le nom de Faith Tabernacle.

En 1923, Anim reçoit un certificat d'ordination du pasteur Clark avec le mandat de baptiser les âmes gagnées, d'appeler de nouveaux ouvriers et d'exercer le ministère pastoral. Plusieurs guérisons divines se produisent pendant le ministère d'Anim, et son propre témoignage de guérison attire plusieurs convertis au Seigneur à Asamankese, au Ghana. Malheureusement, en 1926, le fondateur est renvoyé des États-Unis pour adultère. En 1930, Anim et ses membres rompent leur relation avec le Faith Tabernacle et cherchent à s'affilier à l'Apostolic Faith Church (l'Église de la foi apostolique) au Royaume-Uni[77].

Le 2 mars 1937, les premiers missionnaires résidents de l'Apostolic Faith Church, James McKeown et sa femme, Sophia, arrivent au Ghana pour aider le groupe d'Anim. McKeown a contracté une grave malaria et s'est contenté de la traiter avec des médicaments, ce qu'Anim et son groupe ont interprété comme un manque de foi. La base doctrinale principale du groupe d'Anim était « une forte insistance sur la prière, une forte croyance en la guérison divine sans recours à aucune forme de médecine, préventive ou curative, l'expérience de la glossolalie avec des preuves de parler en langues, et une forte éthique évangéliste[78] ». En revanche, le groupe de McKeown pensait qu'il pouvait s'en remettre à Dieu pour la guérison, tout en ayant recours à la médecine préventive et curative. Cette différence non résolue a conduit à une division brutale entre les deux groupes. Anim et McKeown se sont

---

75. Larbi, *Pentecostalism*, chap. 5.
76. Wyllie, « Pioneers of Ghanaian Pentecostalism », p. 110.
77. *Ibid.*, p. 112.
78. Larbi, *Pentecostalism*, chap. 5.

séparés en 1939, et cette division a conduit à la formation de deux Églises : La Christ Apostolic Church, dirigée par Anim, et la UK Apostolic Church, que McKeown a quittée plus tard (1953) pour former une Église autochtone qui a abouti à l'Église de Pentecôte (EdP). Ces trois organismes pentecôtistes sont devenus des lieux importants du mouvement pentecôtiste au Ghana[79], en plus de la dénomination des Assemblées de Dieu, qui a été enregistrée en 1930[80].

La première phase du pentecôtisme

Les quatre groupes pentecôtistes – l'Apostolic Faith Church, la Christ Apostolic Church, l'Église de Pentecôte et les Assemblées de Dieu – ont constitué la première vague de pentecôtisme au Ghana[81], qui s'est inspirée du réveil de la rue Azusa dirigé par William Seymour. Il s'agissait d'un groupe de chrétiens appartenant explicitement à des dénominations pentecôtistes, un groupe de personnes caractérisées par l'exercice du surnaturel, comme le parler en langues et la recherche du miraculeux par l'action du Saint-Esprit[82]. Au Ghana, ces groupes pentecôtistes ont émergé en tant qu'Églises indépendantes, issues des principales dénominations, à la recherche du miraculeux et observant strictement la sainteté et la perfection, une particularité héritée du mouvement de la Sainteté.

Le principal facteur à l'origine de l'émergence et de la propagation rapide du pentecôtisme a été la quête des Ghanéens, qui souhaitaient voir une puissance supérieure renverser leurs dieux et apporter une solution aux nombreuses questions spirituelles et aux angoisses de la vie. Les principales confessions fondées par les missionnaires occidentaux dispensaient une éducation et leur type de christianisme était centré sur les domaines physiques et invisibles de la réalité. Mais elles ne pouvaient pas résoudre les problèmes des Ghanéens concernant les maladies incurables induites par les mauvais esprits ou les pouvoirs de la magie noire africaine. Leur forme de christianisme n'était donc pas attrayante pour les Ghanéens, un peuple dont la vision du monde s'articule autour de rencontres entre les esprits ancestraux et les puissances obscures.

---

79. Wyllie, « Pioneers of Ghanaian Pentecostalism », p. 118.
80. Girish Daswani, « (In-)Dividual Pentecostals in Ghana », *Journal of Religion in Africa* 41, no. 3, 2011, p. 259.
81. Johnson, « The Demographics of Renewal », dans Vinson, *Spirit-Empowered Christianity*, p. 57.
82. *Ibid.*, p. 57.

Charles H. Kraft affirme que les personnes orientées vers la puissance ont besoin de preuves de puissance, et pas seulement de raisonnements ou de connaissances académiques[83]. Le pentecôtisme ghanéen a répondu au désir intérieur des Ghanéens de voir la puissance du Saint-Esprit, attestée dans le Nouveau Testament, restituée aux chrétiens ordinaires. Le mouvement mettait l'accent sur la continuité culturelle de la religion traditionnelle ghanéenne, sur les causes spirituelles et sur la délivrance du mal ici et maintenant.

La deuxième phase : le néo-pentecôtisme

Le mouvement charismatique est apparu en 1907, mais il est devenu populaire en 1950, marquant la deuxième vague du mouvement charismatique. Les adeptes étaient des chrétiens anglicans, catholiques, orthodoxes et protestants affiliés à des dénominations pentecôtistes non classiques, mais qui avaient également fait l'expérience du baptême du Saint-Esprit[84]. Au lieu de quitter leurs Églises traditionnelles pour rejoindre les dénominations pentecôtistes, ces personnes ont formé un groupe renouvelé au sein de leurs Églises respectives. Ils croyaient et démontraient les *charismata pneumatic*, les dons de l'Esprit, par des signes et des prodiges, sans nécessairement adhérer à la croyance selon laquelle la glossolalie est une preuve du baptême de l'Esprit. En raison de l'importance qu'ils accordent aux *charisma* (dons), ils constituent une nouvelle forme de pentecôtisme au Ghana, appelée néopentecôtisme ou groupe du renouveau charismatique.

Après la Seconde Guerre mondiale, des milliers de chrétiens sont sortis du mouvement néo-pentecôtiste ou charismatique et ont formé des Églises indépendantes mettant l'accent sur l'évangile de la prospérité et la manifestation des dons spirituels. Ces Églises s'écartent du christianisme évangélique, qui ne reconnaît pas le baptême du Saint-Esprit comme distinct de l'expérience de la conversion et ne considère pas le parler en langues comme une preuve du baptême du Saint-Esprit. Ces Églises se considéraient comme totalement distinctes des pentecôtistes et des charismatiques, mais, en même temps, elles s'engageaient dans certaines des pratiques pentecôtistes charismatiques de

---

83. Charles H. Kraft, *Power Encounter in Spiritual Warfare*, Eugene, Wipf and Stock, 2017, p. 2.
84. Johnson, « The Demographics of Renewal », dans Vinson, *Spirit-Empowered Christianity*, p. 59.

guérison, de signes et de prodiges, de rencontres de puissance et de miracles[85]. Johnson affirme que les membres de ces Églises se désignaient eux-mêmes comme des dénominationnalistes, des restaurationnistes, des charismatiques radicaux, des néo-apostoliques ou la « troisième vague » du vingtième siècle[86].

Au Ghana, Nicholas Duncan-Williams, de l'Action Faith Ministries International (AFMI), a été identifié comme le père des charismatiques. Duncan-Williams est né d'un diplomate et d'une infirmière qui travaillaient dans les régions de Wa et de Bolgatanga, dans le nord du Ghana. Élevé seul par sa mère après la séparation de ses parents, Nicholas a mené une vie mouvementée jusqu'en 1976, date à laquelle il s'est converti à l'Église de Pentecôte, alors qu'il se remettait d'une maladie dans un hôpital. Cette même année, Duncan-Williams s'est rendu au Nigeria et a été encadré pendant deux ans au collège biblique fondé par Benson Idahosa. Il termine ses études en 1978 et retourne au Ghana, où il fonde sa propre Église exubérante en 1979. C'est ainsi que l'AFMI devint plus tard l'exemple motivant de nombreux autres groupes charismatiques indépendants au Ghana[87].

Paul Gifford a critiqué la théologie de l'AFMI, parce qu'elle est fondée sur l'évangile du succès, de la santé et de la richesse, ce qui est évident dans le premier livre de Duncan, *Destined to Make an Impact*[88] (Destiné à avoir un impact). Cependant, la critique de Gifford était celle d'un étranger qui ne comprenait pas pleinement le contexte culturel et socio-économique dans lequel l'Église AFMI a vu le jour. L'AFMI a élaboré sa théologie dans un contexte où de nombreux Ghanéens étaient opprimés sur le plan socio-économique et avaient besoin d'une « théologie brassée dans une marmite africaine[89] » – une théologie qui n'était pas réservée à quelques « chrétiens professionnels », mais une théologie significative pour un public spécifique, des Ghanéens et des Ghanéennes qui avaient besoin d'identifier leur foi avec les réalités de l'époque. Duncan-Williams pensait donc que Dieu n'avait jamais prévu la maladie, la peur, l'infériorité, la défaite ou l'échec pour qui que ce soit, en

---

85. *Ibid.*
86. *Ibid.*, p. 60.
87. Paul Joseph Gifford, « Ghana's Charismatic Churches », *Journal of Religion in Africa* 24, no. 3, août 1994, p. 242.
88. *Ibid.*, p. 242.
89. Agbonkhianmeghe E. Orobator, *Theology Brewed in an African Pot*, Maryknoll, Orbis Books, 2008, édition Kindle, p. 8.

s'appuyant sur Genèse 1.29-30[90]. Il a interprété toute la Bible comme un arbre de vie qui produit richesse, honneur, promotion et joie, en s'inspirant fortement de tous les prédicateurs de l'évangile de la prospérité de l'époque : « Robert Schuller, Oral Roberts, Casey Treat, John Avancini, Kennneth Hagin, T. L. Osborn, Paul Yonggi Cho et Benson Idahosa[91] ». Ainsi, l'évangile de la prospérité est devenu le pilier de tous les mouvements charismatiques au Ghana, à travers les enseignements et le ministère de Duncan-Williams, un phare pour les charismatiques ghanéens.

Duncan-Williams a été suivi par Mensa Otabil de l'International Central Gospel Church (ICGC). Otabil, membre de l'Église anglicane du Ghana, s'en est détaché pour fonder l'ICGC en février 1984. L'Église se distingue par son travail d'évangélisation et, en avril 1987, elle passe de 700 à 1 500 personnes en l'espace d'une semaine. Cependant, comme Duncan-Williams, Otabil a principalement fondé sa prédication sur les textes bibliques couramment utilisés dans l'évangile de la prospérité[92]. Les messages d'Otabil prêchaient la réussite : « Chaque problème est temporaire, chaque problème peut être résolu […]. Dieu ne vous a pas créé en pensant à l'échec, mais au succès. » De même, Duncan-Williams enseignait que « le succès [était] inexorablement atteint par l'application des lois immuables de semer et récolter[93] ».

L'impact du pentecôtisme sur le christianisme ghanéen

Depuis le début du XXIe siècle, le pentecôtisme s'est développé à la fois dans le monde et au Ghana. Patrick Johnstone a déclaré que le mouvement pentecôtiste charismatique est désormais plus visible dans la vie ecclésiale et qu'il est en augmentation : il prévoit que les adeptes pentecôtistes charismatiques constitueront environ 11 % de la population mondiale d'ici 2050, soit une augmentation de 5 % par rapport aux 6 % signalés en 2000[94]. Au Ghana, le recensement de la population et de l'habitat réalisé en 2000 a indiqué que

---

90. Gifford, « Ghana's Charismatic Churches », p. 243.
91. *Ibid.*, p. 242.
92. *Ibid.*
93. *Ibid.*, p. 246.
94. Patrick Johnstone, *The Future of the Global Church. History, Trends, and Possibilities*, Downers Grove, IVP, 2011, p. 125.

61,1 % de la population s'identifiait comme chrétienne et que les pentecôtistes charismatiques constituaient 24,1 % de ce nombre. En 2010, ce chiffre a rapidement augmenté : parmi les 71,2 % de la population qui s'identifient comme chrétiens, 28,3 % s'identifient comme pentecôtistes charismatiques. Le reste de la population chrétienne se compose de 13,1 % de catholiques, 18,4 % de protestants et 11,4 % de diverses autres dénominations[95]. Cette croissance rapide peut être attribuée à la nature de l'évangile pentecôtiste. Francis Benya suggère que l'émergence du pentecôtisme a coïncidé avec les difficultés socio-économiques rencontrées par l'Afrique subsaharienne dans les années 1980 ; ces difficultés économiques ont fourni un contexte propice à l'évangile de la prospérité[96].

Une pratique courante des pentecôtistes charismatiques consiste à mettre l'accent sur la richesse et la santé en tant qu'indicateurs de la nouvelle naissance, ainsi que sur la bénédiction, la restauration, la puissance surnaturelle et les possessions matérielles[97]. Ils ont ainsi réussi à rendre le christianisme ghanéen matérialiste. L'Évangile est devenu une marchandise commercialisée, au Ghana. Les Églises ghanéennes sont devenues des places de marché où l'Évangile est adapté pour plaire aux gens et non pour apporter une transformation spirituelle qui se manifeste par un caractère pieux et des valeurs sociales justes. La nature du christianisme au Ghana s'est malheureusement révélée être nominale. Le style de vie des gens dans tous les aspects de la vie ne révèle pas la nature du Christ. Les charlatans religieux sont plus présents dans les Églises ghanéennes que les véritables ministres de l'Évangile désireux de préparer les gens pour le paradis.

Des honoraires exorbitants pour des conseils religieux et diverses formes de pratiques néfastes, comme la vente d'huile d'onction, d'autocollants pour voitures, de mouchoirs, d'eau, de bracelets, de bouillie et d'autres services sont monnaie courante. Paul Hiebert a noté que ces pratiques ne conduisent pas à une véritable conversion des personnes. Les gens changent simplement de symboles ou de fétiches ; ils peuvent donner des noms chrétiens à leurs dieux et esprits païens ou changer leurs propres noms traditionnels en noms

---

95. Francis Benyah, « Commodification of the Gospel and the Socio-Economics of Neo-Pentecostal/Charismatic Christianity in Ghana », *Legon Journal of the Humanities* 29, 2018, p. 116.
96. *Ibid.*
97. *Ibid.*, p. 135.

chrétiens, mais ils ne sont pas vraiment convertis[98]. La pratique consiste simplement à réinterpréter le christianisme comme un nouveau talisman ou un pouvoir magique qui permet à l'individu de gagner en influence.

L'utilisation des médias de masse pour faire la publicité des cultes pentecôtistes charismatiques répand rapidement la foi et transforme le christianisme ghanéen en religion de charlatans. On s'efforce d'obtenir des rencontres de puissance sans qu'il y ait de rencontres de vérité ou de « rencontres d'engagement[99] ». Les Églises promettent d'atténuer les difficultés socio-économiques et d'offrir des bénédictions matérielles, ce qui attire le Ghanéen ordinaire et incite les jeunes à courir après l'argent facile et une vie confortable. Pour la plupart des jeunes Ghanéens, le christianisme est devenu un moyen de gagner de l'argent et d'améliorer leur statut social. La promesse des Églises pentecôtistes charismatiques d'apporter des réponses aux situations débilitantes, telles que l'oppression démoniaque, l'alcoolisme, la pauvreté, la dépression, le manque de direction spirituelle et la dépendance à la drogue, est une forme d'appât utilisée par les pentecôtistes charismatiques au Ghana.

Le pentecôtisme ghanéen évolue dans le même sens que ce qu'Anderson a observé en Afrique du Sud : le syncrétisme religieux. Même si les chrétiens affirment parler en langues, guérir les malades et prophétiser, ils s'engagent dans des rituels étranges et non bibliques qui peuvent être décrits comme les pratiques des RTA[100]. Le pentecôtisme ghanéen a également conduit à des divisions œcuméniques. Anderson a observé à juste titre que la plupart des pentecôtistes partent du principe qu'ils ont raison et que toutes les autres dénominations ont tort, et que les vrais chrétiens sont ceux qui croient et pratiquent la foi pentecôtiste[101]. Cette idéologie religieuse conduit progressivement de nombreux pentecôtistes ghanéens au sectarisme et à l'érection de barrières religieuses qui semblent difficiles à effacer[102].

---

98. Hiebert, *Transforming Worldviews*, p. 11.
99. Paul G. Kraft, « Power Encounter and Folk Islam », dans *Muslims and Christians on the Emmaus Road. Crucial Issues in Witness among Muslims*, sous dir. J. Dudley Woodberry, Monrovia, MARC, 1989, p. 18.
100. Allan Heaton Anderson, « Diversity in the Definition of "Pentecostal/Charismatic" and Its Ecumenical Implications », *Mission Studies* 9, no. 1, 1 janvier 2002, p. 42.
101. *Ibid.*
102. *Ibid.*

Néanmoins, les pentecôtistes charismatiques ont massivement contribué au développement social du Ghana. Actuellement, tous les principaux mouvements pentecôtistes charismatiques du Ghana possèdent des établissements d'enseignement supérieur ou des universités, des hôpitaux et des centres de retraite pour les jeunes. Il s'agit notamment du Central University College (fondé par Mensa Otabil), du Pentecost University College, du Seminary of the Church of Pentecost, de la Dominion University (fondée par Duncan-Williams de l'AFMI) et de la Perez University (fondée par le Révérend Charles Agyinasare de Perez Chapel). Ces institutions acceptent des personnes d'autres confessions et peuvent devenir une excellente occasion d'atteindre les musulmans. En outre, les pentecôtistes charismatiques du Ghana se font les champions de diverses formes de missions à l'intérieur et à l'extérieur du pays, contribuant ainsi à la croissance massive du christianisme ghanéen.

En raison des efforts d'évangélisation agressifs déployés par les Églises pentecôtistes charismatiques par l'intermédiaire des médias, de nombreuses Églises traditionnelles sont contraintes de reconsidérer leur théologie, leurs pratiques et l'éthique générale héritée du colonialisme occidental pour tenter de conserver les membres perdus au profit du mouvement pentecôtiste charismatique. La musique et les vidéos pentecôtistes charismatiques ne sont pas seulement diffusées dans les cercles religieux, elles ont également influencé la politique et la culture ghanéennes, et leurs messages évangéliques très médiatisés sur la guérison, la délivrance et le succès sont presque devenus un guide pour les chrétiens et les non-chrétiens[103].

Résumé

Avant l'arrivée des missionnaires occidentaux et l'introduction du christianisme, les habitants de la Côte-de-l'Or (c'est-à-dire du Ghana) avaient une vision du monde qui mettait l'accent sur le concept d'un Dieu suprême et sur le salut face au mal ou à la punition que des dieux inférieurs pouvaient infliger. Dans ces conditions, les activités d'évangélisation des premiers missionnaires occidentaux n'ont pas pu répondre efficacement aux besoins spirituels de la population ghanéenne, même si elles ont réussi à lui

---

103. Paul Joseph Gifford, *Ghana's New Christianity. Pentecostalism in a Globalizing African Economy*, Bloomington, Indiana University Press, 2004, p. 35.

apporter un développement socio-économique. La quête de solutions spirituelles conformes à la spiritualité et à la vision du monde africaines a donc conduit à l'émergence de mouvements de réveil africains, qui ont progressivement abouti à la formation d'Églises africaines indépendantes qui ont donné naissance aux mouvements pentecôtistes et néo-pentecôtistes ghanéens. Les ministères de William Wade Harris, John Swatson et Sampson Oppong ont inauguré les mouvements pentecôtistes et néo-pentecôtistes, qui ont largement conduit à une pratique chrétienne nominale fondée sur les enseignements de l'évangile de la prospérité. L'Église de Pentecôte, dont les adeptes représentent près de 14 % de la population chrétienne totale, s'est imposée comme la version locale du pentecôtisme, et comme l'une des principales dénominations du Ghana.

CHAPITRE 2

Le développement de l'islam et la nature des relations entre chrétiens et musulmans au Ghana

L'islam en Afrique de l'Ouest

Les peuples d'Afrique de l'Ouest ont rencontré l'islam pour la première fois au VIIIe siècle. À la fin du XXe siècle, un ensemble de forces a conduit à la propagation de l'islam dans tout le Soudan, la région des Savanes et l'Afrique de l'Ouest, où des commerçants migrants et des enseignants missionnaires musulmans ont formé des communautés musulmanes. Au Soudan et en Afrique de l'Est, les dirigeants locaux se sont convertis à l'islam et ont contribué à la création d'États musulmans, tandis qu'ailleurs, les oulémas[1] musulmans et les hommes saints ont mené le djihad[2] pour créer de nouveaux États. Malheureusement, à la fin du XIXe siècle, les envahisseurs européens ont vaincu et disloqué les États existants en Afrique de l'Ouest et ont imposé

---

1. *Ulamā* est la forme plurielle du mot arabe *ālim*, qui signifie littéralement « homme de connaissance ». Le mot racine *ilim* signifie connaissance et est souvent opposé à *jahl* qui implique l'ignorance. Ce type de connaissance est lié à la révélation que Dieu a donnée au prophète Muhammad, ou à la connaissance de Dieu. On est *ālim* en raison d'une connaissance religieuse particulière du Coran, du *ḥadīth* et du *fiqh* ou loi religieuse. Les *Ulamā* sont donc les érudits religieux professionnels de l'Islam. John L. Esposito, sous dir., s.v. « Ulama », dans *The Oxford Encyclopedia of The Islamic World*, vol. 5, Oxford, Oxford University Press, 2009.

2. À l'origine, le *jīhad* signifiait la lutte interne du croyant pour vivre sa foi, mais il a ensuite pris d'autres significations, notamment le combat pour la défense de l'islam.

un nouveau régime impérial occidental auquel les musulmans ont été économiquement et politiquement soumis[3].

Les nouveaux États d'Afrique de l'Ouest étaient dirigés par des élites militaires occidentales, de sorte que les structures administratives, les frontières territoriales et les concepts idéologiques généraux ne reflétaient pas les valeurs, les identités et les intérêts des populations d'Afrique de l'Ouest. La plupart des nouveaux dirigeants, comme Kwame Nkrumah du Ghana, Felix Houphouet-Boigny de Côte d'Ivoire et quelques élites militaires et chefs utilisés comme intermédiaires par les impérialistes français et britanniques, n'étaient pas musulmans et ne s'intéressaient qu'à la modernisation politique et économique ; ils ont donc accepté l'islam comme « religion personnelle » au même titre que le christianisme[4].

L'administration coloniale a indirectement encouragé l'islam en promouvant des élites circulaires non religieuses qui maintenaient la paix et l'ordre, stimulaient le commerce et ouvraient des marchés pour les échanges commerciaux qui incitaient les Africains à émigrer vers les villes en expansion. L'administration coloniale a brisé les structures traditionnelles de la société africaine et a introduit de nouvelles idées d'éducation et de société qui ont promu l'islam comme forme d'autorité et expression de cohésion parmi les peuples déplacés.

Les puissances coloniales française et britannique considéraient que les musulmans étaient plus instruits et plus avancés sur le plan culturel que les Africains non musulmans, et elles ont donc nommé des chefs et des commis musulmans pour administrer les régions non musulmanes. Ils ont autorisé les enseignants religieux et les missionnaires musulmans à rallier les communautés et, dans certains cas, les dirigeants coloniaux ont aidé à établir des tribunaux de droit islamique dans les régions non musulmanes. Cette stratégie a conduit à la conversion à l'islam de nombreuses personnes issues des RTA. Entre 1900 et 1960, les communautés musulmanes ont doublé en Afrique de l'Ouest[5]. Un nombre important de personnes se sont converties

---

3. Ira M. Lapidus, *A History of Islamic Societies*, 2ᵉ éd., Cambridge, Cambridge University Press, 2002, p. 732.
4. *Ibid.*, p. 736.
5. *Ibid.*

à l'islam parmi les populations païennes au cours des périodes coloniales et d'indépendance.

Histoire de l'islam au Ghana

L'islam a précédé le christianisme au Ghana[6]. Dès le départ, l'islam a été considéré comme la religion d'un petit groupe de migrants originaires d'Afrique du Nord qui se sont rendus au Ghana en passant par le nord et le sud du pays au XIVe siècle[7]. Leur présence et leurs déplacements au Ghana se sont faits de manière dispersée et ont été décrits par Johnson A. Mbillah comme une dispersion des musulmans plutôt qu'une propagation des musulmans[8]. L'islam en tant que religion est arrivé au Ghana par l'intermédiaire de commerçants musulmans et de campagnes menées au XIXe siècle par un groupe de pilleurs d'esclaves dans la partie nord du Ghana. Toutefois, au lieu de convertir les habitants à l'islam, ces campagnes les ont rendus hostiles à cette religion[9]. Les commerçants se déplaçaient souvent avec des religieux musulmans, appelés au Ghana *mallam*, *alfa* ou *Kramo* (musulman). Parce qu'ils savaient écrire, dire la bonne aventure et préparer des amulettes ou des charmes protecteurs, ils attiraient les populations indigènes, et en particulier les chefs, qui leur attribuaient des pouvoirs magiques et spirituels[10].

Le premier groupe de commerçants musulmans identifié à être arrivé dans les territoires du nord de la Côte-de-l'Or entre le quatorzième et le quinzième siècle était les musulmans dioulas[11]. Ils étaient composés de Wangara, de Yase et d'Hausa, d'origine malienne ou mandé, qui se rendaient sur la Côte-de-l'Or

---

6. John Azumah, « Muslim-Christian Relations in Ghana. Too Much Meat Does Not Spoil the Soup », *Current Dialogue* 36, décembre 2000, p. 1-5.
7. Dovlo et Asante, « Reinterpreting the Straight Path », p. 215.
8. Johnson A. Mbillah, « PCG. Evangelism and the Muslim Presence », The First Evangelism Consultation of the Presbyterian Church of Ghana, 1-4 mars 1994, p. 27, cité dans Elom Dovlo et Alfred Ofosu Asante, « Reinterpreting the Straight Path. Ghanaian Muslim Converts in Mission to Muslims », *Exchange* 32, no. 3, juillet 2003, p. 215.
9. Azumah, « Muslim-Christian Relations in Ghana », p. 1-5.
10. Mbillah, « PCG. Evangelism and the Muslim Presence », cité dans Dovlo et Asante, « Reinterpreting the Straight Path », p. 215.
11. Lamin Sanneh, *The Crown and the Turban. Muslims and West African Pluralism*, Boulder, Westview Press, 1997, p. 12.

pour faire des affaires et du commerce[12]. Ils se sont installés parmi les Gonja, Wa, Banda, Mamprussi et Dagomba dans le nord et, en raison de leurs exploits économiques et politiques, ils se sont déplacés vers le sud du Ghana lorsque les chefs des États du sud, tels que Bono et Asante[13], les ont invités à faire le commerce de l'or. Les souverains étaient particulièrement intéressés par les talents et les dons des *sharifs* musulmans, qui prétendaient être des descendants de la famille du prophète Muhammad ; ils disaient qu'ils étaient dotés de *baraka*[14] et avaient la capacité de conférer à d'autres personnes des bénédictions et des pouvoirs spirituels qui guérissaient et assuraient le succès[15].

Les musulmans dioulas pratiquaient le mysticisme islamique, le soufisme, et ont initié les habitants du nord de la Côte-de-l'Or aux traditions soufies. Les adeptes de cette branche de l'islam sur la Côte-de-l'Or étaient des musulmans ordinaires, pratiquants, qui n'avaient pas une connaissance précise des aspects philosophiques, théologiques et doctrinaux de l'islam et ne considéraient pas la doctrine comme essentielle dans la pratique de la foi. Les commerçants musulmans dioulas qui ont introduit l'islam sur la Côte-de-l'Or n'étaient pas des experts en lois islamiques, mais des Africains aux dispositions humbles qui s'identifiaient au contexte local, traditionnel et culturel de leurs compatriotes[16]. Les musulmans dioulas se sont parfaitement intégrés au contexte culturel traditionnel des habitants de la Côte-de-l'Or et se sont facilement adaptés à la vie quotidienne. Ils n'ont pas adopté une

---

12. Mervyn Hiskett, *The Development of Islam in West Africa. Longman Studies in African History*, Essex, Longman Group, 1984, p. 45.
13. Cosmas Justice Ebo Sarbah, « A Critical Study of Christian-Muslim Relations in the Central Region of Ghana with Special Reference to Traditional Akan Values », thèse de doctorat, University of Birmingham, septembre 2010, p. 32.
14. Le mot *baraka* est dérivé de la racine arabe b-r-k, dont le pluriel est *barakāt*, et signifie fondamentalement « bénédiction », « force bienfaisante » ou « pouvoir surnaturel » que Dieu confère à l'humanité. Le concept comporte différentes significations implicites et explicites en fonction du contexte historique et culturel, mais il est généralement lié à la mystique et à la spiritualité islamiques. Les personnes pieuses, comme le prophète Muhammad et les membres de sa famille, sont considérées comme possédant ce type de bénédiction et peuvent transférer des avantages matériels et des récompenses spirituelles. John L. Esposito, s.v. « Barakah », dans *The Oxford Encyclopedia of The Islamic World*, vol. 5, Oxford, Oxford University Press, 2009.
15. Peter B. Clarke, *West Africa and Islam. A Study of Religious Development from the 8th to the 20th Century*, London, Edward Arnold, 1982, p. 106-107.
16. Sarbah, « A Critical Study of Christian-Muslim Relations », p. 33.

approche méthodologique à l'égard des cultures indigènes, mais se sont mêlés à elles d'une manière qui leur a permis de contribuer au développement de la communauté.

Les musulmans dioulas ont également joué un rôle important au sein de la cour royale[17]. Par exemple, à la cour royale de Gonja, leur soutien comprenait l'administration et la guerre militaire. Grâce à leurs compétences littéraires, ils ont joué le rôle de scribes, conservant les noms des anciens chefs et imams, ainsi que l'histoire du royaume[18]. Leur travail a grandement contribué à consolider la position des chefs[19]. Peu à peu, ces musulmans sont devenus membres des familles royales et ont exercé une grande influence. À Kumasi, la capitale du royaume ashanti, ils jouaient le rôle de conseillers du roi pour les questions relatives au commerce de l'or, de la kola, du sel et des esclaves. Grâce à leurs compétences commerciales, ils contrôlaient l'industrie du bétail et « exerçaient un pouvoir économique et politique considérable[20] ». Ils ont aidé l'administration des États du nord, tels que le Gonja, le Dagomba, le Wala, le Banda et le Mamprussi[21], en tant que fonctionnaires, médecins et astrologues[22].

Grâce à leur adaptabilité aux RTA, ils ont réussi à disperser l'islam au Ghana, en particulier dans le nord. Les musulmans dioulas n'ont pas exigé des habitants de la Côte-de-l'Or qu'ils rompent avec leurs traditions passées ; ils les ont initiés à l'islam soufi, qui repose sur la non-violence, une forme non compulsive de prière rituelle, « le jeûne du ramadan, des cérémonies de décès et de mariage simples et la laïcisation des fonctions religieuses ». Lorsque la foi islamique a été confrontée à des éléments de la RTA, les pratiques traditionnelles ont prévalu, parce que les musulmans dioulas étaient eux-mêmes des Africains spirituels[23]. Ainsi, comme les anciens assyriens, « ils craignaient le Seigneur, mais ils servaient aussi leurs propres dieux, selon la règle des nations d'où on les avait exilés » (2 R 17.33, NBS).

---

17. Sanneh, *The Crown and the Turban*, p. 12.
18. Nehemia Levtzion, *Muslims and Chiefs in West Africa. Study of Islam in the Middle Volta Basin in the Pre-Colonial Period*, Oxford, Clarendon Press, 1968, p. 51.
19. Sarbah, « A Critical Study of Christian-Muslim Relations », p. 33.
20. *Ibid.*
21. *Ibid.*, p. 34.
22. Clarke, *West Africa and Islam*, p. 106-107.
23. Sarbah, « A Critical Study of Christian-Muslim Relations », p. 34.

Les caractéristiques et la propagation de l'islam au Ghana

Une fois la graine de l'islam semée dans le nord du Ghana, ses principes et ses pratiques ont été progressivement assimilés dans le pays. Trimingham remarque que l'assimilation de l'islam en Afrique de l'Ouest s'est faite en trois étapes. La première étape, celle de la préparation, consistait à exprimer visiblement le mode de vie islamique en portant des amulettes et des ornements, tout en s'habillant de manière traditionnelle pour s'adapter au mode de vie des populations indigènes. Cette étape a permis de briser les traditions susceptibles d'entraver l'accueil de l'islam et d'introduire subtilement des éléments de la foi islamique auxquels les autochtones étaient indifférents[24]. La deuxième étape est celle de la conversion, au cours de laquelle les rois et les familles royales rompent progressivement avec la religion traditionnelle, sans pour autant adopter complètement la foi islamique.

Les éléments majeurs des pratiques islamiques coexistent alors avec la religion et la culture traditionnelles, qui commencent à s'affaiblir[25]. Cependant, même si l'islam a tenté d'affaiblir la culture et la tradition ghanéennes, la foi a été absorbée par le mode de vie ghanéen. Comme l'indique Zwemer, « l'islam, dans ses contacts avec l'animisme, n'a pas été le vainqueur, mais plutôt le vaincu[26] », et les RTA sont devenues un terrain fertile pour la propagation et l'enracinement de l'islam parmi la population, en particulier dans le nord du pays. La troisième étape a consisté en une réinterprétation progressive de l'ancienne culture par l'islam, afin que la communauté indigène adopte pleinement la culture islamique.

Cette étape a mis l'accent sur la forte croyance en la foi et les pratiques islamiques en tant que moyen efficace de changer les comportements et les coutumes sociales. À ce stade, les adeptes individuels ont acquis un fort sentiment d'appartenance à la communauté islamique mondiale, la *oumma*, ce qui a entraîné une désintégration et une réintégration naturelles des adeptes[27].

---

24. Trimingham, « The Influence of Islam upon Africa », Londres, Longmans, Green & Co., 1958, cité dans Cosmas Justice Ebo Sarbah, « A Critical Study of Christian-Muslim Relations in the Central Region of Ghana with Special Reference to Traditional Akan Values », thèse de doctorat, University of Birmingham, septembre 2010, p. 34.
25. Sarbah, « A Critical Study of Christian-Muslim Relations », p. 35.
26. Zwemer, *The Influence of Animism on Islam*, cité dans Twumasi, « Understanding the Folk Islam of the Dagbani-Speaking People », p. 49.
27. Sarbah, « A Critical Study of Christian-Muslim Relations », p. 35.

Ces étapes de l'intégration de l'islam dans le nord du Ghana expliquent le développement de trois classes sociales distinctes de musulmans dans le nord du pays : les *gbanga*, les *nyamase* et les *karamos*. La première classe, les *gbanga*, est principalement composée des dirigeants et des membres de la famille royale qui étaient associés aux musulmans dioulas. Cette classe, bien qu'ayant accepté l'islam, pratiquait un islam frelaté. La deuxième classe, les *nyamase*, est composée de roturiers qui n'ont pas été touchés par l'islam et ont continué à pratiquer leur religion traditionnelle. La troisième classe, les *karamos*[28], est composée de communautés musulmanes locales d'origines ethniques différentes. Ces distinctions sociales ont existé pendant de nombreuses années dans le nord, en particulier dans le Gonjaland, où toute la région a fini par adopter l'islam[29].

Alors que les musulmans dioulas ont réussi à influencer les populations du nord avec l'islam en s'adaptant simplement à la culture et aux traditions du nord, cette stratégie n'a pas fonctionné dans les États du sud, tels que l'Asante et le Bono. Le processus d'assimilation n'a pas fonctionné dans ces régions, car les pratiques islamiques irritaient les Asante[30]. Les musulmans dioulas du sud ont tenté de modifier les rituels traditionnels asante et bono qu'ils jugeaient non islamiques en les remplaçant par des prières islamiques. De cette façon, le peuple asante s'est habitué à utiliser des amulettes musulmanes et est devenu dépendant d'elles pour la guérison, la divination et les charmes protecteurs. L'islam a eu une telle influence dans les États du sud sous le règne de l'*Asantehene* (roi de tous les Asante) Osei Kwame (1777-1801), parce qu'il croyait en la foi islamique. Cependant, il a été écarté du pouvoir (« détrôné »), parce que les Asante se sont rendu compte que leurs coutumes et traditions étaient remplacées par des pratiques islamiques. Son successeur, Asantehene Osei Bonsu (1801-24), devint donc un ennemi de l'islam et finit par exécuter plusieurs musulmans pour tenter de regagner le cœur de son peuple. Les Asante craignaient l'influence croissante de l'islam dans le Nord et la domination des Asante dans le sud était menacée par les musulmans. C'est pourquoi les Asante et les Bono sont restés peu réceptifs à l'islam[31].

---

28. Levtzion, *Muslims and Chiefs in West Africa*, p. 55.
29. Sarbah, « A Critical Study of Christian-Muslim Relations », p. 35.
30. Clarke, *West Africa and Islam*, p. 107.
31. Sarbah, « A Critical Study of Christian-Muslim Relations », p. 36.

Cependant, les commerçants musulmans qui vivaient dans les États du sud se sont rapidement intégrés à la société sans avoir besoin d'abandonner leur foi. Grâce à eux, l'islam a refait surface dans la partie méridionale du Ghana.

L'autre groupe de musulmans au Ghana était constitué d'esclaves musulmans libérés qui sont revenus s'installer sur la Côte-de-l'Or après l'abolition de la traite des esclaves. En 1836, la Société américaine de colonisation a envoyé un groupe d'esclaves – les Tabons, dont on pense qu'ils venaient du Brésil – s'installer sur la côte ouest de l'Afrique, à Freetown, Monrovia, Lagos et Accra[32]. Le premier groupe de Tabons est revenu du Brésil et s'est installé à Accra, à Fort James et à Ussher Fort, ainsi que dans la ville de Keta, dans la région de la Volta. En juillet 1872, trois cents musulmans haoussa ont été amenés au Ghana et se sont installés dans les *zongos*[33] (désignés comme les quartiers musulmans). Un groupe d'immigrants musulmans d'origine wangara, kotokoli et nigériane (les Haoussas, les Yorubas et les Fulani) est arrivé au Ghana à la recherche de travail dans les plantations et les mines[34]. Certains d'entre eux se sont installés dans les zones commerciales et minières comme Tarkwa, Prestea et Takoradi. Contrairement aux musulmans dioulas du nord du Ghana, qui s'impliquaient dans les affaires politiques, sociales et religieuses des chefs et de la population, les musulmans immigrés dans le sud se sont désolidarisés des chefs et de la population locale. Par conséquent, ils n'ont pas pu influencer les Ghanéens autochtones par leurs pratiques religieuses. Le manque d'engagement des immigrants musulmans, principalement les Haoussas et les Dioulas dans les villes côtières du sud, peut s'expliquer par le fait que les habitants des zones côtières n'étaient pas impressionnés par

---

32. Nathan Iddrisu Samwini, « The Muslim Resurgence in Ghana Since 1950 and Its Effects upon Muslims and Muslim-Christian Relations », thèse de doctorat, University of Birmingham, septembre 2003, p. 32.
33. *Zongo* est un mot originaire de la région du Sahel, en Afrique du Nord. Il signifie « caravane » et était à l'origine le lieu d'escale des commerçants transsahariens. Il s'agissait d'endroits dans le sud où les commerçants déchargeaient leurs chameaux et se reposaient. Les zongos se trouvaient généralement à la périphérie des villes et des agglomérations où les commerçants musulmans transsahariens échangeaient du bétail et des tissus contre du sel et de l'or Asante. Au XXe siècle, ces établissements sont devenus des lieux qui étaient « loin des yeux, loin du cœur » pour les surveillants coloniaux britanniques, qui y logeaient les migrants économiques du Nord qu'ils exploitaient comme source de main-d'œuvre bon marché. Dans le Ghana d'aujourd'hui, ces zones sont surpeuplées, avec des bâtiments délabrés, et les colons du Nord y vivent généralement dans des conditions déplorables. Samwini, « The Muslim Resurgence in Ghana Since 1950 », p. 37.
34. Samwini, « The Muslim Resurgence in Ghana Since 1950 », p. 31.

leur mode de vie et les méprisaient en raison de leur manque d'éducation formelle en anglais[35].

L'islam au Ghana a rencontré les RTA et la culture ghanéenne. La rencontre entre les deux religions et cultures a donné naissance à une nouvelle forme d'islam au Ghana. Quelle que soit la forme d'islam adoptée par les adeptes de la foi islamique au Ghana, celle-ci est devenue un caméléon qui a pris les couleurs des différents milieux traditionnels et culturels dans lesquels il évoluait. Ce type d'islam est généralement décrit par les érudits avec des termes péjoratifs tels que « dualisme spirituel », « syncrétisme », « nouvelle religion islamique », « infidélité », « demi-islamisation » et religion « mixte », et la vie religieuse des chefs convertis qui pratiquaient l'islam ghanéen a été décrite comme étant de nature populaire[36].

Même si l'islam ghanéen a pris des formes différentes d'une zone géographique à l'autre, il partage certains traits communs avec l'islam tel qu'il est pratiqué dans d'autres parties de l'Afrique de l'Ouest. Ces caractéristiques communes comprennent « la reconnaissance de la loi islamique commune, l'école coranique en tant que caractéristique essentielle de la vie du village, les cinq piliers en tant que preuve de la qualité de musulman, l'observation des tabous communs et des rites calendaires communs[37] ». Les musulmans ghanéens intègrent couramment des éléments islamiques dans les cérémonies de nomination, les rites de circoncision, de mariage et de décès, et ils continuent de faire confiance aux religieux islamiques pour invoquer des pouvoirs surnaturels par le biais de paroles et d'activités rituelles[38].

L'émergence et l'expansion de l'islam depuis le milieu du XXe siècle
Mouvements réformistes islamiques au Ghana

Avec le syncrétisme religieux, certains mouvements de renouveau islamique sont apparus au Ghana, visant à dépeindre l'islam ghanéen, avec ses éléments culturels traditionnels, comme syncrétique, corrompu et compromettant pour

---

35. Sarbah, « A Critical Study of Christian-Muslim Relations », p. 37.
36. *Ibid.*, p. 39.
37. *Ibid.*, p. 39.
38. *Ibid.*

la foi islamique[39]. Les mouvements de réveil étaient convaincus que la pratique consistant à mélanger les traditions indigènes avec les traditions islamiques et que quiconque le faisait s'écartait de l'islam orthodoxe. Leur objectif était donc de provoquer un changement d'attitude parmi les musulmans ghanéens par le biais de l'enseignement, de la prédication, de l'éducation et de la formation concernant l'application correcte des lois islamiques.

Par exemple, les revivalistes ont cherché à corriger la prière adressée aux ancêtres ou aux saints, le port d'amulettes pour éloigner les mauvais esprits et la croyance que les saints pouvaient accorder des bénédictions et accomplir des miracles, des pratiques qui étaient répugnantes pour les musulmans orthodoxes. Les revivalistes prônaient un retour à un Dieu unique, le *tawḥīd*, un concept de l'islam qui enseigne qu'Allah seul est digne d'être adoré et prié. Allah seul doit être reconnu comme « le créateur, le soutien de toute vie et le législateur souverain ultime ». Le *Tawḥīd* comprend un retour au Coran seul en tant que parole révélée de Dieu au prophète Muhammad et au *ḥadīth*[40] en tant que modèle correct pour l'orientation religieuse et morale[41].

Les musulmans d'origine fulani, haoussa et touareg font partie des érudits musulmans qui ont lancé ce type d'islam puritain au Ghana. Ces érudits ont eu l'occasion d'étudier l'islam à l'étranger et ont été en contact avec les traditions d'Afrique du Nord et du Moyen-Orient. Toutefois, malgré leurs efforts, ils n'ont pas réussi à éradiquer les éléments des RTA de l'islam ghanéen. La communauté musulmane du Ghana continuait à désirer une version de l'islam qui soit en accord avec ses aspirations spirituelles et qui réponde aux besoins spirituels et culturels de la population. Ainsi, le travail des musulmans puritains au Ghana a conduit à l'évolution de deux groupes principaux de musulmans : les *yarnas*[42], qui pratiquaient l'ancien islam des Dioulas, et les *sunnites*, qui pratiquaient l'islam très littéral des immigrants haussas. Les *yarnas* s'accommodaient des normes culturelles ghanéennes, tandis que les *sunnites* étaient conservateurs et intransigeants[43].

---

39. Sanneh, *The Crown and the Turban*, p. 23.
40. Le *ḥadīth* est le récit des paroles et des actes du prophète Muhammad.
41. Sarbah, « A Critical Study of Christian-Muslim Relations », p. 40.
42. Les *yarnas* pratiquent la divination par le sable et les étoiles et croient que les esprits habitent les puits, les ruisseaux, les rivières et les montagnes, ce qui rend ce groupe presque identique aux RTA.
43. Sarbah, « A Critical Study of Christian-Muslim Relations », p. 41.

La majorité des musulmans du Ghana font partie du courant dominant de l'islam, une catégorie de musulmans présentant une diversité ethnique et doctrinale unique. Les adeptes du courant dominant de l'islam sont uniques au Ghana en ce sens qu'ils s'identifient d'abord et avant tout comme des Ghanéens avant de devenir musulmans ; ils respectent donc la culture et les traditions locales et s'y adaptent. Jusqu'en 1921, les musulmans du Ghana étaient organisés selon des critères ethniques, et non en fonction des étiquettes orthodoxes ou hétérodoxes de la religion[44].

Les affiliations ethniques islamiques ont reçu des étiquettes d'identification spéciales (surnoms spéciaux) qui identifiaient superficiellement l'origine des différents groupes musulmans, mais, en réalité, elles marquaient la distinction entre les musulmans purs et les musulmans mixtes. Les convertis des groupes ethniques du sud qui n'étaient pas considérés comme de purs musulmans portaient des étiquettes telles que Fante Kramo ou Asante Kramo[45]. Les personnes originaires du nord étaient considérées comme de purs musulmans et n'avaient donc pas d'étiquette, contrairement aux personnes originaires du sud. Il n'y a pas d'identification, comme l'Haoussa Kramo ou le Kotokoli Kramo. Cependant, les Fante, les Asante, les Ga, les Ewe et les musulmans du nord ont chacun leurs différences ethniques et doctrinales. L'ethnicité a également donné lieu à une augmentation du nombre de mosquées dans le pays, dans la mesure où chaque ethnie souhaitait avoir sa propre mosquée[46].

Jusqu'en août 1997, date de naissance de l'*Alh al-Sunnah wa 'l-Jama'a*[47], les musulmans du courant dominant du Ghana étaient les seuls dépositaires

---

44. Samwini, « The Muslim Resurgence in Ghana Since 1950 », p. 16.
45. *Kramo* est un surnom ou une sorte d'étiquette d'appartenance ethnique donnée aux musulmans considérés comme des musulmans mixtes des régions méridionales et côtières du Ghana. Ce nom marque une distinction entre les musulmans du nord du Ghana et ceux du sud.
46. Samwini, « The Muslim Resurgence in Ghana Since 1950 », p. 102.
47. *Alh al-Sunnah wa 'l-Jama'a* signifie les gens de la Sunnah et de la communauté. Ce groupe est né des contacts des érudits ghanéens avec le monde arabo-musulman. Alhaji Afa Ejura et Umar Ibrahim Iman (Ghanéen originaire du Bénin et premier Ghanéen diplômé de l'université islamique de Médine) comptent parmi les premiers dirigeants de ce groupe. Il s'agit d'un groupe légaliste issu de l'islam sunnite au Ghana qui a lutté contre toutes les formes d'innovation des autres groupes islamiques, en particulier la Tariqa Tijaniyya. Ils affirment que leurs pratiques religieuses sont basées uniquement sur le *ḥadīth* et n'entreprennent aucune activité religieuse qui ne soit pas conforme au Coran et à la Sunna. Ils sont militants et accusent la Tariqa Tijaniyya d'être « syncrétique » et « voyante de Dieu », en raison de son penchant pour la magie et la divination. Samwini, « The Muslim Resurgence in Ghana Since 1950 », p. 223-224.

de l'islam sunnite, qui pratiquait largement le mysticisme soufi[48]. Les musulmans du courant dominant sunnite suivaient la *Maliki*[49] *madhhab* (pensée juridique) avec une inclination pour la « tariqa Quadiriyya[50] et Suwarian/Tijaniyya[51] », c'est-à-dire la fraternité soufie[52]. Ils appartiennent à la position doctrinale flexible de la tradition dioula qui tolère les points de vue d'autres religions et cultures. Tout en conservant un certain niveau de spécificité, ils adoptent généralement les points de vue de la société pluraliste et travaillent respectueusement parmi les non-musulmans sans perdre leur identité musulmane. En tant qu'adeptes de l'école de pensée suwari, ils souscrivent à une idéologie pluraliste qui s'accommode, respecte et tolère d'autres visions du monde et est capable de servir la communauté et son dirigeant, que ce dernier soit musulman ou non. Les *shuyukh* de la tariqa Suwarian/Tijaniyya ont fait preuve de tolérance à l'égard des coutumes et traditions ghanéennes, au point d'en adopter certaines dans les pratiques islamiques. Ce faisant, l'islam s'est rapproché des Ghanéens. La tariqa Tijaniyya a revendiqué l'exclusivité de l'autorité spirituelle et sociopolitique au Ghana[53].

L'émergence des groupes islamiques au Ghana

L'écrasante majorité des musulmans du Ghana sont des sunnites. Toutefois, l'islam sunnite n'est pas monolithique ; il se compose de nombreuses écoles de pensée théologiques et juridiques façonnées par l'histoire et les circonstances locales et culturelles dominantes. Les quatre écoles de pensée qui existent au sein de la secte sunnite ont été fondées par « Abu Hanifah († 767), Malik Ibn

---

48. Samwini, « The Muslim Resurgence in Ghana Since 1950 », p. 106.
49. L'ordre malékite, fondé par Malik Ibn Anas, est une école de pensée particulière de l'islam sunnite. Il met l'accent sur la Sunna de Médine (la pratique coutumière de Muhammad) en tant que véritable pratique et coutume, le *ḥadīth* reflétant les pratiques prophétiques réelles de Muhammad pendant la période de Médine.
50. L'ordre Qādiriyya provient de Bagdad. Il a été fondé par Shaykh ʿAbd alQādir al-Jaylānī au cours du XIIe siècle. Bien que leurs doctrines aient varié au fil des ans, ils interprètent le Coran et le *ḥadīth* de manière mystique. Hiskett, *The Development of Islam*, p. 244-246.
51. Suwari est une école de pensée fondée par Alhaji Salim Suwari et adoptée par de nombreux musulmans d'Afrique de l'Ouest, y compris au Ghana. Elle aurait une longue histoire au Ghana.
52. Le mot *tariqa* est utilisé pour désigner un ordre de l'islam, c'est-à-dire que la Tariqa Tijaniyya est l'ordre de la Tijaniyya.
53. Sarbah, « A Critical Study of Christian-Muslim Relations », p. 41.

Anas († 797), al-Shafi'I († 820) et Ibn Hanbal († 855)[54] ». Les musulmans sunnites ghanéens souscrivent à la tradition juridique malikite et seule une minorité d'entre eux adopte l'école de pensée shafiite.

Les sunnites reconnaissent les trois premiers califes après Muhammad, Abu Bakr, Umar et Uthman, comme les chefs légitimes de la communauté islamique. L'islam sunnite est généralement fondé sur la Sunna, qui est préservée dans le *ḥadīth*. Le Coran et la tradition constituent la base du droit religieux sunnite. Toutefois, les sunnites accordent également de l'importance à l'*ijma*, qui est le consensus religieux des érudits musulmans. Cette valeur de l'*ijma* reflète l'importance accordée par les musulmans sunnites à la communauté et à la sagesse collective guidée par le Coran et la Sunna. Les musulmans sunnites du Ghana, sur la base de cette vie communautaire, se désignent eux-mêmes comme *ahl al-sunnah wa al-jamaʿah*, « les gens de la Sunna et de la communauté[55] ».

Quatre évolutions majeures de l'islam au Ghana entre 1900 et 1950 ont caractérisé le début et la résurgence ultérieure de l'islam au Ghana. Ces évolutions ont également façonné les relations entre musulmans et chrétiens, ainsi que les relations des musulmans entre eux. Au cours de cette période, la Tariqa Tijaniyya s'est développée au Ghana, et la mission musulmane Ahmadiyya a été établie. Les musulmans ghanéens ont formé le Muslims Association Party (le Parti de l'Association des Musulmans) pour tenter d'unifier la oumma. Au milieu du XIXe siècle, et plus précisément dans les années 1950, les musulmans ghanéens étaient clairement divisés sur le plan doctrinal et ethnique. Sur le plan doctrinal, ils étaient divisés entre les Ahmadiyya et les Sunnis/Tijaniyya, et sur le plan ethnique, les Ghanéens du sud ont établi leurs propres missions. Les musulmans étaient auparavant tolérants, mais, en l'an 2000, l'islam était composé de groupes intolérants. Ces groupes ont connu une crise d'identité, les groupes « plus authentiques » ou « orthodoxes » étant confrontés aux penchants « hétérodoxes » ou « non islamiques » des autres groupes[56].

En 1971, le Centre de recherche et de réforme islamique, une organisation missionnaire musulmane, a ouvert ses portes dans la ville d'Accra. Les

---

54. John L. Esposito, *The Oxford Encyclopedia of The Islamic World*, vol. 5, Oxford, Oxford University Press, 2009, p. 257.
55. *Ibid.*, p. 256.
56. Samwini, « The Muslim Resurgence in Ghana Since 1950 », p. 78.

activités de l'organisation sont qualifiées d'ordre missionnaire wahhabite. L'organisation serait financée par la *Dar al-Ifta* (une institution consultative d'État sur les questions islamiques) d'Arabie saoudite, qui a parrainé de nombreux étudiants musulmans ghanéens dans des universités du monde arabe depuis lors[57]. Ces étudiants reviennent ensuite au Ghana pour s'engager dans des activités missionnaires. Outre ces groupes d'organisations islamiques, il convient de mentionner qu'en 1990, le leader de la Nation of Islam (la Nation de l'Islam), Louis Farrakhan, a été invité au Ghana par le Provisional National Defense Council (PNDC, le Conseil de défense nationale provisoire, qui était la junte militaire ghanéenne) et qu'en octobre 1996, le PNDC a organisé au Ghana une convention nationale qui a été entièrement retransmise par la télévision, la radio et la presse écrite nationales. Malgré cela, la Nation of Islam n'a pas fait beaucoup d'adeptes au Ghana[58].

L'ordre soufi : Tariqa Tijaniyya

Le principal ordre soufi (*tariqa*) au Ghana est la Tariqa Tijaniyya[59]. La Tijaniyya, fondée au XVIIIe siècle en Afrique du Nord, tire ses origines de Abul Abbas Ahmad b. Muhammad b. al-Mukhtar b. Salim al-Tijani (1737-1815)[60]. L'ordre est entré au Ghana par l'intermédiaire des colons britanniques, qui ont amené avec eux un certain nombre de policiers et de soldats qui étaient des adeptes. En outre, les musulmans ghanéens qui se rendaient au *hajj* (pèlerinage) rentraient chez eux avec des liens étroits avec la Tijaniyya et propageaient la tariqa au sein de leur famille. Parmi ceux qui ont popularisé la Tijaniyya au Ghana, en particulier dans les années 1920, figurent l'imam Muhammad Abbas, qui est devenu l'imam d'Accra et le *muqaddam* (chef officiel) de la tariqa, Shaikh Muhammad Tayla et Mallam Alhassan Atta. Alhaj 'Umar de Kete-Krachi a été le chef de la Tijaniyya de la Côte-de-l'Or de 1913 à 1934. En 1950, de nombreuses régions du Ghana, dont Accra, Banda, Kumasi, Tamale, Wa et Yendi, sont devenues les fiefs de la Tijaniyya. Le travail des *shuyukh* et des *mallamai* en visite a contribué à la propagation de la Tijaniyya

---

57. Azumah, « Muslim-Christian Relations in Ghana », p. 1-5.
58. *Ibid.*
59. *Ibid.*
60. Ryan, « "Arise, O God!": The Problem of 'Gods' in West Africa », p. 208.

au Ghana. L'un d'entre eux, Hadi Idaw 'Ali, s'est rendu à Wenchi : ses paroles sont toujours suivies dans cette partie du Ghana. Il a été dit que le shaikh[61] le plus influent parmi les visiteurs était le shaikh Alhaj Ibrahim Niasse de Kaolack. Il s'est rendu au Ghana en tant qu'invité officiel du premier Président du Ghana, le Dr Kwame Nkrumah (1957-1966), qui aurait envoyé des cadeaux au shaikh en échange de *baraka*[62].

Le jeune érudit musulman compétent, Shaikh Niasse, était un leader *tijani* fort. Il s'est rendu au Ghana pour aider à réunir les musulmans ghanéens ; toutefois, ses enseignements ont suscité des controverses doctrinales qui ont conduit au développement d'une autre phase de l'islam au Ghana. Sa contribution spirituelle et intellectuelle majeure à la tariqa a dénigré la communauté musulmane lorsque certains de ses disciples au Ghana ont affirmé avoir vu Allah et ont commencé un « mouvement antinomique jusqu'alors inconnu des musulmans ghanéens[63] ». Shaikh Yussif Afajura, militant politique de la Convention People's Party de Kwame Nkrumah, s'est opposé aux enseignements de Niasse et de la Tijaniyya, ce qui a donné naissance au mouvement réformateur Ahlal-Sunnah au Ghana, qui a lutté contre le soufisme[64].

Les Tijani vénèrent le prophète Muhammad et Shaikh Ahmad al-Tijani. Contrairement aux autres musulmans, les Tijani exaltent Muhammad au-delà du simple messager mortel de Dieu et le considèrent comme un médiateur entre le Dieu transcendant et le monde mortel[65]. Ils récitent la *salat alfatih* tous les jours, cent fois le matin et le soir, et la récitation de cette prière est considérée par certains comme plus méritoire que toutes les invocations *du'a*, les prières de souvenir (*dhikr*) et la glorification de Dieu (*tasbih*)[66].

---

61. Shaikh, également écrit shaykh ou sheikh, est un titre arabe qui, depuis l'époque préislamique, est donné à des hommes distingués qui possèdent un certain niveau de connaissance des écritures, tels que les chefs des ordres religieux islamiques. Ce terme honorifique signifie « chef, patriarche, notable, aîné, chef ou conseiller ». Les érudits coraniques, ceux qui prêchent et dirigent les prières dans les mosquées et les juristes utilisent le titre de shaikh. John L. Esposito, sous dir., s.v. « Shaykh », dans *The Oxford Encyclopedia of The Islamic World*, vol. 5, Oxford, Oxford University Press, 2009.

62. Samwini, « The Muslim Resurgence in Ghana Since 1950 », p. 85.

63. Ousman Murzik Kobo, « Promoting the Good and Forbidding the Evil. A Comparative Historical Study of Ahl-as-Sunna Islamic Movement in Ghana and Burkina Faso, 1950–2000 », thèse de doctorat, University of Wisconsin-Madison, 2005, p. 190.

64. *Ibid.*, p. 191.

65. Patrick J. Ryan, « The Mystical Theology of Tijani Sufism and Its Social Significance in West Africa », *Journal of Religion in Africa* 30, no. 2, mai 2000, p. 210.

66. *Ibid.*

Outre la *salat alfatih*, ils prient également la *Fawharat al-Kamal* (joyau de perfection) qui, selon eux, a été révélée en 1782 par Muhammad lui-même à Ahmad al-Tijani alors qu'il était éveillé pendant la journée[67]. Cette prière est récitée douze fois par jour par tous les Tijani dans le cadre de leur *wazifah* (dévotion). La prière *Fawharat al-Kamal* contient trois bénédictions pour Muhammad, qui le décrivent « comme une source d'eau (*'ayn*), la source d'où coule une rivière[68] », comme une lumière et comme un joyau. Elle affirme également qu'il est la source de la miséricorde et de la vérité divines, comme l'éclair dans l'orage qui apporte la pluie. Pour le Tijani, voir Muhammad, c'est voir émaner Dieu, ce qui rappelle la perception qu'ont les chrétiens de Jésus (Jn 14.9 : « Celui qui m'a vu a vu le Père », LSG).

Ahmad al-Tijani s'estimait lui-même, se proclamant le « sceau de la sainteté de Muhammad » *(Khatm al-wilayah al-muhammadiyya)* et « l'axe suprême » *(qutb al-qatb)*, que Ryan J. Patrick décrit comme « la source de la sainteté de tous ceux qui étaient proches de Dieu avant et après son époque[69] ». Knut Vikor écrit : « Il [Ahmad al-Tijani] était en fait le "sceau de la *wilaya*", de la même manière que le prophète Muhammad était le sceau de la prophétie ; pour cette raison, sa Voie était la Voie ultime, et aucune autre voie n'était acceptable[70]. » L'affiliation à la Tijaniyya implique l'abandon de tout autre *wird* (liturgie) et l'adoption de la tariqa comme seule identité religieuse.

Patrick Ryan note que les Tijani ghanéens qu'il a connus dans les années 1970 et 1980 « vénéraient les reliques du turban de feu Shaykh Ibrahim et avaient bu l'eau qui leur restait après qu'il eut terminé ses ablutions rituelles lors de sa dernière visite au Ghana[71] ». Ils croyaient que cette eau de leur shaikh leur communiquait la *baraka* d'un saint vivant. M. Ryan affirme que les extrémistes « déforment » leurs sociétés, par exemple, lorsque les Tijani « se font passer pour des multiplicateurs d'argent, des magiciens et d'autres types d'opportunistes qui s'attaquent aux ignorants et aux pauvres » ou lorsque les

---

67. *Ibid.*, p. 211.
68. *Ibid.*
69. Dans la tradition soufie, chaque époque terrestre a une figure humaine qui sert d'axe mystique (*qutb*) de la connaissance divine. Ryan, « The Mystical Theology of Tijani Sufism », p. 214.
70. Knut S. Vikor, « Sufi Brotherhoods in Africa », dans *The History of Islam in Africa*, sous dir. Nehemiah Levtzion et Randall L. Pouwels, Athens, Ohio University Press, 2000, p. 450.
71. Ryan, « The Mystical Theology of Tijani Sufism », p. 219.

wahhabites « prêchent la haine des autres musulmans et des concitoyens de foi traditionnelle [RTA] et chrétienne. Haine qui perturbe la communauté[72] ».

Le mouvement Mahdi

Dès 1904, le mouvement Mahdi (qui signifie « celui qui est divinement guidé ») est arrivé au Ghana et a gagné du terrain parmi les Asante et les régions du nord du Ghana, par l'intermédiaire du revivaliste musulman soudanais Malam Musa et de ses trois assistants[73]. À cette époque, l'islam sur la Côte-de-l'Or avait stagné et même régressé dans certaines parties du pays. En raison des rivalités, des réactions diverses et des divisions créées par les différents groupes islamiques, un vide spirituel s'est créé au sein de l'ensemble des musulmans ghanéens, ce qui a ouvert la voie à un renouveau. L'arrivée de Malam Musa a fait renaître l'islam au Ghana, en particulier dans la région Asante et dans l'est du pays, où de nombreux non-musulmans ont jeté leurs idoles et se sont convertis à l'islam[74].

Le mouvement Ahmadiyya

C'est dans le cadre de cette quête de renouveau que les musulmans Fante ont introduit le mouvement Ahmadiyya au Ghana, en 1921. De nombreux musulmans qui avaient adhéré au groupe sunnite se sont convertis au mouvement Ahmadiyya, considéré comme le groupe musulman le plus charismatique du Ghana. Le mouvement Ahmadiyya est devenu une grande menace pour la communauté musulmane sunnite/tijaniyya, et même pour le christianisme en termes d'influence positive[75].

Le mouvement a été créé par Hazrat Mirza Ghulam Ahmad (1835-1908). Ghulam Ahmad est né dans une société pluraliste de l'est du Pendjab, en Inde. Il a grandi à une époque où les missionnaires chrétiens étaient en concurrence avec les principales religions de sa région, l'hindouisme et le sikhisme[76], pour obtenir des conversions. Ghulam Ahmad a été influencé par cette compétition

---

72. *Ibid.*, p. 221.
73. Samwini, « The Muslim Resurgence in Ghana Since 1950 », p. 94.
74. *Ibid.*, p. 91.
75. Samwini, « The Muslim Resurgence in Ghana Since 1950 », p. 106.
76. Mikelle Antoine, « Practice and Conversion of Asante Market Women to the Ahmadiyya Muslim Mission in the Late 20th Century », thèse de doctorat, Michigan State University, 2010, p. 74.

pour les âmes, et son mouvement a été marqué par le prosélytisme et la conversion. Au cours d'une période de contemplation, il aurait reçu la révélation qu'il était le *mujaddid*[77] de Dieu. En 1901, il se déclare prophète et récipiendaire de la révélation divine, désigné par Dieu comme Messie et Mahdi pour renouveler la religion de l'islam. Il a affirmé qu'il était le Mahdi et le Messie, une manifestation spirituelle de Jésus et son « héritier ». Il pensait avoir été ordonné pour ramener à la raison un islam qui s'était éloigné des enseignements orthodoxes du saint fondateur de l'islam, Muhammad. Il a interprété l'islam comme une religion pacifique, plus conciliante que les autres sectes religieuses, ce qui lui a permis d'acquérir une certaine notoriété auprès des autres musulmans.

En raison de son interprétation et de sa redéfinition du djihad, il a été attiré par le gouvernement colonial britannique. Ghulam Ahmad a déclaré que le mouvement Ahmadiyya « croit que la lutte pour la suprématie sur toutes les autres religions devrait être entièrement spirituelle, sans recours à des armes matérielles [sauf] l'utilisation des armes de la raison et des arguments fondés sur les vérités religieuses ». Un tel argument rend le djihad non islamique[78]. Le mouvement Ahmadiyya a ensuite utilisé ses relations avec le gouvernement britannique pour se défendre contre d'autres groupes musulmans, qui voyaient dans le mouvement un stratagème colonial. Après des décennies de persécution au Pakistan, le siège du mouvement Ahmadiyya a été transféré à Londres en 1984. En 1974, la Ligue musulmane mondiale (*Rabita al-Alam al-Islami*) a renoncé à faire de Ghulam Ahmad un prophète et a réduit le mouvement Ahmadiyya à une secte. Elle a interdit aux adeptes

---

77. *Mujaddid* signifie « celui qui renouvelle » et fait référence au renouvellement de la foi islamique. Abu Da'ud al-Sijistani (décédé en 275 AH/889 apr. J.-C.), dans son Sunan, « l'une des six compilations de hadiths fiables estimées par les sunnites », déclare que le Prophète a dit : « En effet, Dieu enverra à cette communauté, au début/à la fin (*ra's*, littéralement "tête") de chaque centaine d'années, quelqu'un qui renouvellera pour elle ses religions ». L'implication est qu'il y aura un renouvellement ou un renouveau de la vraie Sunna du Prophète pour éradiquer toute forme d'innovation dangereuse (*bid'a*) de la Sunna. John L. Esposito, sous dir., s.v. « Mujaddid », dans *The Oxford Encyclopedia of The Islamic World*, vol. 5, Oxford, Oxford University Press, 2009.
78. Yusuf K. Effah, « The Early History of the Ahmadiyya in Ghana », Accra, Ahmadiyya Muslim Mission Press, 1994, p. 1, cité dans Mikelle Antoine, « Practice and Conversion of Asante Market Women to the Ahmadiyya Muslim Mission in the Late 20th Century », thèse de doctorat, Michigan State University, 2010, p. 75.

d'entrer dans les villes saintes ou de faire le *hajj*, pilier obligatoire de la foi pour ceux qui en ont les moyens financiers[79].

La mission Ahmadiyya au Ghana

Deux autochtones, Benjamin Sam et Mahdi Appah, ont joué un rôle clé dans l'établissement de l'islam dans la région centrale du Ghana. Benjamin Sam, alors catéchiste méthodiste wesleyen, a été converti à l'islam sunnite par Abubakar Sadique, un soldat haoussa d'origine nigériane, en 1885[80]. Benjamin Sam a utilisé son expérience chrétienne pour établir une communauté musulmane composée d'environ cinq cents indigènes fante, par l'intermédiaire desquels la foi s'est répandue dans les terres fante de la région centrale. Il a mélangé les valeurs chrétiennes avec les pratiques islamiques et les coutumes traditionnelles de la population. Comme Benjamin ne s'opposait pas aux coutumes traditionnelles des habitants de la région centrale, il a permis la consommation d'alcool et la valorisation de l'éducation occidentale. L'importance qu'il accordait à l'éducation occidentale est devenue une caractéristique notable chez les Fante Kramo.

Le groupe de Benjamin Sam a pris l'initiative du mouvement Ahmadiyya au Ghana. Ses membres furent les premiers à inviter les missionnaires indiens du mouvement musulman Ahmadiyya de la branche Qadiani, dirigé à l'époque par le Khalifat-ul-Masih E. R. Hakeem dans la région centrale[81]. Le premier missionnaire Ahmadiyya est arrivé à Saltpond, dans la région centrale du Ghana, en 1921, après avoir reçu une invitation de musulmans sunnites et d'anciens chrétiens de la région. Un groupe de Fante Kramo a communiqué avec le chef suprême du mouvement Ahmadiyya, Bashir ud-Din Mahmud Ahmad I, qui se trouvait alors à Rabwa, en Inde, avant que le Pakistan ne soit séparé de l'Inde.

Comme ils ne voulaient pas rester sous la direction spirituelle des Haoussas et des musulmans du nord du Ghana, Ahmad envoya Al-Hajj Maulana 'Abdul Rahim Nayyar comme missionnaire pour prêcher auprès d'eux. Pendant la première décennie, le mouvement a été dirigé par ce missionnaire indien par l'intermédiaire d'un interprète fante et les autochtones

---

79. Antoine, « Practice and Conversion of Asante Market Women », p. 75.
80. *Ibid.*, p. 77.
81. Sarbah, « A Critical Study of Christian-Muslim Relations », p. 38.

ont joué le rôle d'imams[82]. En 1922, Al-Hajj Maulvi Fazlur Rahman Hakeen, successeur d'Al-Hajj Maulana 'Abdul Rahim Nayyar, fut affecté sur la Côte-de-l'Or et adopta une approche agressive de l'évangélisation. Il établit quarante stations Ahmadiyya le long des zones côtières et les Asante comptaient plus de trois mille convertis en 1927[83].

L'impact de la mission Ahmadiyya

On dit de Hakeen qu'il était érudit et qu'il choisissait ses sujets de prédication en fonction de son auditoire. Dans les régions à dominante musulmane, il prêchait que « Jésus n'est pas mort sur la croix et qu'il n'est pas assis vivant dans le quatrième ciel à la droite de Dieu », tandis que, dans les régions non musulmanes, il prêchait que « la Bible montre que Jésus n'est pas mort sur la croix[84] ». De même, il utilisait à la fois le Coran et la Bible dans ses prédications publiques pour diffuser la notion chrétienne de la seconde venue de Jésus et de l'authenticité de la Bible. Avec de nombreux arguments savants, il réussit à gagner les paysans chrétiens et à ridiculiser l'Église. Une fois que l'Ahmadiyya eut établi une société missionnaire en 1927, elle a facilité la propagation rapide de cet enseignement au Ghana, qui représentait une grande menace pour les musulmans sunnites et les chrétiens.

Le groupe Ahmadiyya a eu un impact important sur l'éducation, apportant des contributions significatives au progrès du Ghana. Ils ont créé l'école secondaire Ta'lim Islami (II) Ahmadiyya à Kumasi dès 1950. À cette époque, ils avaient déjà créé plusieurs écoles primaires en 1925 à Saltpond, Mumford et Gomoa, ainsi qu'à Potsin. Le juge G. E. K. Kins, ancien Procureur général du Ghana et juge de la Cour suprême à la retraite, est un fier produit de l'école Ahmadiyya de Saltpond. Le Révérend Dr Sam Prempeh, président de l'Église presbytérienne du Ghana, et Maulvi A. Wahab Adam, responsable spirituel de la mission musulmane Ahmadiyya au Ghana, sont également deux des nombreux anciens élèves des écoles de la mission Ahmadiyya. Ces écoles étaient ouvertes à tous, sans distinction de croyance, de sexe, de nationalité et sans restrictions religieuses[85]. En utilisant l'éducation comme outil de

---

82. Antoine, « Practice and Conversion of Asante Market Women », p. 78.
83. Samwini, « The Muslim Resurgence in Ghana Since 1950 », p. 107.
84. *Ibid.*
85. Gyasi, "Ahmadiyya's Contribution."

mission, le mouvement Ahmadiyya a eu une grande influence sur les jeunes intellectuels, qui étaient plus nombreux que les Ghanéens avancés en âge. Le missionnaire national du mouvement Ahmadiyya a fait remarquer qu'il était plus facile de gagner les jeunes à l'Ahmadiyya que les personnes âgées[86].

Sur le plan politique, le groupe s'est engagé dans un certain nombre de questions qui ont affecté ses relations avec les non-musulmans et les sunnites. Considéré comme un groupe hérétique, mais s'arrogeant la position de l'islam authentique au Ghana, les activités de l'Ahmadiyya ont été violemment combattues par les principaux musulmans sunnites. Les clercs sunnites/Tijaniyya étaient les principaux distributeurs d'amulettes et de talismans au Ghana, en particulier parmi les Kumasi et les Gonja, et les musulmans Ahmadiyya dénonçaient les sunnites pour l'utilisation de ces articles, qu'ils considéraient comme l'œuvre du diable[87]. Alors que les sunnites ont introduit des amulettes et des charmes au Ghana, les Ahmadis ont construit plus d'écoles et d'hôpitaux que de mosquées au Ghana. Ils ont mis l'accent sur les installations médicales modernes et ont stratégiquement dénoncé les pratiques sunnites, telles que la divination et la « fabrication ou la conservation de talismans comme moyen d'éloigner les maux ou d'exercer la chance[88] ». Les efforts déployés par les Ahmadis pour créer des centres d'éducation et de santé au Ghana leur ont permis d'acquérir une grande reconnaissance et une grande influence auprès de la population. La mission Ahmadiyya a apporté un changement de paradigme dans la mentalité socioculturelle négative du Ghana, selon laquelle les musulmans sont un peuple arriéré et inférieur[89]. Les Ahmadis ont réussi à cibler les Akans, qui forment le groupe ethnique majoritaire au Ghana, et ont utilisé la langue la plus couramment utilisée au Ghana, le twi, pour faire des conversions. Contrairement aux musulmans sunnites, dont les antécédents et le système éducatif dépendaient exclusivement du système scolaire makaranta, la version mixte de l'éducation occidentale et de l'éducation islamique de l'Ahmadiyya a attiré la jeunesse ghanéenne, qui considérait généralement que les sunnites n'avaient pas d'éducation.

---

86. Antoine, « Practice and Conversion of Asante Market Women », p. 81.
87. Samwini, « The Muslim Resurgence in Ghana Since 1950 », p. 112.
88. Antoine, « Practice and Conversion of Asante Market Women », p. 89.
89. *Ibid.*, p. 84.

Les musulmans Ahmadiyya sont aujourd'hui l'ordre islamique qui connaît la croissance la plus rapide au Ghana, en raison de son origine et de sa nature monolithiques. Les propos tenus par Hakeen à la mission Ahmadiyya en 1948 révèlent l'impact considérable que le groupe a eu sur les Églises du Ghana. Dans une lettre adressée au siège, il a déclaré ce qui suit :

> À Abasa et Gomoo [sic], deux villes entièrement chrétiennes, et en particulier dans cette dernière ville, qui est un grand centre de la chrétienté dans ces régions, j'ai eu la chance d'exposer l'indéfendabilité et la vacuité des préceptes et des principes chrétiens [alors que] je me tenais à l'entrée de l'église centrale de la ville. Toute la congrégation m'a écouté attentivement, et le catéchiste chrétien, dans un effort vain pour neutraliser les effets que mon discours avait manifestement produits sur l'auditoire, a été sérieusement déconcerté[90].

La lettre de Hakeen montre l'aboutissement de son approche polémique à l'égard des chrétiens. Pour contrer le travail des chrétiens et de la Tijaniyya, la mission Ahmadiyya a mis en place des structures sociales dans chaque ville et communauté où sa présence est enregistrée.

Le chiisme

Le concept de chiisme implique « des adeptes, un parti, des groupes, des partisans ou des sympathisants » (Coran 19.69 ; 28.15 ; 37.83) dont le code religieux et l'inspiration suivaient ceux des descendants du prophète Muhammad, les *ahl al-bayt* (les gens de la maison). La plus forte revendication de leadership du chiisme repose sur les descendants de 'Ali, et la succession de Muhammad n'est revendiquée que par les descendants directs du prophète[91].

Après la mort du prophète Muhammad, le choix des dirigeants de la communauté a déterminé la vision de la communauté musulmane. La majorité des compagnons du prophète, d'origine arabe septentrionale, pensaient

---

90. Al-Hajj Maulvi Fazlur Rahman Hakeen, « Ahmadiyya Movement in West Africa », *Review of Religions* 33, no. 9 & 10, septembre-octobre 1934, p. 400, cité dans Nathan Iddrisu Samwini, « The Muslim Resurgence in Ghana Since 1950 and Its Effects upon Muslims and Muslim-Christian Relations », thèse de doctorat, University of Birmingham, septembre 2003, p. 109.
91. Najam Haider, *Shi'i Islam. An Introduction*, New York, Cambridge University Press, 2014, p. 3.

que le rôle de son successeur serait de diriger la communauté musulmane et de sauvegarder avant tout l'héritage politique, ou le caractère politique de la communauté, et ensuite de propager le message de l'islam au-delà de l'Arabie. Cependant, très peu de ses compagnons des régions méridionales pensaient que le successeur devait en priorité sauvegarder l'autorité spirituelle de Muhammad parmi d'autres fonctions temporelles ; ces fonctions devaient devenir la responsabilité des imams de la communauté musulmane.

Outre les traditions socioculturelles susmentionnées, la position exaltée des membres de la famille du prophète était cruciale pour la désignation du successeur. Quatre termes clés sont utilisés pour décrire la descendance prophétique dans le Coran : *dhurriyah* (descendant direct), *al* (progéniture, maison ou dynastie), *ahl* (famille, progéniture) et *qurba* (relation ou parenté la plus proche). La plupart du temps, ces termes ont été interprétés comme désignant les parents les plus proches de Muhammad : « son cousin et gendre, 'Ali, sa fille Fatimah, [et] leurs fils Hasan et Husayn[92] ». Les chiites étendent cette notion *d'ahl albayt*, les plus proches parents, à Hasan et Husayn. L'origine de l'islam chiite remonte donc à l'époque de Muhammad à Médine, où ses principaux compagnons ont reconnu le cousin de Muhammad, Ali ibn Abi Talib, comme le *wasi* (légataire) de Muhammad et l'imam qui devait diriger la communauté musulmane après Muhammad. Les premiers partisans de 'Ali ont constitué le noyau des musulmans chiites. Cependant, 'Ali lui-même reconnut plus tard le leadership d'Abu Bakr, et les tendances chiites perdirent leurs manifestations actives et ouvertes. Après la mort d'Umar, les sentiments chiites reprirent le dessus lorsque Uthman fut déclaré troisième calife. 'Ali se vit offrir la possibilité de diriger la communauté, à condition de suivre l'héritage ou les précédents établis par les deux premiers califes, mais il s'y opposa. Le refus de 'Ali de suivre la ligne des deux premiers califes est devenu le fondement de la pensée juridique des musulmans chiites[93].

À la fin des années 1980, la mission iranienne a commencé à promouvoir le chiisme au Ghana en créant quelques établissements d'enseignement et en parrainant des étudiants ghanéens dans des universités iraniennes. En 2001, la mission iranienne a réussi à créer l'université islamique du Ghana, qui a

---

92. John L. Esposito, sous dir., s.v. « Shi'i Islam », dans *The Oxford Encyclopedia of The Islamic World*, vol. 5, Oxford, Oxford University Press, 2009.
93. *Ibid.*

permis à un nombre considérable de musulmans sunnites de se convertir au chiisme[94]. Grâce à l'offre de bourses d'études dans les universités iraniennes, de nombreux jeunes musulmans sunnites ont adopté le chiisme pour avoir accès à une éducation de qualité et gratuite. Les activités culturelles et éducatives de la mission iranienne ont aidé les musulmans chiites à se convertir au Ghana[95].

Dans leur confession de foi, les chiites « affirment qu'il n'y a pas d'autre Dieu qu'Allah, que Muhammad est le messager d'Allah et que 'Ali est l'ami d'Allah[96] ». Ils considèrent le fils de 'Ali, Husayn, comme un martyr et commémorent sa mort le jour de l'Achoura (le dixième jour du mois de Muharram)[97]. Ce jour-là, les membres du groupe chiite défilent dans les rues en procession funéraire et se frappent symboliquement la poitrine pour prouver qu'ils expient le meurtre cruel de Husayn[98]. Les chiites accusent les sunnites d'utiliser une collection corrompue de *ḥadīth* et prétendent que le sens caché du Coran n'est connu que de leurs imams et de leurs représentants, qui portent le titre *d'ayat-ul-llah* (signe ou représentant d'Allah). En raison de la valeur que les chiites accordent à l'intercession des saints (appelés « amis de Dieu ») et de la déification de 'Ali, ils sont en conflit avec les Ahmadiyya et les musulmans sunnites[99].

Bien que l'islam au Ghana ait continué à se diversifier, les principaux ordres islamiques du pays sont les sunnites et les Ahmadiyya.

Comprendre les relations entre chrétiens et musulmans au Ghana

Les groupes intermusulmans

Les débuts des groupes musulmans au Ghana ont été marqués par des affrontements sanglants, l'intolérance, la suspicion mutuelle et l'absence de

---

94. Kobo, « Promoting the Good and Forbidding the Evil », p. 187.
95. *Ibid.*, p. 186.
96. John Azumah, *My Neighbour's Faith. Islam Explained for Christians*, Grand Rapids, Zondervan, 2008, édition Kindle, chap. 6.
97. Le jour de l'Achoura peut être comparé d'une certaine manière à la célébration du Vendredi saint chez les chrétiens de certaines confessions et du Yom Kippour chez les juifs.
98. Azumah, *My Neighbour's Faith*, chap. 6.
99. *Ibid.*

coopération, en particulier de la part du mouvement Ahmadiyya et des musulmans traditionnels du Ghana. Dans un certain nombre de cas, les musulmans sunnites ont quitté les réunions en raison de la présence des Ahmadis. Il y a également eu des malentendus, principalement sur des questions de leadership, entre les musulmans ghanéens autochtones et les musulmans d'autres régions voisines d'Afrique de l'Ouest.

Ces malentendus ont souvent conduit à des violences lors des prières du vendredi et à la fermeture de certaines mosquées par les autorités ghanéennes. Les groupes missionnaires musulmans formés par les Arabes s'opposaient aux principaux musulmans ghanéens traditionnels, communément appelés le groupe Ahl al-Sunnah, qui s'inspire du wahhabisme saoudien. Il y a également une confrontation entre les musulmans de tendance Tijaniyya et ceux qui ont un penchant pour la Qadariyya[100]. Le groupe Tijaniyya est soutenu par l'Iran, tandis que le groupe Qadariyya reçoit le soutien de l'Arabie Saoudite[101].

Parmi les trois groupes islamiques du Ghana, Al-tijaniyya (soufis), Ahl al-Sunnah Wa al-jama'ah (sunnites) et Ahmadiyya, on observe quelques cas de radicalisation et de violence islamiques fondés sur des différences socio-économiques, politiques, doctrinales et d'interprétation. Les trois groupes utilisent la *da'wah*, la « mission », qui se caractérise par une lutte pour la prééminence doctrinale et conduit souvent à l'hostilité, au désaccord et à de fréquents affrontements idéologiques et verbaux. La radicalisation et la violence qui en résultent mettent progressivement en péril la sécurité nationale au Ghana, en particulier dans la région du nord, où les groupes musulmans continuent d'avoir un impact marqué sur la coexistence interreligieuse et intrareligieuse. Leur impact se fait également sentir dans le sud du Ghana, chez les Asante et les Brong-Ahafo[102].

La violence islamique fondée sur la dynamique socio-économique et politique

La région nord du Ghana est majoritairement musulmane et la région sud-est principalement chrétienne. Il existe des disparités notables entre le

---

100. Azumah, « Muslim-Christian Relations in Ghana », p. 1-5.
101. *Ibid.*
102. Kwesi Aning et Mustapha Abdallah, « Islamic Radicalization and Violence in Ghana », *Conflict, Security and Development* 13, no. 2, mai 2013, p. 149-167.

nord et le sud en termes de conditions de vie socio-économiques. Le nord est généralement pauvre en raison d'un climat défavorable à l'agriculture et de la négligence politique et économique dont il a fait l'objet avant l'indépendance du Ghana. Les colonisateurs étaient intéressés par le bois et l'or que l'on ne trouvait pas dans les régions septentrionales, de sorte que le sud a reçu davantage d'investissements.

Les gouvernements coloniaux ont déplacé les populations du nord vers le sud pour en faire des réserves de main-d'œuvre, sans aucun investissement économique significatif en retour. Ces migrants n'étaient pas très instruits, car ils refusaient l'éducation formelle, par crainte d'être endoctrinés par les missionnaires chrétiens. L'ensemble de ces facteurs a appauvri le nord et a contribué à creuser le fossé nord-sud au Ghana. Alors que la migration du nord vers le sud se poursuit, les migrants musulmans du nord ne sont toujours pas bien intégrés dans les secteurs de l'emploi formel du sud, en raison de leur manque d'instruction.

Depuis l'indépendance en 1957, les gouvernements ghanéens ont tenté de corriger ces disparités socio-économiques, mais la situation persiste[103]. Lorsqu'un petit soutien économique ou éducatif est accordé aux musulmans du nord, cela crée des opportunités d'alliances religieuses et politiques qui servent de catalyseurs à la radicalisation et à la violence intrareligieuse dans le pays. En général, les Ahlal-Sunnah et les Tijaniyya soutiennent le National Democratic Congress (NDC, Congrès Démocratique National), tandis que leurs principaux rivaux, les Ahmadiyya (composés principalement d'Asante et de Fante), sont de fervents partisans du New Patriotic Party (NPP, le Nouveau Parti Patriotique)[104].

Différences doctrinales et d'interprétation

Les trois groupes islamiques du Ghana – Al-tijaniyya (soufi), Ahl al-Sunnah Wa al-jama'ah (sunnite) et Ahmadiyya – croient aux cinq piliers de l'islam et considèrent le Coran et le *ḥadīth* comme des sources d'autorité doctrinale. Toutefois, ils ne sont pas d'accord sur l'interprétation des questions théologiques, telles que la finalité du prophète Muhammad en tant que sceau du prophète, la crucifixion de Jésus, la signification du djihad et de nombreuses

---

103. *Ibid.*, p. 151-153.
104. *Ibid.*, p. 153.

autres pratiques religieuses novatrices, notamment le port d'amulettes et la consultation de *malam* (spiritualistes)[105]. Alors que la Tijaniyya et l'Alh-al Sunnah continuent d'adopter des parties des RTA dans leur expression de l'islam, les Ahmadiyya condamnent l'utilisation de certains éléments des RTA. Cela ne signifie pas pour autant que les Ahmadiyya sont plus orthodoxes. En particulier, les Ahmadiyya affirment que Muhammad n'était pas le sceau des prophètes et considèrent Hadrat Mirza Ahmed Ghulam (1835-1908) comme le Messie et le Madhi de l'islam.

Alors que la Tijaniyya bénéficie d'un soutien local, les musulmans d'Ahl-al-Sunnah et d'Ahmadiyya reçoivent un soutien extérieur d'autres pays, notamment d'Arabie Saoudite, de Libye, d'Égypte et du Koweït, ce qui renforce leurs efforts de prosélytisme. Les jeunes membres qui reçoivent un soutien pour leurs études universitaires grâce à leur affiliation religieuse reviennent après l'obtention de leur diplôme pour défendre le programme de prosélytisme d'autres personnes, par le biais de la *da'wah*. Les méthodologies de *da'wah* des trois groupes impliquent des attaques de caractère qui insultent directement ou indirectement l'autre, ce qui donne lieu à de vives discussions et à des conflits.

Bien que le Ghana n'ait pas connu de radicalisation majeure de la jeunesse, certains jeunes musulmans ghanéens ont encore des conceptions du djihad qui menacent la sécurité et la paix nationales. Selon ces conceptions, le djihad consiste à « mourir pour défendre l'islam », à « établir la charia dans les États dominés par les musulmans » ou à « tuer un non-musulman pour avoir fait des remarques désobligeantes à l'encontre du prophète Muhammad[106] ». Lorsque de tels concepts sont promus au sein de la jeunesse musulmane ghanéenne qui lutte contre le chômage, l'aliénation, l'ethnocentrisme et la fracture nord-sud, ce prosélytisme devient une véritable menace pour la sécurité.

En outre, les musulmans ghanéens sont divisés par les traditions savantes et l'école de pensée qu'ils suivent en plus du Coran et de la Sunna du prophète Muhammad. La tradition Suwari, qui remonte à Al-Hajj Salim Suwari, est l'une des principales écoles de pensée suivies par les musulmans ghanéens, en particulier la Tijaniyya. Les enseignements d'Al-Hajj Salim Suwari ont été principalement transmis par deux de ses disciples, Muhammad al-Buni,

---

105. *Ibid.*, p. 155.
106. *Ibid.*, p. 160.

qui s'est rendu chez les Dioulas, et Yusuf Kasana, qui s'est rendu chez les Jakhanke. Suwari adopte une attitude libérale à l'égard des non-musulmans, contrairement à son contemporain Muhammad b. Abd al-Karim al-Maghili (mort en 1503/1504)[107].

La position de Suwari à l'égard des non-musulmans est que le *kufr* (l'incrédulité) ne résulte pas de la méchanceté, mais plutôt du *jahl* (l'ignorance). Selon son école de pensée, le dessein primordial de Dieu pour le monde est que certaines personnes restent dans la *jahiliyya* (l'état d'ignorance) plus longtemps que d'autres. Ainsi, la véritable conversion à l'islam ne peut se produire qu'au moment prévu par Dieu. Persuader les gens par la force ou le prosélytisme à accepter l'islam impliquerait une interruption de la volonté parfaite de Dieu. Il considérait le djihad contre les non-musulmans comme un moyen inacceptable d'obtenir des conversions. Il a souligné que le djihad par l'épée n'est autorisé qu'en cas de légitime défense et lorsque « l'existence même de la communauté musulmane est menacée par des incroyants[108] ». Il a encouragé les musulmans à accepter l'autorité des dirigeants non musulmans dans la mesure où leurs principes de direction n'empiètent pas sur les droits religieux des musulmans et ne les empêchent pas de suivre leur propre mode de vie conformément à la Sunna du Prophète. L'école de pensée suwarienne postule que les musulmans doivent montrer l'exemple aux non-musulmans en matière de caractère, afin que, lorsque le moment de leur conversion viendra, ils puissent imiter la vie de foi exemplaire des musulmans[109].

Ainsi, cette école de pensée était « pacifiste et quiétiste dans son contenu », promouvant la tolérance, la paix et le respect envers les non-musulmans[110]. Les religieux musulmans suwariens tenaient la classe politique à l'écart, résistaient à la tentation d'occuper des fonctions politiques et évitaient toute ingérence directe et tout contrôle de la part des dirigeants[111]. Ils ont ainsi conservé une voix prophétique qui leur a permis de s'adresser au pouvoir. C'est pourquoi

---

107. Ivor Wilks, « The Juula and the Expansion of Islam into the Forest », dans *The History of Islam in Africa*, sous dir. Nehemiah Levtzion et Randall L. Pouwels, Athens, Ohio University Press, 2000, p. 97.
108. *Ibid.*
109. *Ibid.*, p. 98.
110. Samwini, « The Muslim Resurgence in Ghana Since 1950 », p. 38.
111. John Azumah, « Historical Survey of Islam and Christian-Muslim Relations in Africa », cours donné au Sannet Institute, Accra, Ghana, 4 novembre 2021.

on ne trouve guère de Tijani ghanéen parmi les extrémistes musulmans. C'est ce type d'islam que les commerçants dioulas ont apporté au Ghana et qui a été adopté par la plupart des musulmans populaires du pays. Il s'agissait d'un islam pacifique, cuisiné dans un pot d'hospitalité ghanéen traditionnel.

Les Haoussas originaires du Nigeria, comme les autres musulmans nigérians, suivent l'école de pensée de Dan Fodio. Shaikh Uthman ibn Muhammad ibn Uthman ibn Salid (env. 1754-1817) était un chef religieux et un réformateur nigérian populairement connu des Haoussas sous le nom de Shehu Usuman Dan Fodio. Selon l'*Oxford Encyclopedia of the Islamic World*, il appartenait à une famille de religieux peuls qui enseignaient l'islam sunnite malékite après avoir abandonné un mode de vie nomade. Il est connu pour avoir incité la communauté musulmane peul à s'engager dans le djihad *al-qaw* (le djihad de la prédication) contre l'aristocratie Haoussa à Gobir, dans l'actuel nord du Nigeria, en raison de leur forme syncrétique d'islam mélangée aux RTA. Bien qu'il ait exigé que ces musulmans syncrétiques abandonnent ce mode de vie et pratiquent l'islam orthodoxe, ils ont refusé. Leur refus de suivre sa prédication du jihad a conduit à l'hostilité entre les Fulanis et les Haoussas en 1804, de sorte que Shehu Usuman est passé à une « guerre sainte de l'épée » (jihad). La bataille est menée par son frère Abd Allah ibn Muhammad, commandant de campagne et musulman légaliste endurci, attaché à la charia.

Lorsque l'impérialisme britannique s'est emparé du Nigeria au XXe siècle, il a hérité d'une société musulmane régie par la charia[112]. Grâce aux actions de Shehu Usuman et de son frère Abd Allah, l'islam nigérian est passé du statut de « religion minoritaire tolérée à celui de religion officielle de l'État... Les érudits islamiques, qui étaient auparavant de simples conseillers des dirigeants polythéistes, sont devenus les seuls dépositaires du pouvoir politique et les arbitres du comportement social[113] ».

Shehu Usuman a déclaré qu'il « ne doit pas y avoir d'amitié, de conseil ou de cohabitation entre un infidèle et un croyant, même s'ils sont liés par le sang. Au contraire, les croyants doivent être malveillants envers eux [les infidèles] et les combattre au nom de la foi[114] ». Il a repris cette idée de l'école

---

112. John L. Esposito, sous dir., s.v. « Dan Fodio, Usuman », dans *The Oxford Encyclopedia of The Islamic World*, vol. 5, Oxford, Oxford University Press, 2009.
113. *Ibid.*
114. Azumah, « Historical Survey of Islam and Christian-Muslim Relations in Africa ».

de pensée maghilienne. Abd al-Karim al-Maghili (mort en 1505) était contre le *muwâlät*, le fait d'entretenir des relations amicales avec les non-musulmans. Maghili cite une multitude de versets coraniques et de traditions pour conclure que « tout vrai croyant doit être sévère envers les incroyants », car « c'est l'un des signes de l'amour du Prophète que de haïr ceux qui sont haïs par Dieu ou par le Prophète et de devenir hostile à ceux qui sont les ennemis de Dieu et du Prophète ». Ainsi, selon al-Maghili, il est permis de combattre et de tuer les dirigeants et leurs partisans qui n'appliquent pas la charia, « même s'ils prient, jeûnent, paient la zakat et accomplissent le pèlerinage ». En ce sens, il considère que le jihad contre les païens est obligatoire pour les dirigeants musulmans[115]. Les musulmans ghanéens qui étaient les disciples de Maghili et de Shehu Usuman ont copié la même idéologie au Ghana, et elle continue aujourd'hui encore à susciter des tensions entre certains groupes musulmans du Ghana. Par exemple, les Tijani ghanéens n'ont pas rompu complètement avec leur passé historique et n'ont pas pu sacrifier tout leur passé culturel aux pratiques islamiques. Shehu Usuman estimait que « les arts africains sous la forme de chants, de tambours et de danses sont interdits par l'islam et déclarait que tout ce qui était de l'*ajam* "ignorant" était *bid'a* ». Sa mission était la « dé-traditionnalisation et l'islamisation », et son école de pensée était de nature exclusiviste et intolérante. Il a jeté par-dessus bord tous les principes traditionnels d'« accommodement et de compromis » nécessaires pour renforcer le respect et l'acceptation mutuels qui pourraient conduire à la célébration de la diversité parmi les musulmans[116]. Bien que l'islam ait été historiquement conceptualisé dans la culture arabe et qu'il continue à s'exprimer dans le contexte arabe, les musulmans ghanéens sont des musulmans spécifiques dans un contexte culturel particulier. Séparer complètement les musulmans ghanéens de leurs racines culturelles continuera à provoquer des tensions et des conflits interreligieux.

Pour une tolérance religieuse durable et une coexistence pacifique continue entre les musulmans du Ghana, les musulmans ghanéens et les érudits musulmans doivent revisiter la bibliothèque africaine de l'école de pensée

---

115. *Ibid.*
116. John Azumah, *The Legacy of Arab-Islam in Africa. A Quest for Inter-Religious Dialogue*, Londres, Oneworld Publications, 2014, p. 139.

islamique exempte d'influence étrangère, parmi laquelle l'école de pensée suwarienne occupe une place prépondérante.

Relations entre chrétiens et musulmans

À l'exception des conflits qui surviennent lorsque les musulmans ou les chrétiens tentent de se convertir les uns les autres, ils ont entretenu des relations cordiales au Ghana. Jusqu'à récemment, les chrétiens ghanéens ne cherchaient pas à transmettre l'Évangile aux musulmans. La *da'wah* – l'équivalent musulman de l'évangélisation chrétienne – est exécutée avec beaucoup plus d'efficacité que les missions chrétiennes. Comme nous l'avons vu, les missions islamiques ont construit des écoles et des mosquées dans tout le pays et fourni de nombreux services sociaux aux villages, en particulier dans le nord du pays, afin de répandre la foi islamique. Contrairement à ces initiatives proactives, les chrétiens continuent d'avoir une attitude négative à l'égard des musulmans au Ghana et les considèrent le plus souvent de manière péjorative, en les qualifiant par exemple de terroristes. Cette tendance négative à l'égard des musulmans a engendré la méfiance et une multitude d'occasions d'évangélisation manquées[117].

La racine du conflit entre musulmans et chrétiens au Ghana n'est pas seulement religieuse, mais aussi politique, internationale et extérieure. Des pays musulmans comme l'Iran, la Libye et l'Arabie Saoudite, sous couvert d'offrir un soutien financier à diverses organisations musulmanes, transportent leurs rivalités politiques et religieuses islamiques dans le pays. Ces actions sèment la discorde, comme en témoignent les controverses Tijaniyya-Qadariyya au Ghana.

Trois éléments ont été utilisés pour maintenir la paix entre les chrétiens et les musulmans : « la communauté culturelle, l'éducation coopérative et l'alliance politique ». Au fil des ans, les Ghanéens ont adopté un mode de vie communautaire, afin de forger des relations saines avec les musulmans. La plupart des Ghanéens considèrent d'abord leur identité ghanéenne, ou tribale, avant leur identité religieuse ; ils considèrent donc les musulmans avant tout comme des frères et sœurs du même pays. Cette priorité accordée à l'identité communautaire au marché, dans les champs, lors des funérailles et

---

117. Dieudonne Komla Nuekpe, « Muslim Christian Encounter in Ghana », *Torch Trinity Center for Islamic Studies Journal* 12, no. 2, septembre 2019, p. 195.

d'autres festivités ghanéennes continue de rapprocher les gens. Le son unique du *muezzin* réveille généralement les chrétiens et les musulmans ghanéens pour la prière, le chrétien pour sa dévotion matinale et le musulman pour le *fajr* (prière de l'aube). Parfois, les membres d'une même famille ont des croyances différentes : l'un va à la mosquée tandis que l'autre se rend dans une chapelle chrétienne.

Les chrétiens ghanéens accueillent leurs voisins musulmans à Noël, à Pâques, lors des mariages, des cérémonies de baptême et des présentations d'enfants, et les musulmans, quant à eux, invitent librement leurs voisins chrétiens à leurs fêtes de l'*Aïd al-Fitr* et de l'*Aïd al-Adha*. Il n'est pas rare de trouver des musulmans dans une église lors de l'ordination d'un prêtre de leur communauté. L'obligation d'y assister dépend principalement de leur identité tribale ou communautaire plutôt que de leur identité religieuse. Le système d'éducation coopératif du Ghana permet aux élèves musulmans et chrétiens de fréquenter les mêmes écoles secondaires, où tous sont exposés aux RTA, au christianisme et à l'islam. Ce système contribue également à réduire les tensions religieuses entre chrétiens et musulmans au Ghana.

La pratique ghanéenne consistant à intégrer des musulmans et des chrétiens dans l'élite gouvernementale a énormément contribué à la coexistence pacifique des chrétiens et des musulmans au Ghana[118]. Mustapha Abdul-Hamid a noté qu'en 1954, les musulmans du Ghana ont formé le Muslim Association Party (MAP), un parti politique aux objectifs islamiques. Cependant, l'esprit d'identité communautaire leur a permis d'intégrer deux leaders chrétiens bien éduqués, Bankole Awoonor Renner et Cobbina Kesse, ce qui a favorisé la paix. Depuis cet événement, les postes de président et de vice-président du Ghana ont toujours été occupés stratégiquement par un chrétien et un musulman, ou vice versa[119]. La politique ghanéenne d'intégration des musulmans et des chrétiens dans l'élite gouvernementale contribue à résoudre les problèmes liés à une nouvelle tendance dans les relations islamo-chrétiennes, que Mbillah appelle le « tribalisme religieux », « un vent qui souffle sur le continent africain et qui tend à classer les chefs d'État africains

---

118. *Ibid.*, p. 196.
119. Mustapha Abdul-Hamid, « Christian-Muslim Relationship in Ghana. A Model for World Dialogue and Peace », *Ilorin Journal of Religious Studies* 1, no. 1, juin 2011, p. 29.

en fonction de leur appartenance religieuse, en particulier chrétienne et musulmane[120] ».

Le conflit entre chrétiens et musulmans continue cependant de se manifester au Ghana lorsque l'une ou l'autre confession tente de convertir un fidèle de la confession sœur. L'émergence de certains groupes chrétiens qui tentent de convertir les musulmans au christianisme, sans avoir une connaissance suffisante des méthodes efficaces pour s'engager auprès des musulmans, a donné lieu à de vives polémiques antichrétiennes de la part des musulmans, ce qui nuit aux relations pacifiques au Ghana. Le plus populaire de ces groupes chrétiens est le Converted Muslims Christian Ministry (Ministère chrétien des musulmans convertis) et l'EdP (Église de Pentecôte), version locale du pentecôtisme dans sa mission auprès des musulmans du Ghana.

Évolution historique des missions de l'Église de Pentecôte auprès des musulmans

Comme nous l'avons déjà indiqué dans l'introduction de ce travail, l'EdP est la version locale du pentecôtisme et le principal membre du mouvement pentecôtiste au Ghana. C'est pourquoi son ministère et ses relations avec les musulmans sont représentatifs du ministère pentecôtiste envers les musulmans au Ghana. L'Église de Pentecôte a commencé ses activités d'évangélisation dans les régions du nord et du haut Ghana dans les années 1940. Elle a classé les Églises de ces régions dans la catégorie des missions internes, en raison du faible développement socio-économique de la région[121]. Les habitants de ces régions sont issus de plus de quarante ethnies différentes et, en raison de la nature tropicale de la savane et des prairies, les conditions de vie y sont plus difficiles que dans le sud du Ghana. En 1940, lorsque l'EdP a lancé ses activités d'évangélisation dans le nord du Ghana, la région n'était pas encore considérée comme une zone à dominante musulmane. Les stratégies d'évangélisation utilisées à l'époque ne différaient en rien de celles utilisées dans les autres parties du pays, et il n'y avait pas d'accent spécifique

---

120. Johnson A. Mbillah, « African Churches and Interfaith Relations. Food for Thought », dans *From the Cross to the Crescent. A PROCMURA Occasional Paper*, sous dir. J. Mbillah et J. Chesworth. PROCMURA, Nairobi, Kenya, 2004, cité dans Martha Th. Fredericks, « Let Us Understand Our Differences. Current Trends in Christian-Muslim Relations in Sub-Saharan Africa », *Transformation* 27, no. 4, octobre 2010, p. 268.
121. Markin, « Spirit and Mission », p. 129.

sur l'évangélisation des musulmans. Les différents pasteurs envoyés dans la région du nord ont fait preuve de discernement dans la diffusion de l'Évangile chrétien parmi la population.

En 1952, John Spencer Trimingham a été envoyé par la Church Missionary Society (la Société missionnaire de l'Église) et la Wesleyan Methodist Missionary Society (la Société missionnaire méthodiste wesleyenne) pour visiter l'Afrique de l'Ouest et faire des recommandations sur la manière dont les Églises d'Afrique de l'Ouest devraient travailler parmi les musulmans. Il a indiqué que les territoires du nord n'étaient pas encore majoritairement musulmans[122], mais que, si les missionnaires négligeaient les traditionalistes du nord, l'islam finirait par les gagner. Comme prévu, l'islam s'est emparé du nord du Ghana et s'est étendu vers le sud.

Bien que l'EdP ait enregistré sa présence dans le nord dès les années 1940, l'islam n'a pas fait l'objet d'une attention particulière jusqu'en 1997, date à laquelle un pasteur de l'EdP d'origine nordiste, Patrick Aseyero, a lancé le ministère d'évangélisation des ressortissants du nord. Une enquête menée par le Comité d'évangélisation du Ghana en 1989 a révélé qu'en raison de la recherche de plus verts pâturages, il y avait plus de nordistes dans le sud du Ghana que dans le nord, et que la plupart d'entre eux étaient musulmans.

La population musulmane vivant dans le sud était plus nombreuse que la population totale des trois régions septentrionales du Ghana (Nord, Nord-Est et Nord-Ouest) réunies : 30 % de la population de la région de Brong Ahafo, 35 % de la région d'Ashanti et 21 % du Grand Accra étaient des migrants venus du nord et majoritairement musulmans, même si quelques-uns d'entre eux étaient des chrétiens d'origine musulmane ou des convertis d'autres confessions[123]. Sur la base de cette enquête, l'EdP a finalement lancé, en janvier 1997, une mission à l'intention des habitants du nord vivant dans le sud. L'objectif principal était de les atteindre par le biais de cours d'alphabétisation, de formations professionnelles en langue vernaculaire et de la création de congrégations locales culturellement et linguistiquement accueillantes pour

---

122. Dovlo et Asante, « Reinterpreting the Straight Path », p. 218.
123. Markin, « Spirit and Mission », p. 130.

les habitants du nord[124]. Cependant, il n'y avait pas de stratégie spécifique pour l'engagement auprès des musulmans.

L'objectif était de créer un environnement culturel propice pour que les habitants du nord se mêlent à leur propre peuple dans le but d'apporter un soutien social et économique. Outre l'utilisation de la langue vernaculaire des différents groupes ethniques dans leurs régions d'origine, il n'y a pas eu de formation ou de stratégie pour les impliquer sur la base de leur foi islamique.

Le Révérend Patrick Aseyero a été le pionnier du Northern Outreach Ministry (Ministère de l'évangélisation des nordistes), qui a débuté avec 420 membres dans trois assemblées locales ou ethniques à Accra. Il était assisté de vingt-cinq responsables laïcs. Grâce aux éléments ethniques et linguistiques attrayants des cultes, les assemblées ont grandi et se sont étendues à d'autres quartiers d'Accra, notamment Nungua, Ashiaman, Timber Market, Nima, Madina, Ablekuma et Dome. Entre 2001 et 2005, le concept s'est étendu à Kumasi, la deuxième ville du Ghana, et des pasteurs ont été nommés par les dirigeants de l'EdP pour superviser ces ministères. En 2010, le Northern Outreach Ministry comptait 4 859 membres adultes, 2 155 membres enfants et 277 responsables opérant dans soixante-six assemblées locales à travers le pays. Fin 2013, le nombre de membres s'élevait à 11 500, répartis dans 105 assemblées locales[125].

Après vingt ans d'existence, l'accent mis sur le Ministère de l'évangélisation des gens du nord a été abandonné. Parmi les principaux facteurs qui ont contribué à la dissolution du ministère figurent la perception des musulmans et des personnes d'origine nordique par l'ensemble de l'Église, le défi que représente la supervision par des pasteurs qui n'ont pour la plupart aucune formation en études islamiques, et le sentiment de ségrégation éprouvé par certains membres. Dans un rapport présenté par un comité de révision le 2 janvier 2013, ce ministère a été dissous et les membres ont été invités à s'intégrer dans l'Église principale[126]. Actuellement, l'EdP gère un système intégré dans lequel des personnes de toutes les tribus et de tous les groupes

---

124. Anank, « The Impact of the Northern Outreach Ministry on the Church of Pentecost », Mémoire de licence de lettres, Pentecost University College, 2013, cité dans Amos Jimmy Markin, « Spirit and Mission. The Church of Pentecost as a Growing African Pentecostal Denomination », thèse de doctorat, South African Theological Seminary, 2018, p. 130.
125. Markin, « Spirit and Mission », p. 131.
126. *Ibid.*, p. 132.

de population célèbrent le culte ensemble sans qu'une attention particulière soit accordée à l'origine des membres. Dans ces conditions, un ministère spécialisé pourrait s'avérer nécessaire. Les musulmans ont une vision du monde spécifique, en particulier au Ghana, où l'islam populaire est courant.

Le comité d'évangélisation de l'Église au niveau local a été chargé de soutenir les activités d'évangélisation dans le nord. Toutefois, il n'existait pas de stratégie ou de modèle spécifique pour impliquer ces personnes en dehors du modèle traditionnel des rassemblements, des campagnes et de l'évangélisation personnelle soutenue par des interventions sociales.

En général, l'EdP adopte des formes agressives d'évangélisation et se caractérise par des sorties d'évangélisation. Comme le fait remarquer Anderson, la plupart des pentecôtistes sont connus pour leurs formes agressives d'évangélisation[127].

L'EdP utilise le modèle local de la mission. Après le baptême d'eau et le baptême du Saint-Esprit, attesté par le parler en langues, chaque membre est censé partager sa nouvelle foi de toutes les manières possibles. Ce modèle est une démocratisation du sacerdoce et de la mission qui permet à chaque membre de théologiser, de contextualiser et de formuler des méthodes pour partager l'Évangile par des chants et des prières soutenus par le Saint-Esprit[128]. L'Église considère qu'il s'agit d'une évangélisation personnelle, ou d'une évangélisation sur une base individuelle où le proclamateur utilise ses compétences personnelles, y compris le partage de témoignages personnels étayés par les Écritures (Jn 1.12 ; 6.37, 47 ; Rm 3.23 ; 1 Jn 1.7 ; Ap 3.20). L'évangélisation peut se faire de porte à porte, dans les prisons, sur les plages, dans les hôpitaux ou les hôtels, par l'intermédiaire des médias, dans la rue ou partout où l'occasion se présente. Cependant, peu de membres au niveau local de l'Église possèdent les connaissances nécessaires pour partager l'Évangile. L'Église utilise également le modèle de l'évangélisation de masse. Ce modèle fait appel aux membres individuels et à l'Église locale pour s'adresser à plus d'une personne à la fois par le biais de la prédication de rue et en plein air, de campagnes, de rassemblements, de croisades, de conventions, de dîners

---

127. Anderson, *An Introduction to Pentecostalism*, cité dans Onyinah, « The Movement of the Spirit around the World in Pentecostalism », p. 187.
128. Christian Tsekpoe, « Local Species in African Soil. The Development of James McKeown's Mission Models and the Church of Pentecost, Ghana », thèse de doctorat, Oxford Centre for Mission Studies, 2002, p. 70.

d'évangélisation, de visites de prisons, d'émissions de radio ou de télévision, de projections de films (évangélisation par le cinéma), de médias électroniques et imprimés, de soirées d'évangélisation et de festivals de musique, de funérailles et de bien d'autres programmes sociaux[129].

L'EdP fournit également des services sociaux comme moyen d'évangélisation. Actuellement, elle a élargi ses services sociaux en offrant des services médicaux et a créé un hôpital dans la ville d'Accra. Elle a également construit des établissements d'enseignement, notamment la Pentecost University, une université privée de premier plan au Ghana. Un ministère particulier de la chefferie est mis en place pour évangéliser les chefs en faisant appel à des responsables laïcs ayant une expérience de la chefferie ou à des responsables d'Église qui ont été chefs dans leur communauté. L'Église a également lancé des campagnes environnementales à l'échelle du pays et aidé le gouvernement ghanéen à construire des postes de police et des prisons, afin de désengorger les prisons surpeuplées du pays[130]. L'Église continue d'étendre ses services sociaux comme rampe de lancement pour partager l'Évangile avec les Ghanéens.

L'EdP utilise le mentorat direct comme modèle de disciplat dans la mission, engage directement le jeune non croyant et l'aide à répondre à ses questions. James McKeown, le fondateur de l'Église, avait utilisé le concept de mentorat direct comme modèle de formation des disciples dans la mission. L'EdP a depuis lors utilisé son approche pour partager l'Évangile. Le mentorat a été défini comme « une expérience relationnelle dans laquelle une personne donne du pouvoir à une autre en partageant les ressources données par Dieu et une relation à vie, dans laquelle un mentor aide un protégé à atteindre le potentiel que Dieu lui a donné[131] ». Ce processus implique le développement d'une relation plus étroite avec une personne particulière et la démonstration à cette personne de l'amour du Christ jusqu'à ce qu'elle soit gagnée et ancrée dans la foi chrétienne. McKeown a pratiqué le mentorat direct en rapprochant intentionnellement de jeunes Ghanéens de lui-même et, dans certains cas, en

---

129. Church of Pentecost Evangelism Ministry, « The 21st Century Church. Its Evangelistic Task, Challenges and Relevance », Paper from Evacon 2021, University of Mine and Technology, Tarkwa, 13-16 juin 2002, p. 1-96.
130. Tsekpoe, « Local Species in African Soil », p. 256.
131. David Hilborn et Matt Bird, *God and the Generations. Youth, Age and the Church Today*, Carlisle, Paternoster, 2002, p. 170, cité dans Christian Tsekpoe, « Local Species in African Soil. The Development of James McKeown's Mission Models and the Church of Pentecost Ghana », thèse de doctorat, Oxford Centre for Mission Studies, 2002, p. 96.

voyageant avec eux, en subvenant à leurs besoins fondamentaux et en leur présentant des ressources sur la maturité chrétienne. Une relation étroite permet à ces personnes d'observer sa vie d'enfant de Dieu et d'être attirées par Jésus. Les membres développent leurs méthodes de partage de l'Évangile en observant les responsables de différents forums qui partagent l'Évangile. Bien que l'EdP utilise différents modèles de partage de l'Évangile, il n'existe pas de modèles spécifiques adaptés aux besoins des musulmans populaires du Ghana.

Le ministère chrétien des musulmans convertis

L'organisation Converted Muslim Christian Ministries (CMCM, le Ministère chrétien des musulmans convertis) a été créée à Kumasi dans les années 1980 par un musulman converti et opère dans de nombreuses régions du pays. Ses membres étaient des prédicateurs polémiques anti-islamiques, dont l'objectif était de convertir les musulmans du pays. Leurs méthodes consistaient à partager des témoignages lors de rassemblements publics et des conventions, et ces témoignages comportaient souvent des exagérations et des attaques directes contre l'islam qui sapaient la paix. Les chrétiens du Ghana ont pris conscience de l'influence de l'islam au Ghana dans les années 1990, réalisant le défi que cette religion représentait pour le christianisme en rivalisant pour convertir les traditionalistes et les chrétiens, et en tentant d'empêcher les efforts des chrétiens pour convertir les musulmans[132]. Même si les chrétiens étaient conscients de l'influence de l'islam au Ghana, les principales Églises et organisations paraecclésiastiques n'avaient pas de mission non agressive distincte à l'égard des musulmans. Parmi les organisations paraecclésiastiques qui se sont engagées à faire connaître l'Évangile aux musulmans, on trouve le CMCM.

Le Révérend Ahmed Agyei est le fondateur du CMCM. Né en 1960, il a été élevé dans une famille musulmane ; son père était le président de la Mission musulmane du Ghana. Le Révérend Agyei a pratiqué la foi islamique jusqu'à sa conversion en 1982[133]. Il attribue sa conversion à certains versets du Coran (3.55 ; 57.27). Contrairement à ce qu'on lui avait enseigné, le Révérend Agyei a conclu que la mission et l'autorité de Jésus n'ont pas pris fin et que

---

132. Dovlo et Asante, « Reinterpreting the Straight Path », p. 217.
133. *Ibid.*, p. 223.

ceux qui suivent Jésus ne blasphèment pas. Il a été choqué d'apprendre que les disciples de Jésus sont des personnes imprégnées de compassion et de miséricorde et qu'ils seront supérieurs à ceux qui n'ont pas cru. À partir du Coran 3.45, le Révérend Agyei fut convaincu que Jésus était le Messie tel que proclamé par les chrétiens : « [*Rappelle*] quand les anges dirent : "O Marie !, Allah t'annonce un Verbe [*émanant*] de Lui, dont le nom est le Messie, Jésus fils de Marie, [*qui sera*] illustre dans la [*Vie*] Immédiate et Dernière et parmi les Proches [*du Seigneur*][134]". » Sur la base de ces trois textes, le Révérend Agyei a admis ce qui suit :

> La mission et l'autorité de Jésus sont toujours valables jusqu'au jour de la résurrection qui n'est pas encore venu ; Jésus a des disciples qui sont rendus supérieurs à ceux qui ne croient pas et dans le cœur desquels Allah a placé la compassion et la miséricorde, Jésus est désigné comme la Parole d'Allah à Mariam sa mère et il est également désigné comme le Messie (al-Masih)[135].

Le Révérend Agyei avait appris que le nom de Muhammad était mentionné dans Jean 14.6 comme étant le « consolateur », mais en étudiant avec des chrétiens, il est devenu convaincu que le consolateur était plutôt le Saint-Esprit. Son expérience l'a conduit à jeûner et à prier pour que Dieu se révèle à lui. Une nuit, le Révérend Agyei affirme avoir entendu une petite voix lui dire de « s'abandonner à Jésus-Christ pour éviter tout désastre », ce qui l'a finalement conduit à se convertir au christianisme[136].

Son père l'a dénoncé, mais il est resté fidèle à sa foi. De nombreux chrétiens de sa région de Kumasi ont été intéressés par son expérience de conversion, mais n'ont pas été en mesure de l'aider matériellement lorsqu'il a été rejeté de la maison de son père. Ce type de témoignage parmi les convertis musulmans au Ghana n'est pas rare, en particulier dans le sud du pays où les convertis musulmans suscitent beaucoup d'indifférence dans les Églises.

Ils sont désignés par des noms péjoratifs liés à leur identité tribale et à leur appartenance ethnique en tant que personnes originaires de la partie septentrionale du Ghana. Jean-Marie Gaudeul confirme : « Que ce soit au début ou à

---

134. *Le Coran (al-Qor'ân)*, traduction de l'arabe par Régis Blachère, Paris, Maisonneuve et Larose, 1966.
135. Dovlo et Asante, « Reinterpreting the Straight Path », p. 224.
136. *Ibid.*, p. 224.

la fin du processus de conversion, les musulmans appelés à devenir chrétiens se retrouvent livrés à eux-mêmes[137]. » L'expérience du Révérend Agyei l'a incité à s'engager dans la mission auprès des musulmans du Ghana. Il a réussi à convertir sa sœur Sakina et son frère Ishmael et, ensemble, ils se sont lancés dans l'évangélisation personnelle des musulmans. Ses convertis ont servi de base à la formation de l'association Converted Muslim Christian Fellowship (CMCF, Association des chrétiens musulmans convertis) au Ghana. Leurs objectifs étaient les suivants :

> Réunir les musulmans nouvellement convertis pour une communion mutuelle ; prier les uns pour les autres concernant la situation de rejet par leurs familles ; s'encourager les uns les autres à rester fermes dans le Christ et à partager leur foi avec d'autres musulmans ; prier pour les familles des convertis, pour leur salut et aussi pour qu'elles puissent assumer leurs responsabilités envers les convertis ; agir en tant que porte-parole des musulmans convertis pour les questions religieuses et nationales ; s'aider les uns les autres à terminer leur scolarité, les parents musulmans ayant refusé de payer leurs frais de scolarité[138].

Le 11 mai 1987, la communauté a été inaugurée sous le nouveau nom de CMCM. Dirigée par le Révérend Agyei, l'association passe de quatre à quatre-vingt-cinq membres. Les objectifs ont été réajustés pour se concentrer uniquement sur l'évangélisation et la formation de disciples parmi les musulmans et pour s'assurer qu'ils s'intègrent pleinement dans la communauté chrétienne ghanéenne[139].

L'association a utilisé des croisades en plein air dans les banlieues musulmanes pour atteindre les musulmans du Ghana. Une croisade en plein air est un type de réunion qui se tient normalement la nuit sur une place publique. Le prédicateur se tient sur une plate-forme élevée, aidé par un système de sonorisation, et proclame directement le message de l'Évangile à l'intention

---

137. Jean-Marie Gaudeul, *Called From Islam to Christ. Why Muslims Become Christians*, Crowborough, Monarch Books, 1999, p. 267, cité dans Elom Dovlo et Alfred Ofosu Asante, « Reinterpreting the Straight Path. Ghanaian Muslim Converts in Mission to Muslims », *Exchange* 32, no. 3, juillet 2003, p. 225.
138. Dovlo et Asante, « Reinterpreting the Straight Path », p. 225.
139. *Ibid.*, p. 226.

de la communauté et des membres rassemblés sur place. Lors de ces réunions, le Révérend Agyei a utilisé à la fois la Bible et le Coran. Ses présentations étaient de nature polémique et ont suscité le mécontentement des musulmans ghanéens. Lors d'une croisade organisée par l'Église méthodiste de Kumasi Suame, le Révérend Agyei aurait publiquement « blasphémé contre l'islam », ce qui a entraîné une attaque de la foule et faussé les relations entre chrétiens et musulmans au sein de la communauté. Bien que le Révérend Agyei ait fait des remarques offensantes sur le Coran dans ses prêches et que le CMCM ait été caractérisé par de tels incidents, elle était généralement connue au Ghana comme le visage distinctif du ministère chrétien en mission directe auprès des musulmans. Comme nous l'avons mentionné, jusqu'à l'émergence de cette organisation, les Ghanéens n'étaient pas très engagés dans la mission auprès des musulmans, mais cherchaient à coexister pacifiquement[140]. Outre les croisades en plein air, l'association a adopté la « prédication mobile en plein air », au moyen d'une camionnette équipée de haut-parleurs qui se rendait à l'improviste dans certaines régions et prêchait aux personnes qui se rassemblaient autour de la camionnette. Cette méthode laissait peu de place à une attaque organisée de la foule contre les prédicateurs.

L'évangélisation de personne à personne et les ateliers ont également été utilisés. Le CMCM a d'abord formé ses membres à certaines doctrines chrétiennes essentielles, telles que la qualité de Messie de Jésus, sa filiation, les questions relatives à la Trinité et les concepts de péché et de pardon. Une fois qu'un membre a compris ces concepts, il procède à une étude comparative de la Bible et du Coran, afin d'équiper les membres du CMCM pour qu'ils puissent affronter les musulmans dans le cadre de l'évangélisation. Selon le Révérend Agyei, ces méthodes se sont avérées efficaces. Toutefois, malgré les quelques conversions réalisées, la question de la confrontation dans l'évangélisation a continué à menacer les relations islamo-chrétiennes dans le pays, car certaines Églises principales ont tenté d'adopter l'approche du CMCM à l'égard des musulmans.

Le Comité d'évangélisation du Ghana s'est servi du CMCM pour équiper d'autres Églises par le biais d'une formation appelée « Séminaires de sensibilisation pour une évangélisation efficace ». En outre, il a imprimé des tracts d'évangélisation et produit des cassettes audio à l'usage des chrétiens pour les

---

140. *Ibid.*, p. 227.

inciter à s'engager auprès des musulmans. Une tentative a été faite pour passer à la radio FM avec l'Évangile pour les musulmans ; cependant, la communauté musulmane du Ghana leur a interdit d'utiliser le Coran pendant leur proclamation à la radio, car cela générait de nombreuses controverses et confrontations[141]. Elom Dovlo et Alfred Ofosu Asante affirment que, si les musulmans ghanéens ont résisté aux revendications du CMCM et se sont montrés sur la défensive, c'est que les musulmans eux-mêmes n'avaient qu'une connaissance limitée du Coran. Selon Dovlo et Asante, la connaissance du Coran et de la Bible doit être le fondement de bonnes relations entre musulmans et chrétiens pour partager l'Évangile[142].

Les musulmans instruits ne voient rien de mal à ce que les chrétiens essaient de convertir les musulmans, puisque tant les musulmans que les chrétiens ont pour mission de convertir. Les musulmans instruits sont d'avis que, même si les chrétiens tentent de convertir les musulmans, Allah protégera et défendra sa religion sur la base du Coran 15.9 : « Nous, Nous avons fait descendre l'Édification et Nous sommes Celui qui la conserve. » Cependant, les musulmans qui utilisent l'exemple du CMCM s'inquiètent de l'approche utilisée par les chrétiens dans leur mission auprès des musulmans.

Un intellectuel musulman de premier plan au Ghana, Shaikh Ishaak Ibrahim Nuamah, fait remarquer dans son livre intitulé *Islam, the Misunderstood Religion in Ghana* (Islam, la religion incomprise au Ghana) :

> Ces derniers temps, nous avons été témoins d'attaques verbales incessantes et désobligeantes de certains groupes évangéliques de la chrétienté à l'encontre de l'islam et des musulmans du Ghana. Sans mâcher nos mots, nous sommes très choqués par ces développements indésirables, alors que le Ghana est considéré depuis des années comme une terre de paix, de civilisation et d'hospitalité en dépit de l'existence de dogmes religieux aux multiples facettes… En analysant ces attaques, il est devenu évident qu'elles font partie d'une stratégie astucieuse, mais vouée à l'échec, visant à détourner les musulmans de la noble religion qu'est l'islam. Cette stratégie s'exprime dans les approches suivantes : a) orienter les musulmans vers les plaisirs mondains ;

---

141. *Ibid.*
142. *Ibid.*

b) analyser de manière erronée les citations du Coran par les méthodes suivantes : déformation, interprétation erronée, recours à l'art de la créativité ; c) lancer des insinuations contre l'islam et les musulmans ; d) s'attaquer à la personnalité du saint prophète Mohammed (Paix sur lui) ; e) s'en prendre à l'islam et aux musulmans ; f) l'utilisation de certaines citations du Coran pour soutenir leur position fabriquée sur Jésus[143].

Outre cette déclaration, Nuamah note qu'il a personnellement vu des chrétiens prêcher à Kumasi et traiter les musulmans d'imbéciles, et même dire que Muhammad est mort comme un porc. Il y a eu de nombreux cas de conflits au Ghana résultant de ces méthodes polémiques de partage de l'Évangile avec les musulmans. Le missionnaire responsable de la mission Ahmadiyya au Ghana, Ameer Maulvi A. Wahab, a identifié le CMCM comme étant le cerveau de ces méthodes polémiques qui ont provoqué des conflits entre musulmans et chrétiens au Ghana. Il a qualifié les membres du CMCM « d'analphabètes » du Coran, qui ignorent les affirmations et les comparaisons qu'ils font, ce qui conduit à des affrontements verbaux et physiques.

La communauté musulmane du Ghana a réagi aux activités littéraires du Révérend Agyei en publiant des contre-tracts et des livres, tels que *Muhammed the Comforter* (Muhammed, le Consolateur) écrit par Muhammad Braimah Youseph au nom de la société Al-Haqq[144]. En outre, Dovlo et Asante affirment que les Églises n'ont pas été en mesure de répondre aux besoins spirituels des quelques musulmans convertis, car elles n'ont pas pu identifier les besoins spirituels des convertis d'origine musulmane[145].

Bien que le CMCM ait cherché à atteindre les musulmans, ses approches ont plutôt aggravé les relations islamo-chrétiennes, et il est toujours nécessaire d'identifier des méthodes appropriées pour s'engager auprès des musulmans

---

143. Sheikh Ishaak Ibrahim Nuamah, *Islam, the Misunderstood Religion in Ghana. An Analytical Study of Efforts to Paint Islam Black*, Kumasi, Islamic Social Centre, cité dans Elom Dovlo et Alfred Ofosu Asante, « Reinterpreting the Straight Path. Ghanaian Muslim Converts in Mission to Muslims », *Exchange* 32, no. 3, juillet 2003, p. 235.
144. Dovlo et Asante, « Reinterpreting the Straight Path », p. 236.
145. *Ibid.*

avec l'Évangile et les intégrer dans les communautés chrétiennes au Ghana. À cette fin, je suis d'accord avec Mbillah :

> Quoi qu'il en soit, la diversité religieuse est devenue le lot de la race humaine. La liberté donnée par Dieu permet aux êtres humains de choisir la voie religieuse qu'ils souhaitent emprunter [un verset du Coran l'affirme également (2.256)] ; les Églises d'Afrique et d'ailleurs ne peuvent donc pas s'impatienter face à la diversité religieuse qui les entoure, car on peut dire que la variété religieuse restera le lot de l'espèce humaine jusqu'à la fin des temps. Une question crédible pour les Églises n'est donc pas de savoir comment éradiquer la diversité religieuse (car cela signifierait tenter d'éradiquer la liberté donnée par Dieu aux êtres humains), mais comment établir des relations constructives avec la diversité religieuse[146].

Résumé

Les populations d'Afrique de l'Ouest ont été exposées à l'islam depuis le VIIIe siècle par l'intermédiaire de commerçants nord-africains et de missionnaires enseignants. L'islam a été réintroduit au Ghana au XIVe siècle de manière dispersée. Une combinaison de facteurs, y compris les actions de la puissance coloniale britannique, a conduit à la propagation de l'islam en Afrique de l'Ouest. Des commerçants musulmans dioulas pratiquant le soufisme se sont rendus au Ghana pour le commerce de l'or et y ont introduit ce type d'islam mystique. En tant qu'Africains, ils s'identifiaient aux valeurs culturelles traditionnelles du peuple. Ils se sont donc intégrés au système royal et se sont rapidement mêlés aux Ghanéens. À mesure que la foi islamique se répandait à travers eux, les Tabons revenant du Brésil et d'autres migrants musulmans ont également apporté l'islam au Ghana. La rencontre entre l'islam et les RTA au Ghana a donné naissance à une nouvelle forme d'islam, qui s'est transformée en fonction des différents milieux culturels qui

---

146. Mbillah, « African Churches and Interfaith Relations », cité dans Fredericks, « Let Us Understand Our Differences », p. 261-274.

l'entouraient. Ainsi, l'expression ghanéenne de l'islam est devenue un islam syncrétique ou populaire.

Les mouvements de renouveau musulman au Ghana ont tenté de purifier l'islam des pratiques non orthodoxes. La majorité des musulmans ghanéens font partie du courant principal de l'islam, qui se caractérise par une diversité ethnique et doctrinale unique. Ils étaient les principaux gardiens de la tradition sunnite. Jusqu'en 1921, les musulmans ghanéens étaient organisés par groupes ethniques avec des étiquettes ethniques spécifiques, et non sur la base de croyances doctrinales. Les ordres soufis du pays sont les ordres Tijaniyya et Qadariyya. La mission Ahmadiyya au Ghana est le groupe musulman le plus charismatique et celui qui connaît la croissance la plus rapide dans le pays.

En ce qui concerne les relations entre musulmans et chrétiens, le peuple ghanéen jouit d'une paix relative et de bonnes relations, tant sur le plan culturel que politique. Trois éléments ont permis de maintenir une coexistence pacifique : la communauté culturelle, l'éducation coopérative et une alliance politique intégrative qui inclut des musulmans et des chrétiens dans l'élite gouvernementale. Toutefois, des conflits continuent de surgir au Ghana lorsque les chrétiens s'efforcent de faire du prosélytisme ou de partager l'Évangile avec les musulmans. C'est notamment le cas des missions des pentecôtistes auprès des musulmans.

Les cas de l'EdP et de la CMCM ont été discutés. Bien qu'il s'agisse d'une dénomination de premier plan, l'EdP n'a lancé que récemment, en 1997, une activité d'évangélisation auprès des musulmans, mais n'a pas pu la maintenir et l'a donc interrompue en 2003. Même si l'évangélisation reste un élément central des principes de l'EdP, celle-ci ne dispose actuellement d'aucune méthode spécifique ou efficace pour l'évangélisation des musulmans, ce qui l'a conduite à adopter des méthodes traditionnelles, souvent polémiques. Le CMCM, groupe pionnier de la mission auprès des musulmans au Ghana, a réussi dans sa mission auprès des musulmans, mais ses approches évangéliques ont conduit à des confrontations religieuses. Il est donc nécessaire de comprendre l'islam populaire et ses pratiques au Ghana, afin d'utiliser des méthodes appropriées pour l'évangélisation des musulmans qui n'entraîneront pas de conflits. Le chapitre 4 aborde ce point plus en détail.

CHAPITRE 3

L'influence de l'animisme sur les croyances et les pratiques des musulmans populaires ghanéens

Les actes religieux des musulmans ordinaires du monde entier semblent identiques, car l'expression de leur déclaration de foi et les cinq piliers donnent une image extérieure unifiée de la foi islamique. Toutefois, les significations des cinq piliers divergent entre les musulmans orthodoxes et les musulmans populaires. Islam vient de la racine arabe s/l/m, qui signifie paix (*salam*), santé et sécurité. Le terme « islam » implique la soumission ou l'abandon[1] – la soumission totale d'une personne à la volonté de Dieu, qui se traduit par la paix et la sécurité à l'époque actuelle et qui permet d'échapper au châtiment divin dans la vie à venir. Cependant, la plupart des musulmans populaires croient en l'existence de forces maléfiques environnantes, d'êtres spirituels invisibles, imaginaires ou réels, et luttent constamment contre ces puissances maléfiques et invisibles par le biais de diverses traditions et pratiques. Ainsi, comprendre la situation réelle des musulmans populaires est un antidote pour les rencontrer à leur niveau lorsqu'on leur parle de l'Évangile.

Croyances fondamentales

Comme les juifs et les chrétiens, les musulmans sont généralement monothéistes et croient en un seul Dieu qui est « le créateur, le soutien, le dirigeant

---

1. Mahmoud M. Ayoub, *Islam. Faith and History*, Oxford, Thomson Press, 2004, p. 8.

et le juge[2] » de l'univers tout entier, y compris des êtres humains et des créatures. Outre le prophète Muhammad, les musulmans croient en tous les autres prophètes bibliques de l'Ancien et du Nouveau Testament, tels qu'Abraham, Moïse, Jésus et Jean-Baptiste. Ils croient au paradis, à l'enfer, au jour du jugement et aux anges et reconnaissent que Dieu s'est révélé dans la Torah, les Psaumes et les Évangiles, comme indiqué dans le Coran : « Nous leur (sic) avons donné comme successeur Jésus, fils de Marie, déclarant véridique ce qui, de la Thora, était antérieur à lui et lui avons donné l'Évangile contenant Direction et Lumière *déclarant véridique ce qui, de la Thora, était antérieur à lui et [était] Direction et Admonition pour les Pieux* » (Coran 5.46)[3].

Pour les musulmans, le prophète Muhammad a reçu ses révélations de Dieu par l'intermédiaire de l'ange Gabriel, afin de corriger toutes les erreurs humaines qui ont corrompu les Écritures et les systèmes de croyance judéo-chrétiens. Il est communément admis que l'islam est la religion monothéiste la plus récente parmi le judaïsme, le christianisme et l'islam. Cependant, les musulmans croient, selon le Coran, que l'islam est la plus ancienne et la dernière révélation de Dieu à Abraham, Moïse, Jésus et Muhammad. « Il vous a tracé, à l'égard du Culte, ce qu'Il a commandé à Noé, *et ce que Nous t'avons révélé ainsi que ce que Nous avons commandé à Abraham, à Moïse et à Jésus*, à savoir : "Acquittez-vous du Culte ! Ne vous divisez pas à son propos !" » (Coran 42.13)[4].

Les musulmans organisent leur vie religieuse et communautaire par des pratiques et des symboles de foi, qui sont des devoirs dévotionnels qui les aident à renforcer leur culte et leur identité communautaire. Connus sous le nom d'*ibadat*, ils comprennent les cinq piliers (*arkan*) de l'islam, qui constituent le dénominateur commun unissant tous les musulmans pratiquants. Le respect de ces piliers est une exigence absolue pour chaque musulman, indépendamment de sa secte, de son ethnie, de sa politique, de sa géographie ou de sa culture, et les unit dans une identité de groupe en tant qu'oumma mondiale unique. Cette observance des piliers leur procure un épanouissement spirituel et l'assurance de la présence permanente de Dieu dans leur

---

2. John L. Esposito, *What Everyone Needs to Know About Islam. Answers to Frequently Asked Questions, From One of America's Leading Experts*, New York, Oxford University Press, 2002, p. 4.
3. *Ibid.*
4. *Ibid.*, p. 5.

vie. Bien que de forme similaire, l'*ibadat* revêt des significations différentes pour les musulmans populaires. Comme le dit Abu Hamid alGhazali, « tout acte d'adoration a un aspect extérieur et un aspect intérieur, une enveloppe et un noyau[5] ».

L'islam formel ou « officiel » (orthodoxe, élevé ou normatif) se concentre sur les grandes idéologies islamiques concernant l'existence humaine, les réalités ultimes et les devoirs religieux. L'islam formel s'identifie aux « six articles de l'*iman* (croyance), aux cinq piliers, au djihad (la lutte des musulmans "dans la voie de Dieu"), aux efforts pour imiter le style de vie de Muhammad et à d'autres croyances[6] ». L'islam populaire est issu de religions primitives qui se sont mélangées à l'islam dans des contextes culturels particuliers. Les musulmans populaires, tout en s'efforçant de se conformer à l'orthodoxie, s'engagent dans des pratiques qui sont en dehors des pratiques islamiques formelles.

Par exemple, le Coran affirme que Dieu est plus proche de chaque être humain « que sa veine jugulaire » (50.16) et que Dieu est « la lumière » des cieux et de la terre (2.255)[7]. Toutefois, dans la pratique, les musulmans ordinaires ont du mal à percevoir la proximité de Dieu d'une manière qui surmonte leur peur des *djinns* (esprits) ou à voir comment la lumière éclaire leurs chemins quotidiens et le monde sombre qui les entoure. Les pratiques non orthodoxes auxquelles ils se livrent semblent leur donner l'assurance ou la sécurité qu'ils ne ressentent pas de la part d'un Dieu qui se veut proche, mais qui semble lointain.

Ainsi, l'islam populaire répond aux problèmes « ici et maintenant » des musulmans qui connaissent des vies troublées et des questions de vie non résolues. Dans certaines régions, les *ḥadīths* ont approuvé les pratiques populaires, car l'islam s'est progressivement intégré aux traditions locales préislamiques. Toute culture musulmane donnée contient trois composantes

---

5. Abu Hamid Al-Ghazali, « Inner Dimensions of Islamic Worship », traduit par Muhtar Holland, Leicester, Islamic Foundation, 1983, cité dans Carole Hillenbrand, *Introduction to Islam. Beliefs and Practices in Historical Perspective*, Londres, Thames and Hudson, 2015, p. 89.
6. Caleb Chul-soo Kim, John Travis et Anna Travis, « Relevant Responses to Popular Muslim Piety », dans *From Seed to Fruit. Global Trends, Fruitful Practices, and Emerging Issues among Muslims*, sous dir. J. Dudley Woodberry, 2e éd., Pasadena, William Carey Library, 2011, p. 240.
7. Ayoub, *Islam. Faith and History*, p. 156.

religio-culturelle, à savoir « les caractéristiques islamiques normatives, les traditions musulmanes fondées sur les *ḥadīths* et les traditions préislamiques[8] ». Le mélange de ces trois composantes religio-culturelle de l'islam constitue l'expression de la foi des musulmans populaires. Il n'est pas rare de voir ces musulmans s'adonner à la prière rituelle cinq fois par jour tout en continuant à consulter les sanctuaires locaux de leurs communautés.

L'islam populaire ghanéen, comme les religions traditionnelles africaines, n'a pas de règles ou de doctrines prescrites et rigides, mais varie en fonction des pratiquants. Les adeptes n'ont pas de temples ou de mosquées spécifiques, ni de procédures systématiques de culte. Certains missiologues considèrent qu'il s'agit d'une « schizophrénie religieuse attrapée plutôt que pensée[9] ». En raison de son potentiel d'attraction des classes non éduquées et paysannes, l'islam populaire est qualifié d'islam bas ou populaire, ce qui souligne que la forme orthodoxe de l'islam a été altérée. Les pratiques islamiques populaires, que Musk qualifie de « face cachée de l'islam[10] », ne sont pas apparues du jour au lendemain, mais sont le résultat de plusieurs siècles d'adaptation de l'islam au milieu traditionnel et culturel.

Arkan : les cinq piliers
Chahada : confession de foi

La première et la plus importante de ces pratiques est la Chahada, la confession de foi, qui déclare : « Je témoigne qu'il n'y a pas d'autre dieu que Dieu, et que Muhammad est l'Envoyé de Dieu[11] » et doit être prononcée en arabe : *La ilah illa Allah, Muhammad rasul Allah*. La confession est généralement précédée d'une déclaration d'intention[12] et doit être prononcée devant des témoins oculaires au moins trois fois pour affirmer sa soumission

---

8. Kim, Travis et Travis, « Relevant Responses to Popular Muslim Piety », p. 240.
9. Sampson Kenneth Kofi Twumasi, « Understanding the Folk Islam of the Dagbani-Speaking People. A Prerequisite to Evangelism in North Ghana », thèse de doctorat, Andrews University, 1996, p. 59.
10. Dans le titre du livre de ce nom : Bill Musk, *The Unseen Faces of Islam. Sharing the Gospel with Ordinary Muslims*, Sutherland, Marc Evangelical Missionary Alliance, 1989.
11. Carole Hillenbrand, *Introduction to Islam. Beliefs and Practices in Historical Perspective*, Londres, Thames and Hudson, 2015, p. 89.
12. Andrew Rippin, *Muslims. Their Religious Beliefs and Practices*, vol. 1, The Formative Period, Londres, Routledge, 1991, p. 87.

à Dieu et son appartenance à la foi islamique. La plupart des musulmans commencent leurs prières quotidiennes par ce type de confession de foi, qui contient deux éléments importants : la déclaration de l'unicité intransigeante de Dieu (monothéisme) et l'affirmation de Muhammad en tant que prophète ou messager de Dieu. Muhammad est désigné comme le « sceau des prophètes », affirmant qu'il est le dernier prophète de Dieu dont la révélation confirme et complète toutes les autres révélations, à commencer par celle d'Adam[13]. L'unicité de Dieu (*tawḥīd*) est un principe essentiel de l'islam, affirmé par le Coran : « Dis : "Il est Allah, unique, Allah le Seul, Il n'a pas engendré et n'a pas été engendré. N'est égal à Lui personne" » (112.1-4)[14].

L'inscription « Il n'y a pas d'autre dieu que Dieu » serait l'inscription arabe la plus fréquente dans les niches de prière des mosquées et a été gravée sur les pièces de monnaie émises par les dynasties musulmanes pendant des siècles[15]. De nombreux pays islamiques font figurer ce credo sur leurs drapeaux et leurs sceaux gouvernementaux en signe d'engagement envers l'islam. L'importance de la Chahada se mesure à sa prévalence : elle serait les premiers mots qui accueillent un nouveau-né et les derniers mots qu'une âme mourante entend avant de quitter cette vie[16].

La répétition quotidienne de la Chahada est un rappel constant de l'unicité de Dieu et une injonction à ne se prosterner devant aucun autre dieu ; attribuer la divinité à autre chose que Dieu est de l'idolâtrie et le seul péché impardonnable. Cette insistance se retrouve tout au long du Coran : « Allah – nulle Divinité excepté Lui –, est le Vivant, le Subsistant » (2.255) ; « Allah ne pardonne point qu'il Lui soit donné des Associés, alors qu'Il pardonne, à qui Il veut, les péchés autres que celui-là. Quiconque associe à Allah [*des parèdres*] commet un immense péché » (4.48)[17].

Cependant, dans l'esprit des musulmans, les mots de la Chahada et l'expression « au nom de Dieu » (*bismillâh*) ont le pouvoir d'éloigner le mal. La croyance en un Dieu unique dégénère en un usage magique des différents noms de Dieu. On croit généralement qu'il y a quatre-vingt-dix-neuf beaux

---

13. Esposito, *What Everyone Needs to Know*, p. 18.
14. Hillenbrand, *Introduction to Islam*, p. 91.
15. *Ibid.*
16. Twumasi, « Understanding the Folk Islam », p. 53.
17. Esposito, *What Everyone Needs to Know*, p. 16.

noms (*al-îmâ' al-husnâ*) de Dieu dans le Coran, et les musulmans populaires pensent qu'ils sont écrits sur les mains de chaque être humain. Le pli de la main gauche contient quatre-vingt-un noms (les chiffres arabes pour quatre-vingt-un sont ٨١), et la main droite en a dix-huit (١٨ en chiffres arabes), ce qui fait quatre-vingt-dix-neuf pour les deux mains. Les musulmans populaires peuvent évoquer certains de ces noms pour contraindre Dieu à agir en leur faveur.

Les perles de prière (*subha*) sont spécialement conçues pour aider les musulmans à réciter les quatre-vingt-dix-neuf noms, mais, chez les musulmans populaires, les perles sont utilisées comme moyen de divination connu sous le nom de *is-ikhâra*. L'évocation des noms de Dieu chez les musulmans populaires n'a pas pour but de se soumettre à Dieu, mais est un moyen de manipuler Dieu pour leur bénéfice personnel[18]. De même, le Coran est considéré comme un dépôt de *baraka* et est utilisé par les musulmans populaires dans l'*is-ikhâra*, tout comme les perles de prière. Divers versets sont connus pour résoudre des problèmes, tels que « les maux de tête, les fièvres, les enflures, les douleurs, la cécité, la folie, les maux de dents et la protection des biens ». Ainsi, dans tout le monde musulman populaire, le Coran est utilisé comme un charme[19].

Salat : la prière rituelle

La deuxième expression la plus importante de la foi dans l'islam est la salat, qui est une prière rituelle nécessitant des mouvements corporels spécifiques et la récitation de mots qui doivent être prononcés en arabe. Selon les musulmans, « prier et être musulman sont synonymes[20] ». Dès l'âge de sept ans, tous les musulmans sont censés faire au moins deux types de prières : le *du'a*, la prière privée, qui n'a pas de posture stricte et qui est faite par un individu à tout moment sur des sujets qui varient d'une personne à l'autre ; et la salat, la prière rituelle dans une forme et à un moment prescrits, qui est faite cinq fois par jour dans tout le monde musulman en tant qu'habitude régulière de la prière[21]. Le mouvement prescrit révèle la soumission du

---

18. Musk, *The Unseen Faces of Islam*, p. 210.
19. *Ibid.*, p. 213-214.
20. Hillenbrand, *Introduction to Islam*, p. 92.
21. Bernard Lewis et Buntzie Ellis Churchill, *Islam. The Religion and the People*, Upper Saddle River, Pearson Education, 2009, p. 13-14.

musulman à Dieu et les mots récités lui rappellent constamment son devoir de dévotion envers Dieu.

La salat doit être prononcée dans un état de pureté rituelle (*tahara*). Dans le cas contraire, la prière est considérée comme invalide. C'est pourquoi on trouve des fontaines et des bassins d'ablutions dans toutes les mosquées. Il existe deux formes d'ablutions : le *wudu* et le *ghusl*. Le *wudu* est l'ablution mineure qui consiste souvent « à se laver le visage, les mains, les bras jusqu'au coude, les pieds, y compris les chevilles, et à essuyer une partie des cheveux avec de l'eau[22] ». Toutefois, si une personne se livre à une activité sexuelle ou à tout acte jugé rituellement impur, comme une femme en période de menstrues ou qui a accouché au cours des quarante derniers jours, cette personne doit effectuer une ablution majeure, le *ghusl*. Les hommes et les femmes doivent porter des vêtements propres pendant la salat. L'homme ne doit pas exposer son corps du nombril aux genoux et la femme ne doit exposer aucune partie de son corps à l'exception de son visage et de ses mains. L'ablution est un symbole extérieur qui rappelle aux musulmans la nécessité spirituelle d'avoir un esprit propre avant la prière. Dans l'esprit des musulmans, « si un homme fait toutes ses prières pendant cette ablution, ses péchés auront disparu de toutes les parties de son corps, un sceau aura été apposé sur son ablution[23] ».

De même, le lieu de prière doit être propre, c'est pourquoi les mosquées balaient fréquemment leurs tapis et fournissent des tapis propres à chaque individu. Lorsqu'il n'y a pas d'eau courante ou d'eau tout court, comme lors d'un voyage dans le désert, on peut remplacer l'ablution par du sable. Le monde entier est considéré comme une mosquée pour les musulmans, et, partout où l'heure de la prière les atteint, ils prient[24]. La prière se fait face à la *qibla*, la direction de la *Ka'bah* à La Mecque, et cette direction est généralement marquée dans les mosquées par une niche appelée *mihrab*. Faire face à la direction de la Mecque signifie symboliquement que le musulman fait face à son créateur, même si les musulmans admettent que Dieu est partout[25]. Cinq fois par jour – à l'aube (*fajr*), à midi (*zuhr*), l'après-midi (*asr*),

---

22. Hillenbrand, *Introduction to Islam*, p. 93.
23. *Ibid.*, p. 94.
24. *Ibid.*
25. Sheikh Ahmed Osman, *Islam. The Seal and Syntheses of Divine Revelations*, Maryland, Amana Publications, 2006, p. 65.

au coucher du soleil (*maghrib*) et à la tombée de la nuit (*'isha*) – la salat est prononcée sous l'invocation du *muezzin* ou, dans le monde contemporain, par un haut-parleur depuis le minaret d'une mosquée. Les mots d'invitation à la prière, *adjan*, sont récités en arabe de cette manière :

> *Dieu est très grand. (4x)*
> *Je témoigne qu'il n'y a pas d'autre dieu que Dieu.*
> *J'atteste que Muhammad est le Messager de Dieu.*
> *Hâte-toi à la salat (2x)*
> *Hâte-toi au salut (2x)*
> *Dieu est très grand (2x)*
> *Il n'y a pas d'autre dieu que Dieu*[26].

Les musulmans sont censés rattraper les heures de prière qu'ils manquent. Une exception est faite en cas de voyage ; les prières de midi et de l'après-midi peuvent être combinées en une seule, de même que les prières du coucher du soleil et de la tombée de la nuit. Aucun intermédiaire, tel qu'un prêtre, n'est nécessaire pour les prières, sauf le vendredi après-midi, où un imam dirige les prières. Le culte du vendredi est important pour les musulmans, car ce jour aurait été ordonné par le prophète Muhammad lui-même, comme l'indique le Coran : « O vous qui croyez !, quand on appelle à la Prière, le vendredi, accourez à l'invocation (*dikr*) d'Allah et laissez vos affaires ! Cela sera un bien pour vous, si vous vous trouvez savoir » (62.9)[27].

La salat est considérée par les musulmans populaires comme un instrument de protection contre les forces maléfiques du monde spirituel. Un processus particulier d'ablution peut aider à éliminer la pollution démoniaque chez les musulmans populaires. Une partie particulière du *ḥadīth* qui traite de la « purge des péchés avec l'eau d'ablution » indique que Muhammad recommandait de se laver le nez avant la prière, car le diable passe la nuit dans le nez des gens. Les musulmans croient que leurs péchés sont effacés par le processus d'ablution ; ainsi, les musulmans populaires accordent plus d'importance aux ablutions qu'aux prières.

---

26. Hillenbrand, *Introduction to Islam*, p. 94.
27. *Ibid.*, p. 99.

Zakat : l'aumône

L'aumône est le troisième pilier. L'islam distingue deux formes de dons : les dons volontaires, connus sous le nom de *sadaqah* (charité), et le don requis ou obligatoire, la *zakat*. Pour les personnes peu fortunées, un seuil minimum de richesse, appelé *nisab*, doit être atteint avant qu'elles ne donnent la zakat.

Le paiement de la zakat rappelle généralement aux musulmans qu'ils sont les intendants de Dieu et que leurs richesses lui appartiennent ; le don de leurs ressources personnelles est donc une forme de remerciement à Dieu pour sa bonté et sa bienveillance à leur égard. La zakat est également un moyen de se purifier de l'avidité du monde et de devenir acceptable pour Dieu. Le terme lui-même signifie « quelque chose qui purifie » et a donc un effet purificateur sur les âmes et les biens des musulmans qui pratiquent la zakat[28]. Pour les musulmans populaires, l'aumône a une connotation magique. Ils pensent que l'aumône apporte une *baraka* spéciale aux musulmans. Comme ils croient que les mendiants ont généralement le mauvais œil[29], le fait de donner la zakat aux mendiants favorise la *baraka* pour les donateurs[30].

Au sein de la communauté musulmane, le paiement de la zakat est obligatoire et la motivation pour la payer est d'éviter le terrible jugement de Dieu le jour du jugement. Le Coran demande aux musulmans d'être généreux avec leurs biens : « O vous qui croyez !, faites dépense [*en aumône*] sur les choses excellentes que vous possédez et sur ce que Nous avons fait sortir de terre ! (2.267). En général, il est recommandé de donner en secret, comme l'indique le Coran : « Si vous donnez ouvertement vos aumônes, combien elles sont bonnes ! [*Mais*] si vous les cachez en les donnant aux besogneux, c'est mieux pour vous et efface pour vous [une partie] de vos mauvaises actions » (2.271). L'aumône est une forme d'adoration de Dieu et un moyen de subvenir aux besoins des pauvres dans la communauté musulmane. « Les "aumônes" sont seulement pour les Besogneux, les Pauvres, ceux œuvrant pour elles, ceux dont les cœurs sont ralliés, ainsi que pour les esclaves, [*pour*] les débiteurs, [*pour la lutte*] dans le Chemin d'Allah et pour le Voyageur. Imposition

---

28. Osman, *Islam*, p. 71.
29. Le concept du mauvais œil est abordé dans la section suivante, mais il peut être brièvement décrit comme une malédiction qui peut être jetée par un « regard noir » par un contact visuel à distance.
30. Musk, *The Unseen Faces of Islam*, p. 217.

d'Allah ! Allah est omniscient et sage » (Coran 9.60)[31]. Aujourd'hui, le taux officiel fixé par les musulmans sunnites pour la zakat est de 2,5 % de la richesse d'une personne, tandis que les chiites mettent l'accent sur une taxe de 5 % sur les revenus, appelée *khums* (un cinquième), fondée sur le Coran 8.41 : « Quelque chose que vous preniez, en butin, sachez que le quint [*en*] appartient à Allah, à l'Apôtre, au Proche [*de celui-ci*], aux Orphelins, aux Pauvres, au Voyageur »[32]. Ainsi, la zakat rassemble la communauté et renforce la solidarité communautaire et le bien-être social, assurant un certain équilibre social entre les nantis et les démunis.

Sawm : le jeûne

Le quatrième pilier de la foi est le *sawm* (jeûne). Au cours du neuvième mois du calendrier lunaire islamique, chaque musulman est tenu de jeûner pendant les heures de la journée dans le cadre de son devoir de dévotion à l'égard de Dieu. Le neuvième mois est connu sous le nom de Ramadan ; il est considéré par les musulmans du monde entier comme un mois de bénédiction et de renouvellement de l'engagement envers Dieu. Le jeûne est une obligation rituelle qui a de profondes implications spirituelles, et comporte donc des dimensions intérieures et extérieures. La dimension extérieure concerne l'abstinence de nourriture, de boisson, de rapports sexuels et d'autres plaisirs pendant la journée, tandis que la dimension intérieure implique de s'abstenir de convoitise, d'envie, de cupidité et de tout ce qui pollue le cœur[33]. Le Coran insiste sur ce point : « O vous qui croyez !, le Jeûne vous a été prescrit comme il a été prescrit à ceux qui furent avant vous, [*espérant que*] peut-être vous serez pieux » (2.183). La nuit de la puissance (*laylat al-qadr*), commémorée les 26 et 27 du mois de ramadan, est celle où la révélation du Coran a été donnée au fondateur de la foi, le prophète Muhammad. « Nous l'avons fait descendre durant la Nuit de la Destinée. Qu'est-ce qui t'apprendra ce qu'est la Nuit de la Destinée ? La Nuit de la Destinée vaut mieux que mille mois » (Coran 97.1). C'est pourquoi, lorsqu'ils jeûnent pendant le ramadan, les musulmans croient que les cieux s'ouvrent lorsque des prières sont faites et que le destin des fidèles peut être changé.

---

31. Hillenbrand, *Introduction to Islam*, p. 100.
32. *Ibid.*, p. 101.
33. Osman, *Islam*, p. 67.

Tout musulman en bonne santé est censé jeûner pendant les heures de clarté en s'abstenant de tout plaisir, y compris la nourriture, les rapports sexuels et la musique, mais quelques exceptions sont faites pour les femmes qui allaitent, les voyageurs et les personnes âgées. Si une personne n'est pas en mesure de participer au jeûne, elle est tenue de le compenser en nourrissant les pauvres. « [*Jeûnez*] des jours comptés ! Celui qui, parmi vous, sera malade ou en voyage [*jeûnera*] un nombre [*égal*] de jours. A ceux qui peuvent jeûner [*mais ne le font point*] incombe un rachat, la nourriture d'un pauvre ; quiconque fait volontairement un bien [*plus grand*], cela est bien pour lui. Jeûner est un bien pour vous !, si vous vous trouvez savoir » (Coran 2.184).

Hajj : pèlerinage

De la fin du ramadan jusqu'au douzième et dernier mois de l'année (*Dhû'l Hijja*), les musulmans sont tenus d'entreprendre le pèlerinage à La Mecque, qui est le cinquième pilier exigé par le Coran : « Le *maqâm* d'Abraham où quiconque entre est en sécurité. Allah a imposé aux Hommes le Pèlerinage à ce Temple. *À quiconque a moyen de s'y rendre* » (3.97). L'importance du pèlerinage est liée à Abraham, car les musulmans croient généralement que Dieu a ordonné à Abraham de construire une structure en pierre à La Mecque, connue sous le nom de *Ka'bah*, dans l'actuelle région de l'Arabie Saoudite. Selon eux, Abraham était un *hanif* (un vrai monothéiste) qui a initié le *hajj*, comme l'indique le Coran : « Et [*rappelle-leur*] quand Nous établîmes, pour Abraham, l'emplacement du Temple, [*lui disant*] : « Ne m'associe rien ! Purifie Mon Temple pour ceux qui accomplissent la circumambulation, [*pour*] ceux qui [*prient*] debout et [*pour*] ceux qui s'inclinent, prosternés ! Appelle, parmi les hommes, au Pèlerinage ! » (22.26-27)[34]. Pour les musulmans, voir la *Ka'bah* dans cette vie est l'assurance de voir le visage de Dieu dans l'au-delà. La *Ka'bah* rappelle qu'il faut garder la foi en Dieu pour hériter du paradis. Le *hajj* donne aux musulmans l'occasion de réfléchir au futur jour du jugement et de s'y préparer par la pratique stricte des cinq piliers. Selon la tradition islamique, Dieu a demandé à Abraham d'emmener sa seconde épouse Agar et son fils Ismaël en Arabie et de les y laisser pour éviter la jalousie de sa première épouse Sarah. Alors qu'il se trouve dans le pays de La Mecque, Ismaël a soif et Agar tente en vain de lui donner de l'eau à boire, en courant

---
34. Hillenbrand, *Introduction to Islam*, p. 106.

sept fois entre les collines de Safa et de Marwa, à l'extérieur de La Mecque. Au cours de cette course, l'ange Gabriel a miraculeusement frappé le sol de son aile et a fourni de l'eau à Agar pour étancher la soif d'Ismaël. Cette eau miraculeuse provient du puits de *Zamzam*, qui est un site du pèlerinage[35]. Les musulmans considèrent l'eau de *Zamzam* comme sacrée ou comme un cadeau béni. Ils en remplissent leurs bouteilles et les offrent aux gens comme cadeau du pèlerinage[36].

Les musulmans populaires considèrent le site de la *Ka'bah* comme un paradis ouvert où les prières d'intercession sont entendues et acceptées. Le *multazam* (le lieu où l'on s'accroche) est l'espace situé entre la porte de la *Ka'bah* et la pierre noire. Le pèlerin tente de s'unir à la *Ka'bah* en se frottant au mur, le *multazam*, ce qui est censé libérer la *baraka*[37]. Une partie du pèlerinage est appelée « lapidation de Satan », où des piliers symboliques de Satan sont soumis à la lapidation, généralement le matin du sacrifice. Trois piliers appelés « le premier », « le milieu » et « le dernier », communément appelés *al-Shaytânu'l-Kabîr* (le grand diable), représentent les endroits où le diable est censé être apparu à Adam, Abraham et Ismaël sous le prétexte d'être un shaikh. À ces occasions, il a été chassé par lapidation.

Dans l'esprit des musulmans populaires, Satan est toujours présent et actif, apparaissant parfois sous la forme d'un ancien religieux respecté avec lequel il faut composer. Les pèlerins puisent l'eau au puits de *Zamzam* et croient qu'elle offre *baraka* et rafraîchissement lorsqu'elle est renvoyée à la maison pour des parents malades ou d'autres personnes[38]. Trois grandes mosquées sont utilisées pour le pèlerinage : les mosquées de La Mecque, de Médine et d'al-Aqsâ, où Muhammad serait monté au ciel, laissant l'empreinte de son pied dans une *sakhra* (rocher) sur le mont du Temple à Jérusalem. Cette empreinte symbolique devient un objet de vénération pour les musulmans pendant le pèlerinage. Dans tout pèlerinage, le *hajj* est considéré comme doté d'un pouvoir et d'une *baraka* supplémentaires ; ainsi, le *hajj* est considéré par les musulmans populaires comme conférant une plus grande autorité

---

35. *Ibid.*, p. 107.
36. Ayoub, *Islam. Faith and History*, p. 77.
37. Musk, *The Unseen Faces of Islam*, p. 218.
38. *Ibid.*, p. 221.

aux pratiquants de la foi[39]. Cependant, le pèlerinage religieux à la Mecque des musulmans populaires capables du Ghana n'a pas pour but de remplir une obligation religieuse, mais d'obtenir une forme de pouvoir surnaturel et de *baraka* qui leur permet de répondre à leurs besoins socio-économiques. Certains croient également qu'ils sont capables de servir de médiateurs à leurs communautés pour résoudre des problèmes spirituels et qu'ils ont le pouvoir de maudire leurs ennemis.

La vie quotidienne des musulmans populaires au Ghana

Le monde des esprits des musulmans populaires

Sanneh affirme que la vie religieuse de l'islam en Afrique, y compris au Ghana, se caractérise par « un accommodement ou, plus exactement, par un dualisme ou un parallélisme entre l'ancien et le nouveau ». Ainsi, la plupart des pratiques religieuses traditionnelles ghanéennes ont trouvé leur place dans l'islam et ont combattu toute idée d'exclusivité islamique[40]. Phil Parshall note que :

> Les musulmans influencés par l'animisme syncrétisent une connaissance très élémentaire et inadéquate de l'islam avec une crainte et un culte des forces spirituelles et naturelles invisibles du cosmos. Ils cherchent à répondre à des besoins ressentis. Au mieux de leur compréhension simple, ils essaient d'interagir avec le pouvoir qu'ils perçoivent comme résidant dans l'univers[41].

Alors que la plupart des Occidentaux font une distinction entre le « monde naturel » et le « monde surnaturel », les Africains n'en font pas. Chez les musulmans populaires, cette distinction est plutôt inexistante. Pour eux, le monde des vivants est lié à celui des morts et le monde naturel est le

---

39. *Ibid.*
40. John Spencer Trimingham, « The Phases of Islamic Expansion and Islamic Culture Zones in Africa », dans *Islam in Tropical Africa*, sous dir. I. M. Lewis, 2ᵉ éd., Londres, International African Institute, 1980, p. 100.
41. Philip L. Parshall, *Bridges to Islam*, Grand Rapids, Baker Book House, 1983, p. 76, cité dans Sampson Kenneth Kofi Twumasi, « Understanding the Folk Islam of the Dagbani-Speaking People. A Prerequisite to Evangelism in North Ghana », thèse de doctorat, Andrews University, 1996, p. 59.

prolongement du monde surnaturel. Les musulmans populaires comprennent l'univers entier dans le cadre du concept de création du Coran, qui implique que le monde invisible est lié au monde physique. Ce concept est exprimé dans le Coran 55.31 et compris dans la plupart des traditions musulmanes, comme la dualité du monde des hommes et du monde des *djinns*[42]. Ainsi, les musulmans populaires perçoivent d'innombrables êtres spirituels invisibles qui menacent leur bien-être naturel ou physique.

Le cadre fourni par Paul Hiebert peut être utilisé pour comprendre les pratiques de l'islam populaire. La distinction entre l'islam populaire et l'islam orthodoxe peut être vue dans la différence entre les êtres personnels et les puissances impersonnelles ou les forces des ténèbres, la distinction entre l'autre monde et ce monde. L'islam populaire s'intéresse principalement aux expériences de ce monde, un monde dans lequel les êtres personnels – « les prophètes (au Paradis), les saints décédés, les ancêtres, *Iblis* (le chef des *djinns* ou le Diable), tous les autres *djinns* (avec plusieurs noms), etc. » – font partie du monde invisible ou surnaturel[43]. À l'exception d'Allah et de ses anges, les êtres personnels peuvent faire l'objet d'une manipulation, d'une expérience et d'un engagement de la part de l'homme. Dans l'islam populaire, les forces impersonnelles et les êtres personnels sont liés. Les forces locales impersonnelles font partie de la catégorie de ce monde et comprennent « la magie, la sorcellerie, les forces astrologiques, la divination, la *baraka*, le mérite du *dhikr*, le mauvais œil, la mauvaise langue, les malédictions, le talisman, l'amulette, la lecture du Coran, la consommation des écrits coraniques, etc. ».

Les djinns et les forces spirituelles

Les musulmans de souche croient aux djinns, qu'ils considèrent comme une espèce distincte d'esprit créée à partir d'un feu sans fumée (Coran 15.27 ; 55.15), contrairement à la création des êtres humains à partir de la poussière (Coran 22.5). Les djinns sont considérés comme des esprits qui cherchent constamment à détruire les êtres humains et sont donc appelés *shayatin* (démons). Les djinns exerceraient différentes activités et sont désignés en arabe par différents mots qui révèlent le type d'activité. Par exemple, ils sont appelés

---

42. Kim, Travis et Travis, « Relevant Responses to Popular Muslim Piety », p. 240.
43. *Ibid.*, p. 242.

ghûl (détruire), *khâfi* (caché) et *afrît* (se rouler dans la poussière)[44]. On pense que, lorsque les djinns sont mentionnés par leur nom, ils sont généralement incités à faire du mal ; c'est pourquoi les musulmans populaires parlent des djinns par allusions. Dans le monde arabe, le terme courant pour les désigner est *hâduk al-nâs* (ces gens-là), mais, en Iran, ils sont souvent appelés *az mâ bihtarân* (ceux qui sont meilleurs que nous)[45]. On croit généralement qu'ils ont la capacité de changer de forme et d'apparence. Les djinns étant considérés comme une espèce créée parallèlement à la race humaine (Coran 55.33), ils ont la capacité de se marier, de produire une progéniture et de posséder des êtres humains et des animaux. L'islam populaire attribue aux djinns la mort, la stérilité, les malédictions, la paralysie et les maladies dangereuses, et les considère comme des ennemis déclarés de l'homme (Coran 17.53)[46]. On dit qu'ils se rebellent contre Dieu, mais certains de ceux qui ont entendu la récitation du Coran par Muhammad se sont convertis à l'islam (Coran 72.1-5).

Caleb Chul-soo Kim note que le surnaturalisme islamique se caractérise par des pratiques associées aux djinns, qui varient d'une personne à l'autre. Les pratiques associées aux djinns se retrouvent chez les musulmans lors des rituels de naissance, d'attribution de noms aux enfants, de mariage, de décès et d'enterrement, de la saison des semailles, des déménagements, des voyages et de la pose des fondations de nouveaux bâtiments[47]. Dans chacun de ces cas, la tradition islamique constitue le fondement théorique de la croyance et de la pratique des musulmans populaires.

Les musulmans populaires ont élaboré différentes solutions à leurs rencontres quotidiennes dans la vie, frustrés par leur incapacité à accéder à Dieu. La doctrine du *tawḥīd* plaçant Dieu loin des musulmans ordinaires, les musulmans populaires consultent les saints, les anges et les djinns décédés pour renforcer spirituellement la *baraka* nécessaire à leur survie quotidienne. La plupart des récits du *ḥadīth* décrivent les djinns comme des entités maléfiques qu'il ne faut pas fréquenter. Ils sont décrits comme des entités que

---

44. Musk, *The Unseen Faces of Islam*, p. 39.
45. *Ibid.*, p. 39.
46. Kim, Travis et Travis, « Relevant Responses to Popular Muslim Piety », p. 243.
47. Caleb Chul-soo Kim, *Islam among the Swahili in East Africa*, 2ᵉ éd., Nairobi, Acton Publishers, 2016, p. 80.

même Muhammad craignait et dont il cherchait à se protéger en utilisant le Coran 38.35[48].

Par exemple, les musulmans populaires croient qu'exposer sa nudité aux djinns peut être néfaste ; par conséquent, lorsqu'ils vont aux toilettes, ils doivent réciter « Au nom d'Allah, en dehors duquel il n'y a pas d'autre dieu » pour se protéger des djinns. En outre, un trou est considéré comme le lieu d'habitation des djinns ; les musulmans ne sont donc pas censés uriner dans un trou. Les djinns sont également associés à certains animaux. Un chien noir est considéré comme un djinn et doit être évité à tout prix par les musulmans. Les djinns pouvant prendre la forme d'un serpent, un serpent doit être averti trois fois s'il entre dans la maison d'un musulman. Si le serpent revient, c'est la preuve qu'il s'agit d'un djinn maléfique et qu'il doit être tué.

Les bâillements seraient le fait de djinns, mais les éternuements sont favorisés par Allah (al-Bukhari 4.509 ; 8.242 ; 8.245)[49]. Un bon rêve est censé venir d'Allah tandis qu'un mauvais rêve provient d'un djinn (al-Bukhari 4.513 ; 9.113-15). Selon leurs croyances, les djinns peuvent être vus par les êtres humains et les animaux. Par exemple, lorsqu'un coq chante ou qu'un âne braie, on croit qu'ils sont conscients de la présence de djinns ; ainsi, Muhammad a dit : « Que celui d'entre vous qui entend chanter un coq implore Allah de lui accorder Sa Grâce, il (le coq) a aperçu un ange. Et celui d'entre vous qui entend braire un âne cherche refuge auprès d'Allah contre le diable, car il (l'âne) a aperçu un démon » (al-Bukhari 4.332)[50].

Les musulmans de souche croient que les djinns sont sensuels et désirent les femmes. Les femmes doivent donc se cacher lorsqu'elles sortent et les hommes doivent éviter de rester avec une femme autre que leur épouse. En outre, les djinns sont capables de nuire à la progéniture humaine pendant les rapports sexuels. C'est pourquoi les couples de musulmans populaires doivent prier pour la protection d'Allah lorsqu'ils ont des relations sexuelles (al-Bukhari 4.503 ; 7.94)[51]. Les djinns possèdent également des qualités hu-

---

48. *Ibid.*, p. 90.
49. Sahih Al-Bukhari, *The Translation of the Meanings of Sahih Al-Bukhari*, vol. 9, traduit et corrigé par Muhammad Muhsin Khan, Al Nabawiya, Dar Ahya Us-Sunnah. Cité dans Caleb Chul-soo Kim, *Islam among the Swahili in East Africa*, 2ᵉ éd., Nairobi, Acton Publishers, 2016, p. 92.
50. Kim, *Islam among the Swahili in East Africa*, p. 93.
51. *Ibid.*, p. 92.

maines, telles que les émotions, l'intellect, le pouvoir de raisonnement, et ils mangent, boivent, donnent naissance à des enfants et meurent comme les êtres humains. Ils n'ont pas de corps ; ils expriment donc leur volonté par l'intermédiaire de corps humains, ce que l'on appelle la possession spirituelle, et leur siège principal se trouve dans l'océan.

La plupart des musulmans croient que tous les esprits préislamiques sont des djinns et que « Satan circule dans le corps de l'homme comme le sang dans les veines » (al-Bukhari 3.140). En raison de leurs effets néfastes sur les êtres humains, les musulmans ordinaires sont plus conscients des djinns que d'Allah et dépendent des experts musulmans locaux en matière de djinns (*malam*) pour développer des méthodes permettant de maîtriser les djinns et leurs attaques maléfiques. Selon Kim, le phénomène de la possession par les djinns ou les esprits, en particulier lors des rituels de guérison, est un fait accepté par les musulmans, même si les musulmans ordinaires craignent ou redoutent les djinns. Un musulman populaire guérisseur, afin de maîtriser le djinn qui trouble une personne malade, entre volontairement dans un état de possession spirituelle et invoque des djinns plus puissants sur le patient pour assurer sa délivrance. Dans cet état de possession, un médicament magique est prescrit pour éloigner les djinns et assurer la guérison du malade. Au milieu des chants, des chansons et des danses, on dit que les djinns grimpent ou s'élèvent jusqu'à la tête du patient. Le patient perd alors conscience et est contrôlé par les djinns. Souvent, la personne entre en extase et devient incontrôlable dans son comportement, se frappant la poitrine, sautant violemment et se déplaçant de haut en bas.

La douleur émotionnelle et physique qui résulte de la possession par un djinn est souvent suffisamment importante pour que la personne malade, qui a besoin de la possession d'un esprit pour être guérie, soit réticente à chercher la guérison[52]. La pratique dans le contexte africain est évidente dans les cultes thérapeutiques swahili de possession de djinns pour la guérison et la divination, comme l'illustre Kim[53]. Ces hypothèses ou croyances surnaturelles sont omniprésentes dans la vision du monde des musulmans populaires, de sorte que cette vision du monde induite par les djinns et la peur a conduit

---

52. *Ibid.*, p. 175-179.
53. *Ibid.*, p. 186.

au développement de différents degrés de théories et de pratiques populaires dans le contexte africain.

Les musulmans populaires croient également en l'existence de forces spirituelles qui, si elles ne sont pas contrôlées ou apaisées par des sacrifices rituels, sont néfastes pour les êtres humains. Certains êtres humains sont censés posséder des forces spirituelles capables de transférer la *baraka*, des malédictions ou des sorts sur d'autres personnes. Ces forces peuvent être à l'origine de la prospérité ou de l'échec d'une personne dans les affaires. La peur des forces spirituelles conduit les musulmans à désirer continuellement la *baraka* ou une forme de pouvoir pour contrer les effets du mal :

> Un pouvoir mystérieux et merveilleux, une bénédiction de Dieu accordée à certaines personnes, certains lieux et certaines choses ; une grâce et une miséricorde divines par opposition à la justice, une protection contre le danger et les ennuis, un charisme pour diriger et un pouvoir de protéger et de guérir ; un don d'Allah qui le dispense toujours comme une bénédiction qui peut être transmise à d'autres[54].

Ainsi, les musulmans populaires achètent des charmes, des amulettes et des talismans puissants ou paient pour des consultations avec des chamans, des guérisseurs, des exorcistes ou d'autres personnes puissantes de la communauté locale[55].

Ils peuvent également se rendre sur les tombes de saints décédés dans l'espoir d'obtenir de la *baraka*[56]. Ils accomplissent divers rituels cérémoniels à des moments, des dates ou des mois particuliers qui, selon eux, ont des implications spirituelles ; s'ils n'observent pas l'activité spirituelle au bon moment, ils pensent que cela entraîne une calamité spirituelle. Ce sentiment à lui seul est source de stress et d'agitation pour les musulmans. Ils s'efforcent d'appliquer rigoureusement tout ce que la tradition populaire détermine – certaines directions et positions pour la prière, les règles et les

---

54. Gailyn van Rheenen, *Communicating Christ in Animistic Contexts*, Grand Rapids, Baker Book House, 1991, p. 199-200, cité dans Sampson Kenneth Kofi Twumasi, « Understanding the Folk Islam of the Dagbani-Speaking People. A Prerequisite to Evangelism in North Ghana », thèse de doctorat, Andrews University, 1996, p. 87.
55. Kim, Travis et Travis, « Relevant Responses to Popular Muslim Piety », p. 371.
56. *Ibid.*, p. 373.

règlements –, afin d'éviter les calamités spirituelles ou d'assurer leur bien-être face à des esprits hostiles. Les musulmans populaires ont constamment peur de l'inconnu, du destin, du royaume invisible de la réalité, des ancêtres en colère, de l'échec, de la maladie et de la mort. Leur monde est rempli d'une infinité de choses à faire et à ne pas faire, dont l'application est extrêmement gênante, voire impossible, pour des êtres humains normaux. Ils ont donc besoin d'une alternative qui réponde à leurs besoins ressentis.

Pratiques religieuses et magiques

Dans la tradition ghanéenne, personne ne meurt de mort naturelle et rien n'arrive par une cause naturelle. Tout ce qui arrive aux gens, que ce soit bon ou mauvais, a une origine spirituelle, et la compréhension de ces origines est un grand fardeau pour les musulmans populaires du Ghana. Il est donc courant de voir des religieux musulmans « prophétiser » sur les musulmans populaires et utiliser divers éléments pour les guider et révéler la causalité des événements. Dans d'autres cas, les médecins musulmans copient sur une planche spéciale des versets du Coran jugés efficaces pour guérir ou trouver une solution. Le tableau est ensuite lavé avec de l'eau et l'eau est recueillie, mise en bouteille sous forme de concoction et vendue pour son pouvoir magique[57]. Les adeptes de l'islam populaire pensent que l'utilisation de cette eau peut guérir certaines maladies qui défient les méthodes scientifiques, aider les étudiants à réussir leurs examens et permettre aux femmes stériles de concevoir un enfant. En aspergeant les véhicules commerciaux de cette eau, ils pensent que les véhicules seront protégés contre les accidents mortels et que le propriétaire recevra une *baraka* spéciale. Comme les musulmans populaires croient que la *baraka* est transférable d'une personne à l'autre, la *baraka* est parfois achetée puis vendue à d'autres personnes qui la désirent. La *baraka* peut également être obtenue par la pénitence, et ce concept de *baraka* par la pénitence se retrouve principalement chez les Dagomba du Ghana[58].

Les musulmans populaires du Ghana sont généralement en proie à la peur de la sorcellerie, considérée comme une menace pour l'ensemble de la société. Cette peur, fondamentalement liée à la peur de la mort et de l'insécurité, se traduit par la consultation de prêtres fétichistes et le port ou la pose de divers

---

57. Twumasi, « Understanding the Folk Islam », p. 86.
58. *Ibid.*, p. 87.

charmes dans les fermes, à l'intérieur des voitures et sur les lieux de travail. Au marché, les femmes mettent parfois un piment rouge à l'intérieur de leur produit pour éloigner les mauvais esprits et vaincre les actes de sorcellerie dont elles sont victimes. Les amulettes sont utilisées pour « maudire, protéger, guérir, passer des examens, gagner des compétitions, protéger les amoureux ou maintenir les relations et les mariages[59] ». Chez les musulmans de Kumasi, certaines amulettes sont préparées pour protéger les soldats sur le champ de bataille et d'autres pour traiter « la variole, l'énurésie, l'impuissance sexuelle, la lèpre, les maux de tête et les accouchements difficiles[60] ». Des traductions d'instructions pour la préparation de certains charmes et amulettes au Ghana sont présentées ci-dessous. Les instructions suivantes sont destinées à faciliter l'accouchement :

> Un sceau magique spécial, le *khatim*, était nécessaire ;
> - écrire trois fois la prière « Ô Dieu ! Le Dieu de Jibril, de *Mikha'il*, du prophète Musa et du prophète Muhammad (que la paix soit avec eux) et de *Harun* » ;
> - écrire trois fois l'incantation « faites sortir l'enfant du ventre de la mère "*Musaisa, Musaisa*" » ;
> - il était demandé que l'énoncé écrit soit lavé dans une solution et donné à boire à la future mère.
>
> Pour protéger une grossesse difficile, les passages du Coran (Coran 2.55 ; 17.111 ; et 18.1) devaient être combinés avec la racine broyée d'un arbre. Le médicament devait être bu ou inséré.

Afin d'obtenir de multiples bienfaits pour la santé et de s'attirer les faveurs des femmes, les instructions suivantes étaient recommandées pour la fabrication d'une amulette :

> Écrire le *du'a* (incantation) « Dieu, il n'est pas un père et il n'est pas un fils. Il n'y a pas de pouvoir sans Dieu. Ô ! Toi qui permets.

---

59. *Ibid.*, p. 85.
60. David Owusu-Ansah, « Prayer, Amulets and Healing », dans *The History of Islam in Africa*, sous dir. Nehemiah Levtzion et Randall L. Pouwels, Athens, Ohio University Press, 2000, p. 482.

Tu es le seul. Il n'y a pas d'autre dieu que Lui. Le Vivant. Toi qui as créé les cieux et la terre. L'infaillible. »

Cette prière était combinée à un *khatim* et transformée en talisman. Cette même prière, si elle est écrite 6 fois, lavée dans une solution et mélangée à de l'eau pour le bain, l'utilisateur ne sera jamais blessé.

Afin de vivre des mariages heureux, une amulette peut être préparée avec les instructions suivantes :

Pour trouver une épouse et assurer le mariage,

Le mercredi, écrivez la sourate al-Yusuf (Q. 12). Lavez ce qui a été écrit dans une solution. Le jeudi, avant le lever du soleil, laver ce qui a été écrit précédemment, s'asseoir sur une pierre et se laver avec. Après vous être lavé, continuez à vous asseoir sur la pierre jusqu'au lever du soleil. Le résultat sera la prospérité pendant l'année. L'amulette est également utile pour retrouver les esclaves perdus et, par conséquent, pour assurer la permanence des mariages.

Fabriquez l'amulette, écrivez les passages recommandés sur votre pied droit, frottez de la viande sur la pierre et donnez-la à manger à l'esclave ou à la femme. Ce procédé permet d'intérioriser l'amulette et donc de la rendre efficace.

Owusu-Ansah a décrit des amulettes fabriquées pour guérir la variole ou protéger contre la propagation des maladies :

Pour guérir le *judari* (variole), la construction d'un sceau *khatim* était le seul contenu suggéré ; le sceau devait être lavé et la solution utilisée pour faire cuire de la nourriture. Lorsqu'il était mangé, le malade était guéri si Dieu le voulait. Un autre *khatim* était prescrit comme protection contre les épidémies. La matière prescrite devait être utilisée pour le bain[61].

Les musulmans populaires s'engagent donc dans une série de pratiques enracinées dans les religions traditionnelles africaines (RTA) et dans la *jahiliyya* (période préislamique). Ces « musulmans charismatiques » appliquent

---

61. Owusu-Ansah, « Prayer, Amulets and Healing », p. 482-483.

les *ḥadīth* prophétiques et les versets du Coran comme source de *ruqya* (paroles, incarnations ou chants exécutés à des fins de protection spirituelle pour éloigner les puissances et les êtres maléfiques)[62]. Leur utilisation d'instructions spécifiques avec des passages du Coran combinés à des pratiques religio-magiques africaines pour la guérison, la délivrance, la *baraka* ou la protection est similaire à ce que certains pentecôtistes pratiquent aujourd'hui au Ghana pour briser l'esclavage, lier, délier et chasser les démons, et prier pour la délivrance en utilisant des textes bibliques. Les musulmans populaires pratiquent le *khalwa* (retraite spirituelle), qui implique parfois des performances rituelles nécessitant plusieurs jours de jeûne et de contemplation. Les musulmans soufis partagent des points communs avec les pentecôtistes, qui pratiquent de longues périodes de jeûne et de prière pour obtenir un pouvoir spirituel. Ces points communs de la religion primitive en tant que fondement des pratiques spirituelles peuvent servir de pont pour faire connaître l'Évangile aux musulmans populaires du Ghana.

Les musulmans populaires ghanéens, en particulier ceux de l'ordre Tijaniyya, pratiquent le *boka* (« techniques traditionnelles de guérison et de divination impliquant le spirituel[63] »), qui implique la divination, l'expulsion des djinns et des êtres spirituels, et la préparation de *rubutu* (liquides). Ils recherchent également le *sekan aduro* (contrepoison à base de couteau) pour se protéger en cas d'émeutes ou d'attaques physiques. Ces pratiques religio-magique sont considérées comme faisant partie du *malam adwuma* (les devoirs de l'érudit islamique masculin) et de l'*ibadat* (actes d'adoration). Les *malams* qui s'adonnent à ces pratiques, en particulier les *zongo*, prouvent leur efficacité en matière de *sekan aduro*, de guérison, de délivrance et d'exorcisme. Benedikt Pontzen observe dans une narration ethnographique :

> Le *malam* voulait démontrer l'efficacité de ses prières. Il a sorti une bague de sa poche, a prononcé une prière à son sujet et a craché sèchement dessus. Il a ensuite tendu le bras, fait glisser la bague sur son annulaire droit, puis a relâché sa prise et a continué le mouvement vers le haut, faisant glisser sa main gauche le long de son bras jusqu'au coude – le tout en un seul

---

62. *Ibid.*, p. 483.
63. Benedikt Pontzen, *Islam in a Zongo. Muslim Lifeworlds in Asante, Ghana*, Cambridge, Cambridge University Press, 2021, édition Kindle, p. 182.

mouvement fluide. Il a ensuite pris une machette et une lame de rasoir dans un coin et me les a proposées pour couper son bras. Comme je refusais, il a pris la machette lui-même et, alors que je m'exclamais « Non », l'a balancée de toutes ses forces sur son bras, d'où elle a rebondi sans laisser la moindre égratignure. Il s'est frappé trois fois avec la machette avant de prendre la lame de rasoir pour s'entailler le bras, alors que je lui avais demandé de ne pas le faire. Ensuite, il a montré son bras qui ne portait aucune marque de ce qui venait de se passer et il a enlevé la bague. Il a appelé un garçon qui jouait dans la cour et celui-ci s'est approché de la porte, suivi de sa mère. Sous le regard de celle-ci, le *malam* glissa l'anneau au doigt du garçon après avoir prononcé la même prière sur l'anneau. Les autres femmes et enfants présents dans la cour se sont rassemblés autour de nous. Le *malam* a pris la lame de rasoir et a essayé de couper le bras du garçon, mais la lame n'a pas pu pénétrer dans la chair. Tandis que les femmes entonnaient des chants à la gloire de Dieu et de leur *malam*, remerciant Dieu pour ses bénédictions et sa protection, l'ethnographe, déconcerté, demanda à prendre congé[64].

Si ces pratiques mystiques servent à renforcer la confiance des musulmans populaires dans l'islam ghanéen, elles ne sont pas toujours fiables ; dans quelques cas, elles échouent pour les praticiens et leurs suppliants. Pontzen, qui a été confronté à plusieurs reprises à de telles pratiques au Ghana, évoque l'une d'entre elles :

[Le *malam*] a pris un couteau de boucher et l'a aiguisé. Après avoir prononcé quelques prières, mis son *lāyā* et frotté son avant-bras gauche, il a levé le couteau et s'est frappé le bras. Le premier coup n'a provoqué qu'une égratignure mineure, mais le second a entaillé profondément la chair et laissé une plaie béante. À ce moment-là, on pouvait lire sur son visage que sa façon de comprendre le monde était devenue erronée. Cela n'avait aucun sens pour lui. Nous nous sommes rendus à l'hôpital local pour qu'un médecin puisse suturer la plaie, mais l'énigme de

---

64. *Ibid.*, p. 182.

la raison pour laquelle le couteau l'avait coupé est restée sans réponse, car le traitement médical ne pouvait s'occuper que de la blessure « physique »[65].

Quelle que soit la pratique populaire, le résultat *In sha Allah* (tout dépend de la volonté de Dieu). Il y a encore des vides à combler et des énigmes de la vie sans réponse dans l'esprit des musulmans ghanéens. Les pentecôtistes doivent donc trouver des réponses à ces énigmes de la vie lorsqu'ils échangent avec les musulmans populaires d'une manière qui réponde à leur quête de *baraka*, de protection, de puissance, de guérison et de délivrance du mal.

Le mauvais œil

Le concept du mauvais œil suscite la peur chez les musulmans. Ces derniers croient qu'il a le pouvoir et l'influence de dévaster des vies. Ils croient que les personnes et les objets importants sont susceptibles d'être attaqués et détruits par la projection de l'envie ou de la jalousie dans les yeux d'une autre personne. Les musulmans populaires considèrent l'envie (*hasad*) comme une force tangible qui représente la force opposée à la *baraka* dérivée de Dieu[66]. La *baraka* doit être reçue par un toucher, alors que le *hasad* a le pouvoir de détruire la bénédiction par un contact visuel à distance.

La place centrale qu'occupe le mauvais œil dans la vie des musulmans peut laisser penser que ce concept fait partie intégrante de la foi formelle de l'islam. De nombreux musulmans croient que le Coran parle du concept du mauvais œil ; cependant, il ne mentionne l'envie humaine que deux fois, dans le Coran 113.5 et 2.103[67]. C'est le *ḥadīth* qui met l'accent sur le mauvais œil et ajoute que Muhammad a ordonné l'utilisation d'incantations contre l'effet du mauvais œil. Pour contrer l'effet du mauvais œil, on donne souvent au musulman populaire de l'eau à boire dans laquelle ont trempé certains versets du Coran[68].

Le concept de mauvais œil varie d'un endroit à l'autre. Par exemple, les musulmans d'Iran croient en une forme de mauvais œil connue sous le nom d'*œil salé* qui a un effet permanent. Ce type de mauvais œil peut être transmis

---

65. *Ibid.*, p. 183.
66. Musk, *The Unseen Faces of Islam*, p. 26-27.
67. *Ibid.*, p. 29.
68. *Ibid.*, p. 28.

à un enfant pendant la grossesse de la mère. L'enfant devient alors très dangereux et peut arrêter des tracteurs ou même renverser un bâtiment d'un simple regard. La forme la plus courante du mauvais œil est connue sous le nom de « mauvais œil » et résulte d'une vie envieuse et orgueilleuse. L'effet n'est pas considéré comme aussi dangereux que celui de l'incurable *œil salé*. Une troisième forme de mauvais œil est connue sous le nom d'*œil impur*.

Il se produit lorsque la personne qui le lance vit dans un état d'impureté rituelle après avoir omis de prendre un bain purificateur après un rapport sexuel. D'autres types de mauvais œil, comme *l'œil qui blesse*, *l'œil étroit* et *les yeux brûlants*, existent dans d'autres cultures[69]. Ces concepts du mauvais œil révèlent la peur perpétuelle des musulmans populaires à l'égard des forces du mal et du monde spirituel qui les entoure. Ils s'inquiètent de toutes les formes de causalité et vivent dans l'insécurité de leur vie quotidienne, comme le mariage, les bonnes affaires, la protection du foyer, la réussite des enfants aux examens, l'accouchement, etc. Pour combattre cette peur, ils ont recours à divers actes magiques, notamment la visite de la tombe des saints pour la *baraka* et la lecture du Coran. Pour protéger la maison des activités des mauvais yeux et garantir des fondations solides, des cartes contenant des versets du Coran sont déposées dans les fondations du bâtiment. Partout dans le monde, les musulmans ont recours à divers rites de protection pour lutter contre le mauvais œil. Une phrase fréquemment utilisée pour la protection dans la vie quotidienne est *ma sha allah*, ce qui signifie que Dieu l'a voulu[70].

La divination ou l'orientation

« Les pratiques de divination ou de cartomancie sont très répandues et très recherchées par les musulmans ordinaires[71] » dans le but de dévoiler les détails d'un avenir incertain. Le fait d'avoir un aperçu des événements futurs peut apaiser leur cœur en réduisant la peur de l'inconnu ou les aider à modifier ou à réguler les actions présentes à leur avantage. Les musulmans populaires peuvent consulter des devins pour déterminer le sexe d'un enfant ou lui donner un nom. La cause d'une maladie ou de la mort d'un être cher peut également être recherchée par le biais de pratiques divinatoires. Un

---

69. *Ibid.*
70. *Ibid.*, p. 29.
71. *Ibid.*, p. 67.

parent peut consulter des devins pour savoir s'il convient de donner sa fille en mariage à une famille donnée, même si cela est contraire à l'enseignement islamique orthodoxe.

La pratique de la divination et la crainte du mauvais œil dans le cadre des pratiques islamiques populaires au Ghana sont plus courantes chez les Tijaniyya. Les musulmans populaires se sentant menacés par le mauvais œil, ils s'adonnent à ce que l'on appelle communément au Ghana l'*abisa* (dévoilement de ce qui est caché). L'*abisa* est un concept divinatoire qui permet de découvrir la cause des maladies ou des décès. Une correspondance entre l'Asantehene de Kumasi et l'imam de Gonja au XIXe siècle révèle cette pratique, qui est toujours d'actualité parmi les musulmans ghanéens. Voici la correspondance de l'Asantehene et la réponse de l'imam de Gonja :

> La raison de cette lettre est que, moi, le grand sultan, je te demande de prier pour tout notre corps. Une prière pour les maladies qui touchent tout notre corps. Une prière contre le Satan, *Iblis*, qui visite les gens la nuit. Une prière pour les maladies connues et les maladies inconnues, les maladies cachées dans notre corps. Une prière pour les maladies de la nuit. Une prière pour les maladies des bras et des jambes. Je te demande de prier pour la nouvelle maison, pour que jamais la peste, la mauvaise maladie et le malheur n'entrent dans notre maison. Pour tous les gens dans notre pays et dans tous les pays des autres. Je te demande de me protéger contre le mauvais œil. Moi, le grand sultan, je te demande de me prédire [l'avenir] et de me faire connaître tout ce qui est prévu pour ma vie. Envoie-moi ensuite un rapport sur ce que tu as vu lors de cette divination. Je te prie de ne rien cacher de ta divination.
>
> En ce qui concerne notre sultan, le sultan d'Ashanti, qu'Allah lui donne une longue vie jusqu'à la vieillesse en bonne santé. Il doit donner le meilleur mouton avec quatre mille cauris et quarante noix de cola. Il doit demander à lire les prières pour le Prophète, c'est-à-dire *Dala il alKhayrat* [un célèbre recueil de litanies pour le Prophète de l'islam] dans son intégralité, concernant ce monde et l'au-delà. Ensuite, il peut demander à Allah tout ce qu'il souhaite pour lui-même, tout ce qu'il souhaite

pour sa descendance et tout ce qu'il souhaite pour les besoins de ce monde. Ses besoins seront rapidement satisfaits[72].

Parmi les musulmans populaires du Ghana, en particulier ceux du zongo, cette pratique fait partie du *boka* que les *malams* accomplissent[73]. Les Kramo utilisent le *tasbih* (perles de prière islamiques) comme instrument de divination. Le *malam* prie sur le *tasbih* posé sur le sol et demande au suppliant de le ramasser et de le lui donner. Le *malam* compte alors les perles tout en récitant des prières spécifiques et déclare le djinn particulier dont il faut s'occuper pour délivrer le suppliant du mal[74].

La vénération des saints

La plupart des musulmans populaires pratiquent la vénération des saints, qui serait née du souci des musulmans d'honorer le prophète Muhammad en célébrant son anniversaire, le *Mawlid al-Nabî*[75]. Les saints jouent un rôle important dans la vision du monde des musulmans et sont désignés de différentes manières : « *shâfi* qui joue le rôle d'intercesseur, *shaikh* (chef), *pîr* (personne âgée considérée comme sage), [et] *murâbit* (celui qui s'est uni à Dieu)[76] ». Les musulmans s'en remettent au *pîr* pour obtenir des conseils personnels ou communautaires sur les grandes décisions. Shehu Uthman dan Fodio était reconnu comme *pîr* dans le nord du Nigeria, et une femme sainte, Bilikisu Sungbo, était vénérée dans l'ouest du Nigeria. Au Ghana, les musulmans populaires ont leurs propres saints locaux désignés pour leur apporter *baraka* et conseils. Il convient de noter qu'en Afrique, les saints morts sont plus souvent vénérés que les saints vivants. Cependant, qu'ils soient vivants ou morts, les saints sont réputés posséder un grand pouvoir qui leur permet de résoudre des problèmes difficiles, notamment la guérison de maladies chroniques, l'élimination de la stérilité et le discernement des événements présents et futurs.

---

72. Azumah, « Historical Survey of Islam »,
73. Pontzen, *Islam in a Zongo*, p. 178.
74. *Ibid.*, p. 270.
75. Musk, *The Unseen Faces of Islam*, p. 49.
76. *Ibid.*, p. 50.

Le culte des ancêtres

La combinaison de la vénération des ancêtres et de la vénération des saints est très répandue parmi les musulmans africains. En décrivant les pratiques des Africains de l'Est, Kim note que les Waswahili visitent les cimetières de leurs ancêtres et les tombes des saints musulmans décédés pour prier pour la *baraka*[77]. Kim a également confirmé la pratique de la guérison et de la prédication chez les musulmans populaires et l'utilisation de la magie arabe en Afrique de l'Est. Alors que certains religieux musulmans considèrent ces pratiques comme peu orthodoxes, les religieux swahilis estiment qu'elles sont compatibles avec l'enseignement islamique et qu'elles ne constituent pas « une infidélité à Allah ni un péché d'infidélité ». Il n'est toutefois pas facile d'établir une démarcation claire entre l'islam strictement idéologique et l'islam populaire dans le contexte africain, en raison des tendances animistes et chamaniques ancrées dans les pratiques islamiques africaines[78].

La plupart des musulmans populaires du Ghana pratiquent également le culte des ancêtres. Ils croient que les ancêtres peuvent leur donner la *baraka* et les protéger des dangers spirituels. C'est pourquoi certains musulmans populaires enterrent les cadavres des membres de leur famille à proximité de leur maison, afin de maintenir une relation étroite avec eux. De la nourriture leur est offerte lors de journées spéciales et, lorsque des enfants naissent dans la communauté, les ancêtres sont consultés par l'intermédiaire d'un devin musulman, afin de savoir lequel d'entre eux est revenu sur terre. Les enfants sont nommés d'après ces ancêtres, afin que l'enfant puisse recevoir la baraka de l'ancêtre de retour et maintenir un contact spirituel avec lui[79]. Sur la tombe des ancêtres, des prières spéciales appelées *dhikr* (souvenirs)[80] de Dieu sont prononcées en répétant des noms choisis parmi les quatre-vingt-dix-neuf noms de Dieu. Certains, en particulier les Tijaniyya, croient que leurs ancêtres leur transmettent la capacité d'accomplir des miracles et de rendre des

---

77. Kim, *Islam among Swahili*, p. 64.
78. *Ibid.*, p. 65.
79. Twumasi, « Understanding the Folk Islam », p. 95.
80. Le *dhikr* est une pratique soufie qui consiste à chanter des noms divins ou des phrases du Coran (Coran 18.24 ; 33.41 ; 62.10) de manière répétée pour obtenir une bénédiction. L'une de ces phrases est, par exemple, la *ilaha illa Allah* (pas d'autre dieu que Dieu). Il s'agit d'un sanglot intérieur ou d'un cri de désir accompagné parfois de musique et de danse. John L. Esposito, sous dir., s.v. « Dhikr », dans *The Oxford Encyclopedia of The Islamic World*, vol. 5, Oxford, Oxford University Press, 2009.

services, tels que « l'inversion des malédictions, la protection contre les coups, les coups de feu et les couteaux, [et] le traitement des faiblesses sexuelles[81] ».

Certains musulmans populaires ghanéens pensent qu'ils ne peuvent pas se présenter devant Dieu avec leurs requêtes parce qu'ils n'ont pas respecté strictement les prières rituelles ou parce qu'ils ont péché. Les ancêtres servent alors d'intercesseurs ou d'intermédiaires entre eux et Dieu (ce qui n'est pas autorisé par l'islam orthodoxe). Les musulmans populaires croient que leur saint tribal ou ethnique ou leurs ancêtres sont à la porte de Muhammad. Comme les ancêtres les connaissent très bien et sont capables de sympathiser avec eux, ils apportent leur requête à Muhammad, qui est censé être à la porte de Dieu. Par l'intermédiaire des ancêtres, Muhammad devient l'avocat et l'intercesseur final[82]. Ce concept de culte des ancêtres chez les musulmans populaires ghanéens fusionne le culte des ancêtres de la religion traditionnelle africaine et certains éléments de la foi islamique. Cependant, le Coran affirme qu'il ne peut y avoir d'intercesseur que celui désigné par Dieu, comme il est écrit : « [*ces infidèles*] ne posséderont aucune intercession sauf ceux qui ont pris un pacte auprès du Bienfaiteur » (Coran 19.87)[83].

Rites de passage

Au Ghana, les cérémonies de mariage et de funérailles constituent les rites de passage africains préislamiques les plus importants, qui se mêlent souvent aux pratiques islamiques. La purification rituelle de la mariée, parfois pratiquée dans le nord du Ghana, en est un exemple. La mariée, couverte seulement au niveau des reins par un morceau de tissu, est assise sur un mortier en bois sur une place publique, entourée d'une foule de femmes. Le spécialiste du bain rituel (*aliwanka*) prend place au centre du cercle avec la mariée. Sous les yeux de la communauté, il verse de l'eau froide mélangée à des herbes sur la nudité de la mariée tout en chantant quelques incantations. Les incantations font appel aux ancêtres de la mariée pour qu'ils la protègent de tous les maux et rendent son utérus fécond, et la concoction à base d'herbes chasse le mauvais œil qui pourrait interférer dans la procréation de la mariée.

---

81. Pontzen, *Islam in a Zongo*, p. 139.
82. Shenk, « The African Christian and Islamic Mysticism », cité dans Azumah et Sanneh, *The African Christian and Islam,*, p. 255.
83. *Ibid*.

Elle sert également à purifier la mariée et à la présenter comme acceptable à son futur mari. La foule des femmes qui regardent se met à chanter des chansons composées pour ce genre d'occasion, qui sont souvent sexuellement blasphématoires. À tour de rôle, elles dansent autour de la mariée d'une manière séduisante, en rythme avec les tambours et le xylophone joués en arrière-plan. Les camarades de la mariée dansent et la taquinent en touchant les parties vitales de son corps avec des pilons en bois. La combinaison des paroles profanes, du rythme corporel et du symbolisme sexuel du pistil [sic] et du mortier renforce le caractère délibérément blasphématoire du rituel[84].

Il est normalement interdit d'exposer publiquement les organes sexuels ou même de les mentionner dans la communauté ghanéenne, mais au cours de cette cérémonie de bain rituel, l'interdiction est délibérément suspendue, afin de permettre au public de participer à la transition de la mariée vers le monde du mariage. Les taquineries et les actes blasphématoires sont considérés comme thérapeutiques pour la mariée, afin de lui insuffler du courage et de la débarrasser de sa peur et de sa timidité, la préparant ainsi à agir avec audace dans le mariage. Ce rituel a également pour but d'éloigner les forces maléfiques qui pourraient détruire le mariage et d'attester de la pureté rituelle de la mariée.

Dans le cadre de cette cérémonie, la mariée doit démontrer publiquement son état de virginité, et cet état est vérifié en demandant au couple nouvellement marié de dormir sur un drap blanc lors de leur premier contact. La rupture de l'hymen souillerait le lit comme un témoignage d'innocence et de sainteté rituelle. Si la mariée est jugée innocente et « intacte », le drap de lit taché est utilisé lors d'une procession publique accompagnée de tambours et de danses pour démontrer la valeur de la mariée et attirer les futurs prétendants vers une famille digne de confiance. Si la mariée est jugée « gâtée », toute la famille et sa progéniture sont stigmatisées par la société, qui les considère comme indignes. C'est pourquoi la cérémonie est devenue un facteur déterminant du sort de la mariée et de sa famille au sein du mouvement *Ahl al-Sunnah*.

Bien que l'origine de cette pratique ne soit pas claire, elle aurait été sanctionnée par l'interdiction de l'abstinence prénuptiale par l'islam chez les

---

84. Kobo, « Promoting the Good and Forbidding the Evil », p. 195.

musulmans d'Afrique de l'Ouest, où l'islam populaire est prédominant[85]. Bien que cette pratique soit contraire à l'interdiction de la promiscuité sexuelle et du blasphème édictée par l'islam, les érudits musulmans ne peuvent la condamner, car elle constitue un moyen de garantir la chasteté avant le mariage[86]. Shaikh Yussif Afajura a condamné la pratique comme étant non islamique, mais les femmes âgées de Dagbani ont protesté et l'ont accusé de promouvoir la promiscuité. Le rituel reste une formalité dans de nombreux environnements culturels conservateurs, comme Dagbon, où la plupart des familles veulent prouver le caractère sacré de leurs femmes. Ils peuvent même tacher le drap de lit et accomplir le rituel eux-mêmes. Cependant, le rituel est devenu obsolète dans d'autres régions en raison des effets de l'urbanisation qui a permis à de nombreuses jeunes épouses de se mêler aux villes multiculturelles et cosmopolites où elles cherchent du travail[87].

Le rite funéraire est une autre cérémonie importante pour les musulmans populaires du Ghana. Le décès d'un membre de la communauté est l'affaire de toute la communauté. Les hommes et les femmes se rassemblent dans la maison de la famille endeuillée pour exprimer leurs condoléances et, généralement, les hommes aident à creuser la tombe, préparent les vêtements d'enterrement, participent à la prière pour les morts et accompagnent le corps jusqu'à la tombe. Pendant qu'ils lavent le corps, la foule chante généralement la *kalimat al-Shahada* jusqu'à ce que le corps soit sorti pour les prières funéraires. L'imam officiant demande généralement à la foule si le défunt a des dettes envers quelqu'un, afin de s'assurer que le défunt ne devait rien à personne dans la communauté. Si une personne a une dette impayée, la famille est tenue de la régler. L'imam conduit toute la communauté dans une procession et ils chantent jusqu'à ce que le corps soit mis en terre. Au cimetière, l'imam prononce un bref sermon au cours duquel il met en garde les autres musulmans contre le caractère inévitable de la mort, la nécessité de faire le bien de son vivant et la pratique des cinq piliers de la foi. La foule retourne enfin à la maison de la famille endeuillée pour une séance de prière élaborée. Les *afenema* (clercs) sont invités à réciter des prières spéciales pour le défunt et sa famille. Les personnes en deuil donnent des aumônes et

---

85. *Ibid.*, p. 197.
86. *Ibid.*
87. *Ibid.*, p. 197-198.

demandent le pardon de Dieu pour les âmes défuntes. Les aumônes recueillies sont partagées à la fin de la session entre l'*afa* (clerc) officiant et son peuple. Alors que la cérémonie d'enterrement se termine le jour de l'enterrement pour la plupart des musulmans, la Tijaniyya organise des *dua* les troisième, septième et quarantième jour après l'enterrement et recueille des dons pour aider la famille endeuillée[88].

Résumé

Bien que tous les musulmans suivent les pratiques rituelles des cinq piliers, les musulmans populaires ghanéens attribuent des significations différentes à ces pratiques générales et les considèrent comme des outils de libération. Les différentes pratiques révèlent les besoins ressentis par les musulmans populaires. Comme le décrit Musk :

> L'islam idéal [orthodoxe] dispose de peu de ressources pour répondre aux préoccupations quotidiennes et aux craintes nocturnes des musulmans ordinaires ; l'islam populaire, au contraire, connaît une abondance de remèdes. Chaque communauté locale reconnaît les praticiens qui peuvent offrir les charmes ou les cérémonies nécessaires à la paix de l'esprit et au rétablissement de l'équilibre. Elle opère dans le domaine des êtres humains avec des besoins et des peurs qui influencent et sont influencés par leur vision de la vie[89].

La peur du mauvais œil, la peur de l'inconnu, la peur des mauvais esprits et l'impuissance face à la puissance des djinns, l'insécurité de l'avenir, le besoin de guérison et de pouvoir pour vaincre les forces du mal, et l'absence de sens de la vie elle-même rongent les musulmans. Pour ces raisons, entre autres, ils vénèrent les saints et les ancêtres et s'en remettent aux nombreuses pratiques rituelles et aux charmes des clercs locaux. La question du pouvoir, et non la connaissance du Coran, reste la préoccupation essentielle des musulmans populaires[90]. Musk affirme que « les discussions intellectuelles sur l'historicité

---

88. Mohammad Saani Ibrahim, « The Tijaniyya Order in Tamale, Ghana. Its Foundation, Organization and Role », mémoire de maîtrise, McGill University, 2002, p. 89.
89. Musk, *The Unseen Faces of Islam*, p. 238.
90. *Ibid.*, p. 204.

de la crucifixion risquent de ne pas bien communiquer avec le musulman qui croit que, parce que son magicien local s'est rendu à la Mecque pour le hajj, la magie de cet homme a un plus grand pouvoir ». Il note que « sous la surface du comportement religieux conventionnel, d'immenses besoins révèlent le déséquilibre que de nombreux musulmans connaissent dans leur vie[91] ». La plupart des musulmans aspirent à un lien direct avec le pouvoir divin à cause du péché, de la rupture des relations familiales et du vide dans leur cœur.

Les musulmans populaires, qui font confiance à l'encensoir, au guérisseur local et au devin, ont besoin d'un antidote plus puissant contre leurs peurs. Le devin peut prédire un accident sur une route particulière et avertir ses concitoyens musulmans d'éviter cette route, et l'accident se produit effectivement. De tels événements surnaturels renforcent les peurs et les pratiques des musulmans populaires, et ils doivent être engagés à ce niveau surnaturel pour grandir progressivement dans la foi au Christ. Compte tenu des nombreux besoins spirituels des musulmans, de leur crainte des djinns et des forces du mal, de leur quête de guérison physique et spirituelle et de leur désir de bénédiction, les chrétiens pentecôtistes ont l'occasion de répondre à ces besoins en partageant l'Évangile. Les chapitres suivants se pencheront sur la manière de le faire efficacement.

---

91. *Ibid.*, p. 248.

CHAPITRE 4

Les méthodes existantes pour partager l'Évangile avec les musulmans populaires

L'approche directe

L'islam contient des vérités, mais aussi de graves faiblesses qui peuvent susciter des controverses lorsqu'on partage l'Évangile avec des musulmans. Sam Schlorf a noté que :

> La quantité de vérité contenue dans la religion de l'islam l'a fait accepter par de vastes multitudes de nos concitoyens. Les erreurs, les superstitions et les mensonges auxquels ces doctrines sont mêlées ont trompé les adeptes du « prophète arabe » jusqu'à leur ruine. Les résultats néfastes qui en ont découlé sont partout évidents[1].

En raison du mélange de vérité et d'erreurs dans l'islam, les tentatives faites au cours des siècles pour partager l'Évangile avec les musulmans se sont soldées par de vifs débats et des confrontations qui n'ont pas donné grand-chose. Par exemple, Henry Martyn a entamé une approche missionnaire protestante de l'islam de 1781 à 1812, période pendant laquelle il a

---

1. Sam Schlorff, *Missiological Models in Ministry to Muslims*, Upper Darby, Middle East Resources, 2006, p. 4.

écrit trois traités polémiques pour débattre avec des musulmans de Perse qui défendaient l'islam. Ces débats, appelés « Controverse mahométane », ont généralement pris la forme de polémiques agressives[2].

Cependant, au tournant du XXe siècle (vers 1900-1930), les missionnaires protestants ont dû repenser l'approche polémique de l'islam[3]. Une approche directe a été adoptée par la plupart des missionnaires, car l'entreprise missionnaire a commencé à se préoccuper de l'attitude chrétienne appropriée à l'égard des religions non chrétiennes lors de la conférence missionnaire mondiale qui s'est tenue à Édimbourg en 1910[4]. Le rapport de la conférence admettait le caractère absolu de la foi chrétienne, mais soutenait que l'attitude chrétienne à l'égard des religions non chrétiennes devait être celle de la compréhension et de la sympathie par le biais de la connaissance et de la charité. Il affirme que toutes les religions non chrétiennes manifestent des besoins fondamentaux de l'âme humaine que seul le christianisme peut satisfaire[5]. Ainsi, une présentation directe du message évangélique devrait aider les gens à rencontrer la vérité de Dieu dans sa parole tout en démontrant son amour à travers les mains du peuple de Dieu et la démonstration de la puissance de Dieu. Les gens peuvent alors voir, sentir, toucher et goûter ces choses par eux-mêmes et découvrir que le Christ est le Seigneur. Cela implique des efforts délibérés pour respecter, tolérer et persuader avec amour les musulmans d'une manière qui ne soit pas offensante. Il existe différentes catégories de musulmans populaires, avec différents niveaux de compréhension, et, pour les atteindre, les chrétiens doivent appliquer le principe d'être tout à tous (1 Co 9.19-22). En faisant preuve d'amour et d'attention, les chrétiens peuvent finir par gagner des musulmans au Christ.

J. Christy Wilson Sr. (1891-1973), missionnaire presbytérien en Perse, était un représentant de l'approche directe dans un contexte islamique. Il a observé que toute personne souhaitant partager une présentation directe de l'Évangile avec des musulmans doit être experte dans l'art d'éviter l'argumentation[6].

---

2. *Ibid.*
3. *Ibid.*, p. 7.
4. *Ibid.*, p. 8.
5. *Ibid.*
6. Christy J. Wilson, *The Christian Message to Islam*, New York, Fleming H. Revell, 1950, cité dans Sam Schlorff, *Missiological Models in Ministry to Muslims*, Upper Darby, Middle East Resources, 2006, p. 13.

L'argumentation, la défense et la confrontation sont des terrains communs à partir desquels la plupart des musulmans s'adressent aux chrétiens ; par conséquent, un chrétien qui s'adresse aux musulmans de manière conflictuelle ou argumentée se bat sur le terrain des musulmans, ce qui doit être évité. Les relations entre chrétiens et musulmans sont généralement marquées par la méfiance, la peur et l'hostilité, ancrées dans des racines historiques d'amertume aussi anciennes que l'islam lui-même. Le défi pour les chrétiens reste d'approcher et de répondre de manière appropriée aux différentes catégories de musulmans.

Certains musulmans, en particulier les musulmans militants, sont agressifs, mais d'autres sont pacifiques. Les réactions de ces deux catégories s'articulent autour de perspectives différentes dans l'interprétation du Coran 2.256, 4.89 et 47.4. L'utilisation d'une polémique ou d'une attitude chrétienne agressive à l'égard des religions non chrétiennes, y compris les musulmans populaires, a peu de chances de gagner des âmes au Christ. Tout comme Wilson, qui mettait en garde contre la polémique, Walter T. Fairman (1874-1941) était un missionnaire qui privilégiait la « prédication complète de l'Évangile de Jésus-Christ », simple et aimante, dépourvue de toute polémique. Il a observé qu'« il n'y a pas de pays musulman aujourd'hui où l'on n'essaie pas de gagner les musulmans au Christ. Pourtant, relativement, et en réalité, très peu de choses ont été accomplies… L'échec est de notre côté, et son secret doit résider dans la méthode que nous avons adoptée jusqu'à présent[7] ».

L'approche indirecte ou de l'accomplissement

Au XIXe siècle, on considérait que l'islam possédait un pouvoir latent sur lequel les missionnaires pouvaient s'appuyer pour présenter leur Évangile. Ainsi, au XXe siècle, l'attitude des missionnaires chrétiens dans le partage de l'Évangile avec les musulmans a connu un revirement lorsque les chrétiens ont commencé à voir certains éléments de vérité dans l'islam. Un groupe d'islamistes et de missionnaires a estimé que si l'islam contenait une part de vérité, alors les erreurs ne pouvaient pas avoir complètement invalidé la vérité ; ainsi, l'islam ne devait pas être évalué en fonction de ses erreurs et la

---

7. Walter T. Fairman, « The Approach to Moslems », *MW*, juillet 1926, cité dans Sam Schlorff, *Missiological Models in Ministry to Muslims*, Upper Darby, Middle East Resources, 2006, p. 9.

bonne vérité balayée sous le tapis[8]. Ils ont affirmé que les éléments positifs de l'islam pouvaient être utilisés comme base pour dévoiler le message de l'Évangile. Comme le décrit L. Bevan Jones, dans le contexte de l'approche indirecte ou de l'approche de l'accomplissement, si l'islam contient certaines vérités, celles-ci peuvent avoir été le résultat de l'œuvre du Saint-Esprit :

> Comment expliquer les innombrables fragments de vérité que l'on trouve dans d'autres religions si ce n'est que l'Esprit de Dieu est discrètement à l'œuvre dans le cœur et l'esprit des hommes, en dépit de l'opposition et de l'imperfection humaines ? Il nous faut donc de la patience, de la compréhension et de la sympathie dans notre étude, et, avec cela, de la foi pour croire qu'il y a quelque chose de vraiment valable pour le Royaume de Dieu au cœur de l'islam[9].

De ce point de vue, l'islam s'efforce véritablement d'aller vers le but de Dieu en dépit des éléments humains qui déforment toute la vérité de Dieu.

Jones affirme qu'il faut faire appel à l'expérience spirituelle pour prêcher l'Évangile aux musulmans[10]. De même que les chrétiens juifs, malgré leurs préjugés, sont parvenus à la foi en Christ grâce à leur expérience spirituelle par l'intermédiaire du Saint-Esprit, de même les musulmans peuvent parvenir à la foi grâce à l'action du Saint-Esprit. Il est donc important de faire preuve de patience dans les relations avec les musulmans. Ils doivent être invités avec amour à faire l'expérience de l'œuvre du Saint-Esprit, qui est capable de les convaincre et de les amener à une connaissance salvatrice du Christ. Cette expérience spirituelle peut satisfaire les besoins les plus profonds des musulmans que l'islam est incapable de satisfaire.

Le modèle dialogique

Les théologiens libéraux et les membres du mouvement œcuménique ont adopté une approche indirecte, positive dans le sens où elle affirme les bons

---

8. Bevan L. Jones, *The People of the Mosque*, London, Student Christian Movement Press, 1932. Cité dans Sam Schlorff, *Missiological Models in Ministry to Muslims*, Upper Darby, Middle East Resources, 2006, p. 15.
9. *Ibid.*
10. *Ibid.*, p. 16.

éléments de l'islam. Les évangéliques ont utilisé l'approche directe, considérée comme négative, car ils se sont opposés directement aux éléments de l'islam qui ne correspondaient pas à leur position évangélique. Cependant, tant l'approche indirecte que l'approche directe comportaient des pièges, ce qui a conduit à l'abandon des méthodes polémiques. Ceux qui étaient enclins à mettre en avant les éléments positifs de l'islam se voyaient éloignés de l'autorité biblique, et ceux qui avaient des attitudes négatives à l'égard des musulmans en raison de leur attachement à l'autorité biblique ne distinguaient pas les similitudes entre l'Évangile et la culture islamique[11].

Le dialogue interreligieux

Un évêque anglican, Kenneth Cragg (né en 1913), a été le premier à poser les bases théologiques du dialogue avec l'islam[12]. Il a contribué activement au domaine des relations entre chrétiens et musulmans et a servi de modèle à ceux qui voulaient rester fidèles à leurs traditions tout en faisant preuve d'honnêteté et de sympathie dans le dialogue avec les musulmans[13]. Le dialogue avec les musulmans tel qu'il existe aujourd'hui a été développé par le Conseil Œcuménique des Églises (COE) ou le Mouvement œcuménique. Après une série de réunions dans les années 1990, le COE a publié une déclaration (1997) condamnant le prosélytisme comme un « scandale et un contre-témoignage ». Il y définit le prosélytisme comme « l'encouragement des chrétiens qui appartiennent à une Église à changer d'appartenance confessionnelle, par des moyens qui "contredisent l'esprit de l'amour chrétien, violent la liberté de la personne humaine et diminuent la confiance dans le témoignage chrétien de l'Église"[14] ». Le COE a raison de dire que le témoignage authentique implique le respect et la compréhension des autres traditions et confessions chrétiennes en parlant du message de l'Évangile avec respect, en disant la vérité dans l'amour (Ep 4.12), en traitant les autres comme nous aimerions

---

11. Schlorff, *Missiological Models*, p. 19.
12. *Ibid.*, p. 20.
13. Jason Odem, « Reviewed Work(s). Muhammad and the Qur'an, The Task and the Text by Kenneth Cragg », *Journal of Qur'anic Studies* 6, no. 2, 2004, p. 74.
14. World Council of Churches Central Committee, « Towards Common Witness », Resources. World Council of Churches, 19 septembre 1997, https://www.oikoumene.org/resources/documents/towards-common-witness.

qu'ils nous traitent (Mt 7.12) et en respectant les personnes d'autres confessions[15]. Cependant, le COE semble ne laisser aucune place à l'évangélisation qui conduit à la conversion, à la conquête des âmes ou au baptême des musulmans dans le christianisme. La condamnation du prosélytisme ou de la conversion est contraire à l'esprit missionnaire du christianisme et de l'islam et tend vers le relativisme. La formation de disciples et la *da'wah* (évangélisation) islamique sont des éléments essentiels des deux religions, et ni l'une ni l'autre n'y a jamais renoncé.

Cependant, Ah Young Kim souligne que de nombreux musulmans sont aujourd'hui conscients du fait qu'une tentative d'élimination d'une autre religion par le biais de stratégies de *da'wah* agressives est vouée à l'échec. En outre, « la domination arrogante et triomphaliste d'une religion sur les autres religions est presque morte[16] ». Les adeptes de nombreuses religions prennent conscience de la nécessité du dialogue, de la coexistence pacifique, du respect et de la tolérance mutuelle. Conformément à cette idée, les chrétiens peuvent lancer un appel théologique aux musulmans sur la base du Coran, par le biais d'un dialogue et d'une conversation pacifiques, en tant que méthode appropriée pour les engager dans la voie de l'Évangile.

L'islam et le christianisme sont tous deux des religions missionnaires qui luttent pour les âmes humaines. L'islam possède un « mécanisme de défense » qui s'oppose aux éléments fondamentaux de la doctrine chrétienne, ce qui fait du dialogue théologique avec les musulmans un effort difficile, souvent frustrant[17]. En raison de la nature controversée du noyau le plus profond de l'islam, il faut voir les musulmans populaires comme ils se voient eux-mêmes. Les musulmans considèrent qu'ils partagent le même héritage spirituel que les chrétiens ; tous deux sont unis par la foi en Dieu et attendent l'éternité après la mort et la résurrection. Musulmans et chrétiens ont l'assurance que Dieu a certainement envoyé des prophètes pour communiquer une parole divinement révélée, consignée dans les livres sacrés. L'adhésion à cette révélation fait d'eux des croyants. Toutefois, les religions diffèrent quant à la nature de la révélation et au caractère ou à la forme des livres sacrés. Les chrétiens qui

---

15. *Ibid.*
16. Ah Young Kim, « The Muslim Presence in Korea and Its Implications for Korean Evangelical Missiology », thèse de doctorat, Fuller Theological Seminary, août 2003, p. 205.
17. *Ibid.*, p. 221.

connaissent les divergences et les convergences théologiques essentielles des doctrines musulmanes et chrétiennes seront en mesure de partager l'Évangile avec les musulmans et, dans le cas présent, avec les musulmans populaires. Le développement de cette compréhension constituera une passerelle pour engager les musulmans populaires dans une rencontre avec la vérité.

La compréhension de Jésus par les musulmans
L'autorévélation de Dieu et l'unicité

La première question complexe entre musulmans et chrétiens est celle de la nature de Dieu et de la manière dont il s'est révélé. Les deux religions sont catégoriquement monothéistes, affirmant la vérité ultime qu'il n'y a qu'un seul Dieu. Cette prise de conscience de la nature monothéiste du christianisme et de l'islam a conduit un groupe mixte d'érudits des deux religions à publier un ouvrage collectif intitulé *We Believe in One God: The Experience of God in Christianity and Islam*[18] (Nous croyons en un seul Dieu. L'expérience de Dieu dans le christianisme et l'islam). Toutefois, les religions ne s'accordent pas sur la nature de cette unicité. Le cœur de la doctrine islamique exprime l'unicité de Dieu sous la forme du *tawḥīd*, qui signifie que Dieu est une seule personne parce qu'il n'est pas composé de parties.

En revanche, les chrétiens croient que Dieu est un en trois personnes, ce qui constitue la doctrine de la Trinité. Le Coran condamne cette conception de Dieu en déclarant que « Impies ont été ceux qui ont dit : "Allah est le troisième d'une triade." Il n'est de divinité qu'une Divinité unique. S'ils ne cessent point leur dit, ceux qui parmi eux sont impies seront touchés par un tourment cruel » (Coran 5.73). En fait, les musulmans critiquent la Trinité en tant que croyance en trois dieux, mais les chrétiens condamnent également le trithéisme comme hérétique. Selon les chrétiens, cette révélation finale s'accomplit dans le Christ. « La parole a été faite chair, et elle a habité parmi nous, pleine de grâce et de vérité ; et nous avons contemplé sa gloire, une gloire comme la gloire du Fils unique venu du Père » (Jn 1.14, LSG).

---

18. Annemarie Schimmel et Abdoldjavad Falaturi, *We Believe in One God. The Experience of God in Christianity and Islam*, Londres, Seabury Press, 1979, cité dans Ah Young Kim, « The Muslim Presence in Korea and its Implications for Korean Evangelical Missiology », thèse de doctorat, Fuller Theological Seminary, août 2003, p. 223.

Par ailleurs, les deux religions ont une vision similaire de la nature de Dieu. L'islam affirme que « Dieu est éternel, personnel, souverain, puissant, sage, saint et juste », comme le révèle le Coran :

> Il est Allah – nulle divinité excepté Lui –, qui connaît l'Inconnaissable et le Témoignage. Il est le Bienfaiteur miséricordieux. Il est Allah – nulle divinité excepté Lui –, le Roi, le Très Saint, le Salut, le Pacificateur, le Préservateur, le Puissant, le Violent, le Superbe. Combien Allah est plus glorieux que ce qu'ils [*Lui*] associent ! [*Il est*] Allah, le Créateur, le Novateur, le Formateur. À Lui les noms les plus beaux. Ce qui est dans les cieux et sur la terre Le glorifie. Il est le Puissant, le Sage. (Coran 59.22-24)[19]

La puissance, la souveraineté, la sainteté et la nature éternelle de Dieu sont autant de points de référence auxquels les chrétiens font également appel (Ps 111.1-5). Le Coran admet que le Dieu qui s'est révélé à Moïse et à Jésus, et qui est adoré par les juifs et les chrétiens, est le même que celui que les musulmans adorent – le même qui a révélé le Coran sacré au prophète Muhammad. Montgomery W. Watt a fait la remarque suivante :

> Mohammed et ceux de ses disciples qui sont considérés comme orthodoxes avaient et continuent d'avoir des notions justes et véridiques de Dieu, et ses attributs (à l'exception de leur rejet obstiné et impie de la Trinité) apparaissent si clairement dans le Coran lui-même et dans tous les théologiens mahométans que ce serait une perte de temps que de réfuter ceux qui supposent que le Dieu de Mohammed est différent du vrai Dieu[20].

Malgré ces idées communes, s'attarder sur la question théologique de l'unicité ou de l'unité de Dieu n'est pas une façon idéale de partager l'Évangile. La doctrine de la Trinité elle-même est subtile et absconse pour la compréhension de la plupart des chrétiens ordinaires ; ils l'acceptent simplement par la foi sans être capables de l'expliquer. Cependant, les chrétiens peuvent aider

---

19. Kim, « The Muslim Presence in Korea », p. 224.
20. Montgomery W. Watt, « Islam and Christianity Today. A Contribution to Dialogue », Londres, Routledge, 1983, p. 45, cité dans Ah Young Kim, « The Muslim Presence in Korea and Its Implications for Korean Evangelical Missiology », thèse de doctorat, Fuller Theological Seminary, août 2003, p. 225.

les musulmans à comprendre le concept en commençant par comprendre le raisonnement qui sous-tend leur rejet de la Trinité. Dans le contexte préislamique de la *jahiliyya*, les dieux païens arabes traditionnels étaient censés se marier et donner naissance à des enfants. Muhammad considérait la notion de dieux païens donnant naissance à des enfants comme du polythéisme et, dans ce contexte, rejetait toute idée que Dieu soit trois ou qu'il ait un fils. La trinité est répréhensible pour les musulmans, car Dieu ne peut ni se marier ni avoir d'enfants (Coran 5.75 ; 6.100-101). La Trinité doit donc être expliquée aux musulmans dans l'amour, le respect et le dialogue.

Les chrétiens doivent être clairs : le mot « trinité » n'existe pas dans la Bible. C'est un mot qui a été introduit dans la Bible deux cents ans après Jésus par Tertullien, un théologien nord-africain, pour tenter d'expliquer l'expérience humaine de Dieu. Il s'agit d'une expression de l'amour de Dieu dans un langage humain inadéquat. La Trinité implique qu'en Dieu il y a « communion, fraternité, relation d'amour et unité[21] ». Puisque Dieu est amour, il est descendu pour rencontrer l'humanité dans un service d'amour et d'invitation à l'humanité. Dieu s'est révélé et a révélé son amour à l'humanité par l'intermédiaire de Jésus le Messie et invite l'humanité à participer à sa relation d'amour, qui est illustrée par Jésus le Messie.

Par l'intermédiaire du Saint-Esprit, Dieu a donné à l'humanité le pouvoir de s'aimer les uns les autres comme Jésus l'aime. Bien que les musulmans s'opposent à l'idée que Jésus soit un associé de Dieu (Coran 4.171), la même sourate fait référence à l'Esprit de Dieu et appelle le Messie la Parole de Dieu. Cette mention de l'Esprit de Dieu et du Messie est une porte ouverte par laquelle la Trinité peut être expliquée aux musulmans. Il faut leur faire comprendre avec amour que le Fils de Dieu ne signifie pas que Dieu s'est marié et a donné naissance à un enfant, mais qu'il représente la Parole de Dieu sous une forme humaine. Jean 14.8-10 explique l'unité du Messie et du Père, et par le Messie, nous sommes invités à rejoindre la famille de Dieu pour devenir des fils et des filles adoptifs (Ep 1.5)[22].

L'évangélisation chrétienne vise à éclairer la nature du Christ, afin que les gens puissent confesser Jésus comme Seigneur et Sauveur. Les musulmans

---

21. David W. Shenk, *Journeys of the Muslim Nation and the Christian Church. Exploring the Mission of Two Communities*, Scottdale, Herald Press, 2003, p. 163.
22. *Ibid.*, p. 167.

appellent Jésus *Isa*, le fils de Marie, et le considèrent comme un prophète et le Messie[23]. Alors que Muhammad est désigné comme « le Sceau des Prophètes » (Coran 33.40), Jésus est parfois désigné comme « le sceau des saints ». Ils l'honorent comme l'un des plus grands prophètes ayant jamais existé, et certains musulmans donnent même à leurs enfants le nom de Jésus. La tradition veut même que Muhammad ait recouvert la Vierge Marie et son fils de son manteau lorsqu'il s'est approché d'eux alors qu'il nettoyait la *Ka'bah* des idoles en 630 de notre ère. Quinze sourates du Coran et quatre-vingt-treize *ayat* parlent de Jésus[24], mais la conception coranique de Jésus est très différente de ce que dit le Nouveau Testament à son sujet[25]. Les miracles et les actes spécifiques de Jésus sont racontés sans beaucoup de détails dans le Coran, ce qui rend la tâche difficile aux chrétiens lorsqu'ils tentent d'aider les musulmans à découvrir l'Évangile[26]. Néanmoins, comme les musulmans ont déjà une compréhension particulière de Jésus, les chrétiens doivent d'abord comprendre ce que les musulmans croient à son sujet pour les conduire du connu à l'inconnu.

La naissance et la vie de Jésus

Les musulmans reconnaissent la naissance de Jésus et se joignent aux chrétiens pour commémorer la naissance de Jésus à Noël. Certains vont jusqu'à envoyer des cartes de vœux à leurs voisins chrétiens. Bien que les musulmans considèrent Jésus comme le fils de la Vierge Marie, ils ne le considèrent pas comme le Fils de Dieu, contrairement aux chrétiens. La version coranique de la naissance et de la vie de Jésus présente certaines similitudes avec l'Évangile de Luc, même si elle comporte des différences importantes.

Selon le Coran, Marie a été confiée à Dieu pour bénéficier de sa protection divine, et le sort a désigné son tuteur, Zacharie (Coran 3.37, 44). Lorsqu'elle a grandi, Dieu a divinement fourni à Marie de la nourriture dans le sanctuaire où elle vivait (Coran 3.37). Lorsqu'elle reçut la visite d'un ange, elle apprit qu'elle avait été choisie et rendue pure, préférée à toutes les femmes

---

23. « Jesus in Islam and Christianity. Discussing the Similarities and the Differences », *Missiology* 36, no. 3, juillet 2008, p. 327.
24. Kim, « The Muslim Presence in Korea », p. 239.
25. J. Dudley Woodberry, « The Muslim Understanding of Jesus », *Word and Word* 16, no. 2, printemps 1996, p. 173.
26. Kim, « The Muslim Presence in Korea », p. 240.

de la création (Coran 3.42). La Bible ne confirme pas cette histoire de Marie, mais l'ange Gabriel, qui lui annonce la naissance de Jésus, lui dit qu'elle est favorisée par Dieu, et sa cousine Élisabeth l'appelle « bénie entre toutes les femmes » (Lc 1.30, 42).

L'annonce de la naissance de Jésus à Marie apparaît à deux endroits dans le Coran : la première version, dans la sourate 3, affirme qu'un ange a annoncé la nouvelle, et la seconde, dans la sourate 19, affirme que « l'émissaire de ton Seigneur[27] » (Coran 19.19) a pris la forme d'un homme bien formé et a annoncé à Marie que Dieu lui accorderait un garçon pur. Dans la sourate 3, la réponse de l'ange à la question de Marie, qui demande comment une femme chaste peut donner naissance à un garçon, est la suivante : « Allah crée ce qu'Il veut. Quand Il décrète une affaire, Il dit seulement à son propos : "Sois !" et elle est » (3.45-47) ; dans la sourate 19, l'ange répond : « Ton Seigneur a dit : Cela est pour Moi facile et Nous ferons certes de lui un signe pour les gens et une grâce [venue] de Nous : c'est affaire décrétée » (19.21)[28].

Dans les deux récits, Jésus est présenté comme un être créé, mais, en raison de sa naissance inhabituelle, les musulmans le placent au-dessus des êtres humains ordinaires. Le Coran établit ainsi un parallèle étroit avec le récit de l'Évangile de Luc (Lc 1.26-38) : Marie reçoit la visite d'un ange et demande comment elle peut concevoir en tant que vierge[29]. Cependant, la Bible affirme que la naissance de Jésus résulte de la venue de l'Esprit Saint sur Marie (Mt 1.18 ; Lc 1.35). Marie dit à l'ange : « Comment cela se fera-t-il, puisque je suis vierge ? L'ange lui répondit : L'Esprit Saint descendra sur toi, et la puissance du Dieu très-haut te couvrira de son ombre. C'est pourquoi le saint enfant qui naîtra sera appelé Fils de Dieu » (Lc 1.34-35, BDS).

Selon les musulmans, Jésus parlait comme un adulte alors qu'il était au berceau (Coran 3.46) et était un faiseur de miracles qui allait « créer d'argile une manière d'oiseaux » (Coran 3.49 ; 5.110 ; 19.30). Ils reconnaissent que Jésus a guéri le lépreux, rendu la vue à l'aveugle et ressuscité les morts, mais seulement en tant qu'homme avec la permission de Dieu[30]. La Bible confirme que Jésus a guéri les lépreux (Mc 1.40-42), qu'il a rendu la vue aux

---

27. Certains érudits traduisent esprit de Dieu par un ange et ajoutent [Gabriel].
28. Kim, « The Muslim Presence in Korea », p. 24.
29. Larson, « Jesus in Islam and Christianity », p. 328.
30. Woodberry, « The Muslim Understanding of Jesus », p. 174.

aveugles de naissance (Jn 9.1-7) et qu'il a ressuscité les morts (Jn 11.38-44), mais rien n'indique qu'il ait parlé au berceau. Le Jésus coranique était le fils de Marie, un prophète qui portait un évangile pour diriger et avertir les enfants d'Israël et qui accomplissait des miracles avec la permission de Dieu. Pour les musulmans, les miracles de sa naissance et de son ministère de guérison confirment la véracité de sa prophétie et sont des *aya* (signes) de la paix et de la miséricorde de Dieu[31]. La Bible, en revanche, établit une distinction cruciale entre ces miracles et l'identité de Jésus. Le Jésus biblique est lui-même un Dieu qui accomplit des miracles pour prouver sa divinité en tant que Fils de Dieu (Mc 1.1) qui peut pardonner les péchés (Mt 9.6 ; Mc 2.9-11).

La crucifixion et la mort de Jésus

Outre la naissance virginale, la crucifixion, la mort, l'ensevelissement et la résurrection de Jésus sont des éléments essentiels de la proclamation de l'Évangile (Mt 27.32 – 28.20), mais les musulmans nient sa crucifixion. Le Coran 4.157 donne à entendre que l'affirmation des Juifs selon laquelle ils auraient « tué le Messie, Jésus fils de Marie, l'Apôtre d'Allah » est fausse[32]. Selon le Coran, Jésus a semblé être crucifié et n'est pas mort. Si les commentateurs musulmans affirment, sur la base du Coran 4.156-158, que Jésus n'a pas été crucifié, ils sont incapables de dire ce qui lui est arrivé. Muhammad, et de nombreux savants après lui, ont choisi l'interprétation selon laquelle ce n'est pas le véritable Christ qui a été crucifié, mais plutôt quelqu'un qui lui ressemblait étroitement, car il est inconcevable qu'un prophète de Dieu subisse une mort aussi ignominieuse[33]. Cette explication est conforme aux anciennes conceptions gnostiques selon lesquelles un substitut est mort à la place de Jésus : « son corps a été crucifié alors que le vrai Jésus n'a pas souffert[34]. » De même, Kenneth Cragg explique que, selon le consensus coranique, « la mort n'a pas eu lieu pour Jésus sur la croix » ; « elle n'a pas besoin d'avoir lieu, et elle ne devrait pas avoir lieu ». Théologiquement, les érudits musulmans s'accordent à dire que, du point de vue de la rédemption, Jésus ne pouvait pas mourir et que, moralement, il ne devait pas et n'avait pas besoin

---

31. Kim, « The Muslim Presence in Korea », p. 245.
32. Woodberry, « The Muslim Understanding of Jesus », p. 175.
33. Philip L. Parshall, *New Paths in Muslim Evangelism. Evangelical Approaches to Contextualization*, Grand Rapids, Baker, 1992, p. 139.
34. Woodberry, « The Muslim Understanding of Jesus », p. 174.

de mourir³⁵. En interprétant le Coran 4.156-159, les musulmans affirment que Jésus est allé au paradis sans subir de crucifixion. Ils s'attendent donc au retour de Jésus et à sa mort avant le jour de la résurrection. Les musulmans considèrent donc le témoignage des chrétiens sur la mort de Jésus comme du *kufr* (incrédulité). Lors de l'examen eschatologique du ministère de Jésus, le Coran déclare : « Au jour de la Résurrection, [Jésus] sera témoin à leur encontre » (4.159), c'est-à-dire contre les gens du Livre, les chrétiens, qui se laissent aller aux conjectures du doute humain (Coran 4.157).

Alors que les musulmans réfutent généralement la crucifixion et la mort de Jésus, certains récits coraniques affirment expressément la mort de Jésus, ce qui pose une contradiction intertextuelle. Le Coran 19.34 fait référence à une « déclaration de vérité » concernant Jésus dans le Coran 19.33 : « Que la paix soit sur moi le jour où je suis né, le jour où je mourrai et le jour où je reviendrai à la vie³⁶. » Cela révèle que Jésus a parlé de sa propre naissance, de sa mort et de sa résurrection. Ainsi, certains érudits musulmans observent que Jésus est bien mort et citent le Coran 3.55, qui parle de la mort réelle de Jésus. Al-Tabari († 923) a inspiré la pensée de trois autorités anciennes qui interprètent le texte comme la mort réelle de Jésus, à savoir Al-Razi, Ibn Kathri et Al-Baydwi³⁷. Al-Razi († 1210) cite la déclaration de Wahb B. Munabbih selon laquelle Jésus a été reçu dans la mort pendant au moins trois heures avant sa résurrection, tandis qu'Ibn Kathri († 1373) fait référence à Wahb b. Munabbih pour noter que Dieu a fait mourir Jésus pendant trois jours, après quoi il l'a ressuscité et l'a élevé³⁸. Ibn Ishaq affirme que Jésus est mort pendant sept heures. De même, Al-Baydwi († 1284-1316) a souligné que Dieu a fait mourir Jésus pendant sept heures avant de le ressusciter, c'est pourquoi les chrétiens croient en cette vérité. Ibn Anas note que « Dieu a reçu Jésus dans la mort lorsqu'il l'a élevé au ciel³⁹ ». La mort de Jésus est donc une contradiction dans le Coran, et les autorités musulmanes qui en ont parlé ne diffèrent que sur le moment de la mort.

---

35. Kenneth Cragg, *Jesus and the Muslim. An Exploration*, Oxford, Allen and Unwin, 1985, p. 178.
36. Kim, « The Muslim Presence in Korea », p. 246.
37. Woodberry, « The Muslim Understanding of Jesus », p. 175.
38. *Ibid.*
39. *Ibid.*

Malgré cela, les musulmans ne croient généralement pas à la crucifixion. Ceux qui parlent de la mort de Jésus affirment que son corps est mort, mais que son âme n'est pas morte (Coran 2.149, 154), comme le souligne le Nouveau Testament : « Ne craignez pas ceux qui tuent le corps et qui ne peuvent tuer l'âme » (Mt 10.28, LSG)[40]. La crucifixion étant un élément essentiel du témoignage chrétien, il devient difficile d'amener les musulmans à comprendre la nature de la crucifixion de Jésus et son but pour le pécheur. Les chrétiens considèrent Jésus comme le Sauveur, et la croix était nécessaire pour que le Christ expie le péché de tous les pécheurs ; la mort honteuse était destinée à la rédemption éternelle des pécheurs. Ainsi, les chrétiens croient que la puissance de Dieu a été démontrée après la croix en ressuscitant Jésus de la mort, et non avant la croix. Les musulmans, quant à eux, ne professent pas le besoin d'un sauveur, mais désirent un guide vers la connaissance ; ils pensent que le problème de l'humanité est l'ignorance et non le péché ou le mal, comme le dépeint la Bible (Rm 3.23 ; 6.23). Le Coran ne fait référence au salut (*najat*) qu'une seule fois (Coran 40.41, 44).

Bien que cela constitue un défi important pour l'évangélisation en raison de l'incrédulité des musulmans quant à la mort réelle de Jésus et de leur conception traditionnelle selon laquelle Jésus a été ressuscité avant l'événement de la croix[41], les chrétiens peuvent relever ce défi en laissant respectueusement la Bible parler d'elle-même et en utilisant une partie du Coran, telle que Coran 3.55, 5.17, ou 19.33, pour parler clairement de la mort de Jésus lorsqu'on parle de la mort du Christ.

La nature et la filiation de Jésus

Les chrétiens considèrent Jésus comme le Fils de Dieu et excluent toute forme de paternité physique de la notion de filiation, mais les musulmans considèrent Jésus comme un homme et non comme Dieu incarné. La tradition islamique présente Jésus et sa mère Marie comme les seules personnes que Satan n'a pas pu toucher à la naissance. Dans cette optique, il est blasphématoire de dire que Jésus est le Fils de Dieu et déshonorant d'affirmer que des hommes méchants l'ont crucifié. Les musulmans respectent Jésus en tant que

---

40. *Ibid.*, p. 176.
41. *Ibid.*

prophète, mais le cadre théologique dans lequel ils placent Jésus est si éloigné de la foi chrétienne que leur conception semble réinventer sa personnalité[42].

Pour les musulmans, la divinité de Jésus constitue une menace pour la conception islamique de l'unicité de Dieu. Le Coran affirme que Dieu ne peut avoir de descendance : « Dis : "Il est Allah, unique, Allah le Seul, Il n'a pas engendré et n'a pas été engendré. N'est égal à Lui personne" » (sourate 112). De nombreux versets du Coran rejettent catégoriquement toute forme de filiation ou d'acquisition d'un fils :

> [Les Infidèles] ont dit : « Allah a pris des enfants. » (10.68)

> Comment ont-ils attribué des enfants au Bienfaiteur, alors qu'il n'est point séant au Bienfaiteur de prendre des enfants ? Tous ceux qui sont dans les cieux et sur la terre viennent au Bienfaiteur, sans exception, en serviteurs. (19.91-93)

> [Béni soit] Celui qui a le Royaume des Cieux et de la Terre, [qui] n'a pas pris d'enfant, n'a point d'associé en ce Royaume, a créé toute chose et en a fixé le destin. (25.2)

> Si Allah avait voulu se donner des enfants, Il aurait choisi, parmi ce qu'Il crée, ce qu'Il aime [le plus]. (39.4)[43]

En outre, le fait de désigner Jésus comme le fils de Dieu selon le Coran est une forme de *shirk*, une imitation du paganisme arabe ou des mécréants d'autrefois, comme l'indique le Coran 9.30-31[44] :

> Les Juifs ont dit : « Ozair est fils d'Allah. » Les Chrétiens ont dit : « Le Messie est le fils d'Allah. » Tel est ce qu'ils disent, de leur bouche. Ils imitent le dire de ceux qui furent infidèles antérieurement. Qu'Allah les tue ! Combien ils s'écartent [de la Vérité] ! Ils ont pris leurs docteurs et leurs moines ainsi que le Messie, fils de Marie, comme « Seigneurs » en dehors d'Allah, alors qu'ils n'avaient reçu ordre que d'adorer une divinité unique. Nulle divinité en dehors d'elle ! Combien elle est plus glorieuse que ce qu'ils Lui associent !

---

42. Larson, « Jesus in Islam and Christianity », p. 327.
43. Kim, « The Muslim Presence in Korea », p. 249.
44. *Ibid.*, p. 251.

Cela représente un défi pour le dialogue islamo-chrétien, car le centre de l'Évangile chrétien est que Jésus est Dieu incarné. Retirez la christologie de la proclamation de l'Évangile et vous n'aurez plus rien à témoigner, car la divinité du Christ est la condition de sa nature sans péché qui lui a permis d'expier pour l'humanité[45].

Ainsi, Parrinder note que le moyen le plus simple d'entamer une conversation avec les musulmans sur l'Évangile est de leur indiquer le Christ du Coran, car « le Coran parle toujours de Jésus avec révérence ; il n'y a aucun souffle de critique, car il est le Christ de Dieu[46] ». Au lieu d'utiliser le Fils de Dieu, les chrétiens peuvent utiliser « Esprit, Prophète, Apôtre, Prééminent, Exemple, l'Homme sans péché, [ou] le Faiseur de Miracles », qui sont d'autres façons pour les musulmans de désigner Jésus. Jésus est appelé Al-Masih (Messie) dans le Coran (3.45 ; 4.157, 169-170 ; 5.17, 75 ; 9.31), et les chrétiens comprennent que le Messie est l'oint de Dieu pour l'œuvre de la rédemption (Dn 9.25-26 ; Jn 1.41 ; 4.25)[47]. Jésus était un prophète respecté dès sa naissance (Coran 19.21), et la Bible confirme également sa qualité de prophète (Mt 13.57 ; Lc 1.76 ; 4.24 ; Jn 4.19). Alors que les musulmans considèrent Jésus comme l'un des nombreux prophètes, la Bible le présente comme le prophète ultime, « l'aboutissement de la lignée des prophètes » (Dt 18.15, 18 ; Lc 24.25-27 ; Jn 6.14)[48]. Tout ce qu'il a fait valide sa prétention à être le Christ, le Fils de Dieu, qui donnerait sa vie (Jn 20.30-31)[49].

Bien que le Coran affirme que tous les prophètes ont péché et avaient besoin de pardon, y compris Noé (11.49), Abraham (26.80-82), Moïse (28.15) et Muhammad lui-même (40.57 ; 47.21 ; 48.1-2), l'absence de péché de Jésus est confirmée à la fois par le Coran et par la Bible (Coran 19.9 ; Jn 8.46 ; 14.30 ; Hé 4.15 ; 7.28)[50]. La nature sans péché de Jésus le Messie devient donc un point de départ pour transmettre l'Évangile aux musulmans, puisque Dieu est le seul à être sans péché.

L'utilisation de la désignation coranique de Jésus comme « la Parole » est un autre moyen pour les chrétiens de combler le fossé en proclamant

---

45. Woodberry, « The Muslim Understanding of Jesus », p. 177.
46. Geoffrey Parrinder, *Jesus in the Qur'an*, Oxford, Oneworld Publication, 1995, p. 16.
47. Larson, « Jesus in Islam and Christianity », p. 330.
48. *Ibid.*, p. 329.
49. *Ibid.*
50. *Ibid.*, p. 331.

l'Évangile aux musulmans. Dans la Bible, Jésus est désigné comme le « logos » (Jn 1) qui crée (Gn 1 ; Ps 33.6 ; Col 1). Bien que le Coran nie la filiation divine de Jésus (72.3), il lui donne le titre de « Verbe [*émanant*] de Lui » (3.39 ; 4.171 ; 19.35)[51]. Les chrétiens croient que Jésus est la « Parole » faite chair, la représentation parfaite de Dieu (Hé 1.1-3) qui a habité parmi les hommes et offre le salut à tous ceux qui croient en lui (Jn 1.1-4, 12, 14). Jésus est également désigné comme l'Injil de Dieu (Coran 3.45). Ainsi, les musulmans peuvent comprendre que l'Injil est en la personne de Jésus, qui est la bonne nouvelle, la Parole de Dieu sous forme humaine. L'Évangile n'est pas un livre, mais Dieu sous forme humaine[52].

Cependant, certaines références au Coran n'aideront pas les chrétiens à partager l'Évangile. Lorsqu'ils font référence à Jésus, les musulmans utilisent le nom propre Isa, mais cette référence n'aide pas à témoigner, car elle obscurcit la signification biblique de Jésus en tant que celui qui sauve et Emmanuel (Dieu avec nous, Es 7.14 ; Mt 1.21, 23).

Les musulmans affirment que le nom d'Isa a été imposé au prophète Muhammad par les Juifs, qui ont également appelé Jésus Esaü en raison de leur haine à son égard. En outre, le Coran désigne Jésus comme le « fils de Marie », ce que certains apologistes chrétiens du Moyen Âge considéraient comme humiliant. Dans le contexte arabe, l'ascendance ne peut être attribuée qu'à un père et non à une mère.

Aborder la personne du Christ dans le Coran est une tâche centrale et une passerelle appropriée pour l'évangélisation des musulmans, car le Coran parle beaucoup de Jésus. Du connu, les musulmans peuvent être amenés à l'inconnu ; ce qui était autrefois une information relative peut être connu comme la « vérité absolue que Jésus-Christ est Dieu incarné[53] », le Messie et l'oint de Dieu. Le vide créé par la pensée obscure de Jésus et son titre de Messie dans le Coran peut être comblé par la vérité de l'Évangile.

Le retour de Jésus

Les chrétiens croient que Jésus reviendra non pas pour mourir à nouveau, mais en tant que juge des vivants et des morts, ce qui constitue une partie

---

51. Parshall, *New Paths in Muslim Evangelism*, p. 139.
52. Shenk, *Journeys of the Muslim Nation*, p. 169.
53. Parshall, *New Paths in Muslim Evangelism*, p. 144.

essentielle de leur proclamation dans l'évangélisation (Ac 1.11 ; 2 Tm 4.1). Tous les musulmans croient qu'« Isa reviendra sur cette terre » pour démontrer de manière unique son pouvoir et son autorité[54]. Cependant, les points de vue opposés des musulmans concernant le retour de Jésus constituent un défi majeur pour les rencontres entre chrétiens et musulmans dans le cadre de l'évangélisation.

En interprétant le Coran 4.157, 159, al-Tabari affirme que les gens du Livre croiront en Jésus entre son retour et sa mort, et qu'ils seront unis aux musulmans sous l'égide de l'islam. L'implication est que les musulmans croient que Jésus reviendra, mais ils croient qu'il reviendra et vivra sur terre pendant quarante ans avant de mourir et de ressusciter pour tuer l'antéchrist en tant que juste juge (Coran 4.159). Le Coran 43.61 est également utilisé pour soutenir le retour de Jésus, mais sans que le sens en soit clair, car certains utilisent « ce sera un signe connu » en se référant au Coran, et d'autres disent « Jésus sera un signe connu[55] » :

> Et lui [Isa (Jésus)], fils de Maryam (Marie), sera un signe connu de (l'avènement de) l'Heure (Jour de la Résurrection) [la descente d'Isa sur terre]. Ne doutez donc pas de cela (le jour de la résurrection). Et suivez-moi (Allah) (c'est-à-dire obéissez à Allah et faites ce qu'Il vous ordonne de faire, ô hommes) ! C'est le droit chemin (du monothéisme islamique, qui mène à Allah et à Son Paradis) (Coran 43.61)[56].

Ibn Khaldoun affirme que Jésus retournera au « minaret de la mosquée des Omeyyades à Damas », se mariera, aura des enfants et mourra finalement après quarante ans[57]. Les musulmans populaires comprennent, dans une certaine mesure, que Jésus reviendra. Étant donné que les musulmans

---

54. *Ibid.*, p. 139.
55. Abu Ja'far Al-Tabari, *Commentaire du Coran*, abrégé et traduit par M. Pierre Godé, Partie 6, p. 14-17, cité dans J. Dudley Woodberry, « The Muslim Understanding of Jesus », *Word and Word* 16, no. 2, printemps 1996, p. 176.
56. Muhammad Muhsin Khan et Muhammad Al-Hilali, trad., *Interpretation of the Meanings of the Noble Qur'an in the English Language. A Summarized Version of Al-Tabari, Al-Qurtubi and Ibn Kathir with Comments from Salih Al-Bukhari*, Saudi Arabia, Dar-us-Salam Publications, 1997, p. 966.
57. Ibn Khaldun, « The Muqaddimah », trad. Franz Rosenthal, vol. 2, New York, Pantheon, 1958, p. 194, cité dans J. Dudley Woodberry, « The Muslim Understanding of Jesus », *Word and Word* 16, no. 2, printemps 1996, p. 177.

populaires du Ghana n'ont généralement pas une connaissance approfondie des Écritures (la Bible et le Coran), l'histoire biblique peut s'avérer utile pour souligner ce que la Bible dit exactement au sujet du retour de Jésus.

Le support théologique des pentecôtistes pour aborder les musulmans populaires

Jésus en tant qu'ancêtre dans le contexte populaire ghanéen

Jésus a des significations différentes selon les personnes (Mt 16.13-20 ; Mc 8.27-30 ; Lc 9.18-21). Comme nous l'avons vu au chapitre 3, les musulmans populaires du Ghana croient en des saints et vénèrent des ancêtres qui, selon eux, sont plus proches de Dieu et capables d'intercéder en leur faveur. L'oumma des musulmans populaires va au-delà des vivants et s'étend aux morts vivants, d'où la vénération des ancêtres. Ce concept peut devenir un pont pour partager l'Évangile avec les musulmans populaires. Kwame Bediako affirme :

> Aussi étrange que cela puisse paraître, les affirmations théologiques sont finalement significatives, non pas en termes de ce que les adeptes disent, mais en termes de ce que les personnes d'autres religions comprennent que ces affirmations impliquent pour elles. En d'autres termes, nos affirmations chrétiennes sont validées lorsque leurs références et leur validité sont testées non seulement en termes d'univers religieux et spirituel dans lequel les chrétiens opèrent habituellement, mais aussi – voire surtout – en termes d'univers religieux et spirituel dans lequel vivent les personnes d'autres confessions. Car c'est dans ces « autres mondes » que la véritable signification de Jésus-Christ devient apparente et validée. L'histoire chrétienne montre qu'au fur et à mesure que la foi chrétienne s'engage dans de nouvelles cultures, de nouvelles idées sur Jésus-Christ émergent[58].

La compréhension théologique chrétienne de Jésus-Christ ne peut avoir de sens pour les musulmans populaires que si cette compréhension est adaptée à

---

58. Kwame Bediako, « Christianity, Islam and the Kingdom of God. Rethinking Their Relationship from an African Perspective », *Journal of African Christian Thought* 7, no. 2, décembre 2004, p. 6.

la compréhension culturelle des musulmans populaires. Un voyage à travers le livre des Hébreux avec les musulmans populaires pourrait être un bon début. Cet Injil révèle que Jésus est l'ancêtre par excellence, le médium parfait ou le lien entre les vivants et les morts en termes de « relation ancestrale ». Jésus est, au-delà de tous les ancêtres ghanéens, un membre du clan du musulman populaire et le sauveur universel. Il est « un père spirituel », un « frère aîné », un ami, un intercesseur pour la famille (Rm 8.34 ; Hé 2.10-18 ; 1 Jn 2.1), le « révélateur de la vérité » (Jn 16.7) et un médiateur (1 Tm 2.5)[59]. Bediako explique que le message essentiel de l'épître aux Hébreux est que Jésus incarne la révélation la plus complète de Dieu à l'humanité, une révélation qui est supérieure à toutes les révélations[60]. L'épître indique que Jésus est totalement suffisant pour le salut.

Jésus y est supérieur aux anges (Hé 1.4 ; 10.8), supérieur à tous les chefs (Hé 3.1-3), supérieur aux sacrificateurs (Hé 4.14 – 7.28), et offre de meilleurs sacrifices, suffisants pour la rémission des péchés (Hé 9.11 – 10.18)[61]. La quête de lavage rituel et de purification des musulmans populaires trouve son accomplissement dans la « purification rituelle du sang de Jésus » qui, dans l'épître aux Hébreux, est un meilleur sacrifice. Dans l'épître aux Hébreux, Dieu a parlé à nos ancêtres de plusieurs manières et à plusieurs moments par l'intermédiaire des prophètes d'autrefois, y compris Moïse, que les musulmans affirment être un messager de Dieu. Cependant, Dieu a maintenant communiqué par l'intermédiaire de Jésus.

> Après avoir autrefois, à plusieurs reprises et de plusieurs manières, parlé à nos pères par les prophètes, Dieu, dans ces derniers temps, nous a parlé par le Fils, qu'il a établi héritier de toutes choses, par lequel il a aussi créé le monde, et qui, étant le reflet de sa gloire et l'empreinte de sa personne, et soutenant toutes choses par sa parole puissante, a fait la purification des péchés et s'est assis à la droite de la majesté divine dans les lieux très hauts, devenu d'autant supérieur aux anges qu'il a hérité d'un nom plus excellent que le leur. (Hé 1.1-4)

---

59. Bediako, *Jesus and the Gospel in Africa*, p. 25-26.
60. Bediako, « Christianity, Islam and the Kingdom of God », p. 45-57.
61. David R. Veerman, « Introduction to Hebrews », dans *Life Application Study Bible*, New International Version, sous dir. Bruce Barton, Grand Rapids, Tyndale, 1989, p. 26-32.

Mbiti note que les ancêtres sont ceux qui jouent le rôle de parents pour leurs parents vivants et que les vivants les consultent pour déterminer leur destin et leur bien-être[62]. Ils sont les éclaireurs de la communauté vivante, la grande oumma des musulmans populaires. La mort n'est pas l'anéantissement ni même la séparation, dans le contexte africain ; les ancêtres restent donc des « morts-vivants ». Ils sont chargés de canaliser la force vitale au sein de la communauté et sont capables d'exercer une influence sur la vitalité de la communauté[63]. Dans ce contexte, écrit Bediako :

> Les rites de purification et les offrandes sacrificielles pour parvenir à l'harmonie sociale sont inefficaces. C'est une mort avec une signification sacrificielle éternelle qui traite de nos échecs mortels et de nos violations des relations sociales. La mort du Christ guérit nos consciences blessées et souillées et surmonte une fois pour toutes et à la racine tout ce qui, dans notre héritage, nous apporte chagrin, culpabilité, honte et amertume. En tant que véritable frère aîné et sauveur, il est en présence de notre Père et remplace la fonction de médiateur de nos « pères spirituels » naturels[64].

Les musulmans populaires ghanéens adressent des prières à leurs ancêtres dans l'espoir qu'ils les relient à Muhammad pour la *baraka*. Toutefois, dans le contexte ghanéen, Muhammad n'aurait pas rempli toutes les conditions requises pour devenir un véritable ancêtre, car ses mains étaient tachées de sang. Parmi les conditions requises figurent la capacité à vivre longtemps, à mener une vie exemplaire digne d'être imitée et à être un « ancêtre héros » qui « est mort jeune en défendant la communauté et n'a donc peut-être pas rempli les conditions traditionnelles de l'ascendance[65] ». Traditionnellement, les ancêtres héros sont vénérés et commémorés par des rituels spécifiques en raison de leur niveau de sacrifice et d'abnégation pour le bien de la communauté.

---

62. John S. Mbiti, *Concepts of God in Africa*, London, SPCK, 1970, p. 230.
63. Samuel O. Nichols, « African Christian Theology and the Ancestors: Christology, Ecclesiology, Ethics and Their Implications beyond Africa », *Journal of African Christian Thought* 8, no. 1, juin 2005, p. 27-35.
64. Bediako, *Jesus and the Gospel in Africa*, p. 27.
65. Eric Clark Jawanza, « Reconceiving the Doctrine of Jesus as Saviour in Terms of the African Understanding of an Ancestor. A Model for the Black Church », *Black Theology: An International Journal* 8, no. 2, 2010, p. 150.

Jésus était un ancêtre héros parce qu'il est mort d'une mort tragique en défendant sa communauté, Israël (Lc 4.18-19). La croix est l'exemple ultime de l'abnégation et du sacrifice de soi dont Jésus a fait preuve sur terre (Mt 10.38). Il n'était pas marié, n'avait pas de descendance physique et est mort de sa belle mort, comme le voulait la tradition pour des ancêtres normaux. Parce qu'il a fait preuve d'un haut niveau de décence morale, d'une vie sans péché qu'aucun autre ancêtre n'a jamais atteint au Ghana, Jésus est devenu l'ancêtre par excellence dans le contexte populaire. Son engagement envers sa communauté et son abnégation étaient nécessaires pour préserver et protéger les valeurs et les croyances religieuses de la communauté. Dans une perspective populaire ghanéenne, Jésus a donc le pouvoir de servir de médiateur entre Dieu et sa communauté (1 Tm 2.5) et d'offrir une protection contre le mal existentiel au sein de la communauté[66]. Le présenter aux musulmans populaires en tant que tel préparera le terrain pour l'Évangile. C'est un moyen d'amener les musulmans populaires à Jésus, ils ont besoin d'être soutenus par des rencontres avec la vérité de l'Évangile dans le cadre d'un processus systématique ou graduel de discipulat aimant.

L'expérience des musulmans ghanéens pourrait être comparée à celle des Hébreux dans Hébreux 5.11-14, où l'auteur exhorte les lecteurs à passer à la maturité spirituelle, « en abandonnant les vérités élémentaires qui les ont amenés au christianisme et avec lesquelles leurs anciennes croyances et pratiques étaient largement compatibles, et en établissant un fondement spirituel plus profond pour leur foi[67] ». Il y a toujours un point d'entrée dans chaque religion. Il y a un temps pour s'appuyer sur les pratiques rituelles et un temps pour passer d'une dépendance aux rituels matériels et aux règles visant à soutenir la foi à une dépendance à Jésus comme seul soutien de la foi. Les musulmans populaires peuvent avoir besoin de venir à la foi par le biais de ces pratiques rituelles, mais ils doivent être progressivement accompagnés afin de passer à une foi réelle en Jésus pour recevoir « miséricorde et […] trouver grâce, pour être secourus dans [leurs] besoins » (Hé 4.16, LSG). Tout comme l'auditoire de l'épître aux Hébreux a dû passer de son contexte

---

66. *Ibid.*, p. 155.
67. Denis J. Green, « Guidelines from Hebrews for Contextualization », dans *Muslims and Christians on the Emmaus Road: Crucial Issues in Witness among Muslims*, sous dir. J. Dudley Woodberry, Pasadena, MARC, 1989, p. 240.

judaïque au christianisme, les musulmans populaires passeront eux aussi de leur contexte populaire au christianisme et d'Abraham à Jésus en tant qu'ancêtre commun[68]. Cela doit se faire par le biais de la formation de disciples et d'un accompagnement aimant.

Le Saint-Esprit, un pont vers les musulmans populaires

Les musulmans populaires sont préoccupés par les véritables défis de ce monde, et c'est sur ce terrain que les chrétiens doivent les rencontrer. Les musulmans croient en l'action d'*Agya no Sumsum* (l'Esprit du Père). Le Coran parle du Saint-Esprit au moins quatre fois et de l'Esprit environ dix-sept fois. Les musulmans ont appris que le Saint-Esprit fait référence à l'ange Gabriel. Cependant, un examen attentif du Coran montre que l'islam a une compréhension similaire à celle de la pensée chrétienne.

S. P. Steinhaus regroupe les versets du Coran sur le Saint-Esprit en quatre catégories : le Saint-Esprit se référant à l'ange Gabriel (16.102 ; 17.85 ; 19.17 ; 26.193 ; 40.15), l'Esprit insufflé à l'homme dans le processus de la création (15.29 ; 32.9 ; 38.72), l'Esprit qui a pour fonction de renforcer et d'habiter Jésus et les croyants (2.87, 253 ; 5.110 ; 58.22), et l'Esprit mentionné dans des cas difficiles à interpréter (4.171 ; 12.87 ; 16.2 ; 42.52 ; 66.12 ; 70.4 ; 78.38 ; 97.4)[69]. Bien que le Coran ne contienne pas de description uniforme du Saint-Esprit, les musulmans sont susceptibles de tenir compte des récits sur les œuvres du Saint-Esprit dans la Bible. Le Coran déclare à propos de Jésus : « Nous l'avons [Jésus] soutenu par l'Esprit Saint » (2.87) ; « Jésus fils de Marie que Nous avons assisté de l'Esprit Saint » (2.253) ; « Rappelle-toi Mon bienfait envers toi et envers ta mère, quand Je t'assistai de l'Esprit Saint, [*te disant*] : «Tu parleras aux Hommes dans ton berceau, comme un vieillard » (5.110). Le Coran 58.22 dit : « Aux cœurs de ceux [croyant en Allah et au Dernier Jour], Allah a inscrit la foi et Il a assisté [ces gens], au moyen d'un esprit [*émanant*] de Lui », ce qui implique que le Saint-Esprit non seulement fortifie, mais donne aussi le pouvoir de faire des miracles.

Les pentecôtistes disposent de versets bibliques qui peuvent servir de passerelles pour explorer l'action de l'Esprit dans le soutien des musulmans

---

68. *Ibid.*
69. S. P. Steinhaus, « The Spirit-First Approach to Muslim Evangelism », *International Journal of Frontier Missions* 17, no. 4, hiver 2000, p. 20.

populaires. Par exemple, Éphésiens 3.16 déclare : « afin qu'il vous donne, selon la richesse de sa gloire, d'être puissamment fortifiés par son Esprit dans l'homme ». Le Saint-Esprit est l'acteur invisible qui fournit la puissance pour parler/prêcher (Ac 1.8), les signes et les prodiges (Ac 2.17), les visions (Ac 7.55), diriger et guider (Ac 8.39), encourager (Ac 9.31), oindre (Ac 10.38), nommer des dirigeants (Ac 20.28), prophétiser (Ac 21.4), etc. Jésus « donnera […] le Saint-Esprit à ceux qui le lui demandent » (Lc 11.13)[70]. Steinhaus a remarqué que le fait d'entamer une conversation avec des musulmans pour leur parler de la personne de Jésus incite les musulmans à refuser le dialogue. Cependant, lorsque le Saint-Esprit est utilisé, les musulmans sont souvent attirés et se prêtent à la discussion[71].

Le Saint-Esprit n'est pas seulement la source de la puissance spirituelle qui affronte les djinns (esprits), mais aussi la source d'une vie juste, d'un bon caractère, d'une dévotion spirituelle accrue à Allah et de l'assurance du salut. Les musulmans ordinaires peuvent s'efforcer de respecter la lettre des lois coraniques et sont souvent frustrés par leur incapacité à satisfaire à toutes les exigences de la *Sunna*. Ils s'en tiennent à la lettre de la loi (Coran) sans l'esprit et n'ont d'autre source de pouvoir que le Coran et leurs pratiques de dévotion. Leur quête ardente d'une vie juste ou d'une vie sainte peut être comparée à l'accent mis par les pentecôtistes sur la sainteté. La lutte pour la sainteté peut donc devenir un pont par lequel les pentecôtistes peuvent présenter Jésus aux musulmans. Les pentecôtistes affirment que personne ne peut vivre dans la sainteté sans le pouvoir habilitant du Saint-Esprit (Ga 5.16) et ils peuvent présenter le Saint-Esprit aux musulmans comme la source d'énergie nécessaire pour vivre correctement, rester pur et respecter la lettre des lois d'Allah. Steinhaus observe :

> [Les musulmans populaires] peuvent faire tout ce qu'il faut, mais ils n'ont toujours pas l'assurance que Dieu les trouvera agréables. De plus, ils luttent contre la chair. La luxure, l'avidité, la malice et d'autres vices de ce genre font rage dans leur cœur, même s'ils savent qu'ils ne devraient pas. Pourtant, après des années de lutte contre eux, le combat fait rage[72].

---

70. *Ibid.*, p. 28.
71. *Ibid.*, p. 24.
72. *Ibid.*, p. 26.

Le manifeste de Jésus en Luc 4.18 révèle la nomination du Christ pour délivrer les gens de l'oppression de Satan par le Saint-Esprit, et Luc 11.13 révèle que cet Esprit est disponible pour tous. Des exemples bibliques spécifiques (dans l'Injil) peuvent être utilisés pour montrer comment le Saint-Esprit répond à ceux qui ont lutté pour vivre correctement. En ce sens, l'exemple de la lutte de Paul dans Romains 7 et la solution apportée par la puissance du Saint-Esprit dans Romains 8.2-9 est un exemple applicable pour ouvrir les cœurs des musulmans à l'Évangile.

La stratégie missionnaire du pentecôtisme englobe la guérison et la délivrance par le Saint-Esprit. Clinton El Arnold note que les auteurs des Évangiles synoptiques voulaient que la guérison et la délivrance opérées par Jésus servent de modèle à la pratique missionnaire ultérieure. Il a préparé ses disciples à ce type de ministère dans le monde, à chasser les démons et à guérir toute maladie et toute affliction (Mt 10.1 ; Mc 3.14-15 ; Lc 9.1-2)[73]. Les pentecôtistes croient que l'autorité sur les démons et la délivrance des opprimés n'étaient pas limitées aux douze disciples du Christ, mais qu'elles ont été transmises par les soixante-dix (Lc 10.1-20) aux missionnaires d'aujourd'hui[74]. Ils croient que le Saint-Esprit a été répandu sur le peuple de la nouvelle alliance de Dieu de ce temps, l'oignant et lui donnant le pouvoir de proclamer la bonne nouvelle du royaume de Dieu, de proclamer la liberté aux captifs et aux opprimés (Lc 4.18), et de rendre la vue à ceux qui sont aveuglés par le dieu de ce siècle (2 Co 4.4). Les pentecôtistes font référence aux miracles et aux guérisons extraordinaires qui ont eu lieu dans le cadre du ministère de Paul par la puissance du Saint-Esprit (Ac 19.11)[75]. Les pentecôtistes considèrent Satan comme un homme fort contre les gens, mais croient qu'il peut être vaincu par le Saint-Esprit : « Personne ne peut entrer dans la maison d'un homme fort et piller ses biens, sans avoir auparavant lié cet homme fort ; alors il pillera sa maison » (Mc 3.27, LSG ; Mt 12.29 ; Lc 11.22)[76]. Les musulmans populaires sont confrontés à des situations d'oppression similaires, et

---

73. Clinton E. Arnold, « The Kingdom, Miracles, Satan, and Demons », dans *The Kingdom of God*, sous dir. Christopher W. Morgan et Robert A. Peterson, Wheaton, Crossway, 2012, p. 169.
74. *Ibid.*
75. *Ibid.*
76. *Ibid.*, p. 171.

la puissance du Saint-Esprit dans le cadre de la mission du royaume de Dieu est à la disposition des musulmans populaires qui se tournent vers Jésus[77].

La puissance du style de vie et du caractère

Michael W. Goheen observe que la mission est la « participation du peuple de Dieu à la mission de Dieu de renouveler toute la création et toute la vie de tous ses peuples et de toutes ses cultures[78] ». Le Saint-Esprit est l'agent de cette vie et de ce caractère renouvelés qui reflètent les principes du royaume de Dieu. « La mission de Dieu implique que le peuple de Dieu vive selon les voies de Dieu à la vue des nations[79] », ce qui implique que la vie chrétienne attire le monde vers le Christ. Cela signifie vivre une vie remarquable en tant que communauté contre-culturelle, en vivant publiquement d'une manière qui reflète le caractère de Dieu en Christ[80]. Par exemple, à Antioche, les disciples ont été appelés chrétiens parce qu'ils ont abandonné leurs anciennes habitudes et sont devenus des adeptes de la voie du Christ (Ac 11.26)[81]. La vie sans le Saint-Esprit est une vie charnelle ou mondaine (Ga 5.16) qui éloigne les gens du Christ au lieu de les en rapprocher. De nombreux échecs moraux peuvent survenir lorsque les missionnaires ne sont pas remplis du Saint-Esprit ; ils peuvent être la proie de tentations mondaines, notamment la cupidité, l'orgueil et le péché sexuel. Wolfgang Vondey souligne que le baptême du Saint-Esprit, tel qu'il a été attesté le jour de la Pentecôte, est une expérience nécessaire à une vie chrétienne efficace et à la transformation du caractère d'un croyant[82].

Où que se trouvent les musulmans, leur présence est visible à travers leurs pratiques, l'appel à la prière et le son du minaret. Azumah observe qu'en Afrique, les musulmans « mangent » l'islam tous les jours, parce que, par

---

77. *Ibid.*, p. 169.
78. Michael W. Goheen, *Introducing Christian Mission Today. Scripture, History and Issues*, Downers Grove, IVP Academic, 2014, p. 117.
79. Christopher J. H. Wright, *La mission de Dieu. Fil conducteur du récit biblique*, trad. Alexandre Sarran, Charols, Excelsis, 2012, p. 22-23.
80. Howard Peskett et Vinoth Ramachandra, *The Message of Mission*, The Bible Speaks Today, Downers Grove, IVP, 2003, p. 123, cité dans Michael Goheen, *A Light to the Nations, The Missional Church and the Biblical Story*, Grand Rapids, Baker Academic, 2011, p. 25.
81. David Peterson, *The Apostles: PNTC*, Grand Rapids, Eerdmans, 2009, p. 356.
82. Wolfgang Vondey, *Pentecostal Theology. Living the Full Gospel*, New York, Bloomsbury, 2017, p. 84.

défaut, ils ont monopolisé l'industrie de la viande et abattent rituellement les animaux conformément au Coran. Ainsi, « une présence chrétienne visible et publique dans un quartier musulman est vitale pour témoigner auprès des musulmans[83] ». Jésus a utilisé le levain, la lumière, le sel et une ville sur une colline pour décrire ses disciples (Mt 5.14-16). Paul déclare : « C'est vous qui êtes notre lettre, écrite dans notre cœur, connue et lue de tous » (2 Co 3.2, NBS). Un style de vie semblable à celui du Christ est crucial pour partager l'Évangile avec les musulmans, car, dans certains contextes, les musulmans sont avertis de ne jamais toucher la Bible ou de ne jamais la lire parce qu'elle est corrompue. Il est donc essentiel que les chrétiens atteignent les musulmans en menant visiblement une vie conforme à l'Évangile. Les chrétiens peuvent démontrer aux musulmans qu'ils sont capables de vivre une vie exemplaire grâce à Jésus.

Le pouvoir de la proclamation orale

Shenk suggère que le premier mot du Coran est le commandement « réciter », de sorte que le sens même du Coran est « réciter ». Les musulmans croient que le Coran est une récitation de la révélation que Dieu a envoyée par l'intermédiaire de Muhammad (Coran 13.39). Il en résulte que les musulmans seront davantage attirés par la proclamation orale, puisque le Coran a été conçu pour être récité. Sur la base de cette prise de conscience, les chrétiens peuvent présenter l'Évangile aux musulmans. La parole de Dieu elle-même est suffisamment puissante pour apporter la foi (Rm 10.17), la transformation et la conviction dans le cœur des auditeurs, quelle que soit leur appartenance religieuse. En effet, contrairement au Coran, la Bible n'est pas un simple livre, mais Dieu incarné. « Car la parole de Dieu est vivante et efficace, plus tranchante qu'une épée quelconque à deux tranchants, pénétrante jusqu'à partager âme et esprit, jointures et moelles ; elle juge les sentiments et les pensées du cœur » (Hé 4.12). Paul exprime également sa confiance dans le fait que l'Évangile lui-même est la puissance de Dieu pour transformer et sauver : « Je n'ai pas honte de l'Évangile : c'est une puissance de Dieu pour le salut de quiconque croit, du Juif premièrement, puis du Grec » (Rm 1.16, Colombe). S'appuyant sur la puissance de Dieu annoncée par les prophètes

---

83. John Azumah, « Christian Witness to Muslims. Rationale, Approaches and Strategies », *Missionalia* 34, no. 1, avril 2006, p. 14.

(Rm 1.2), Paul a défié les philosophes, les chefs religieux et les religions de son temps qui rivalisaient pour attirer l'attention. La puissance implique ici l'efficacité intrinsèque de l'Évangile, qui est capable d'apporter des solutions aux besoins les plus profonds de l'humanité[84]. Ainsi, la proclamation fidèle de la parole de Dieu peut susciter la foi chez les musulmans.

Dudley Woodberry a également noté que les stratégies de communication orale, telles que la narration chronologique de la Bible, l'audio dramatisé des histoires bibliques ou les clips vidéo par le biais des téléphones portables, et les tableaux, sont des stratégies réalisables dans la plupart des communautés musulmanes[85]. Les communautés musulmanes du Ghana possèdent une culture essentiellement orale. Au Ghana, les rassemblements en plein air et les croisades publiques sont autorisés par le gouvernement, de sorte que les chrétiens qui souhaitent s'engager auprès des musulmans peuvent organiser des croisades ou des rassemblements à proximité des communautés musulmanes et proclamer l'Évangile par l'intermédiaire d'orateurs. Dans les régions à dominante musulmane du Ghana, telles que Nima et Madina, d'anciens musulmans témoignent souvent de leur conversion au christianisme lors de croisades ou de rassemblements en plein air au cours desquels le message de l'Évangile a été proclamé en public et un appel d'âme a été fait. Le film *Jésus* projeté dans un dialecte local s'est également avéré efficace. Les convertis se rendent ensuite dans les églises voisines et s'intègrent progressivement dans la communauté chrétienne. Il est toutefois important de respecter les chefs de la communauté musulmane en les informant du rassemblement ou de la croisade et même en les invitant au programme. En raison de la vie communautaire au Ghana et des bonnes relations entre chrétiens et musulmans, on peut toujours trouver des musulmans venus de loin pour écouter les messages. Une chose à noter lors de ces événements d'évangélisation est que le choix des termes est très important[86]. Comme les musulmans tiennent Muhammad en haute estime, aucune remarque désobligeante ne doit être faite au sujet du Coran ou de Muhammad.

---

84. Everett F. Harrison et Donald A. Hagner, « Romans », *Romans–Galatians*, vol. 11, Expositor's Bible Commentary, éd. rév., Grand Rapids, Zondervan, 2008, p. 41-42.
85. J. Dudley Woodberry, *From Seed to Fruit. Global Trends, Fruitful Practices, and Emerging Issues among Muslims*, 2ᵉ éd., Pasadena, William Carey Library, 2011, p. 30.
86. Maikudi Kure, « Evangelism among Muslims. Notes from Nigeria », *Transformation* 17, no. 1, janvier 2000, p. 18.

Au Ghana, la plupart des gens dansent au son du gospel et apprécient la musique lors de certains festivals et événements publics. La musique fait partie intégrante de la culture africaine ; c'est pourquoi la musique gospel, stratégiquement composée avec le message de l'Évangile, peut attirer les musulmans populaires ghanéens, en particulier les soufis, vers le Christ. Bien que la musique et les instruments de musique soient interdits dans les mosquées, on peut entendre des musulmans chanter la louange d'Allah à l'extérieur de la mosquée[87]. Les musulmans assistent à des funérailles chrétiennes et à certaines fêtes où la musique gospel constitue une partie importante de la cérémonie, de sorte que cet amour commun de la musique est un avantage supplémentaire pour le dialogue islamo-chrétien.

La grâce, l'amour et la vérité de Jésus pour les musulmans populaires

Le message de la grâce de Dieu est un autre moyen d'atteindre les musulmans du Ghana. Bien que les musulmans populaires fassent souvent référence à Muhammad comme étant le plus gracieux, la délivrance pour les musulmans est fondée sur les œuvres et le mérite, ce qui explique leur adhésion stricte aux piliers de l'islam en tant que devoirs dévotionnels. La grâce du christianisme, qui consiste simplement à faire confiance à Jésus, peut séduire les musulmans populaires s'ils prennent conscience qu'ils ne peuvent être délivrés par des œuvres sans fin. Jésus a démontré son amour et sa grâce envers le monde en mourant pour nous « alors que nous étions ses ennemis » (Rm 5.10, BDS). Après avoir souffert de ses ennemis sur la croix, il a dit : « Père, pardonne-leur, car ils ne savent pas ce qu'ils font » (Lc 23.34, BDS). Par la croix, les chrétiens croient que Jésus offre à tous ceux qui croient un salut qui ne peut être mérité par des œuvres humaines et qui n'est reçu que par la grâce, par la foi en Christ (Ep 2.8-9), comme cela a été démontré à l'égard du bandit crucifié à la droite du Christ (Lc 23.39-43). Jésus a proclamé la paix et l'amour et a fait preuve de grâce, jusqu'à libérer Judas qui l'avait trahi et tous ceux qui s'étaient opposés à lui (Mt 5.44 ; Lc 23.34). Selon les Écritures, le Christ est mort pour les péchés de l'humanité, il a été enseveli et, le troisième jour, il est ressuscité (1 Co 15.3-4).

---

87. Parshall, *New Paths in Muslim Evangelism*, p. 207.

Le Coran avertit les musulmans ainsi : « Nulle contrainte en la religion ! » (2.256)[88]. Jésus s'est révélé comme « le chemin, la vérité et la vie » (Jn 14.6), mais n'a jamais forcé les gens à croire en lui. La décision de croire ou de ne pas croire est laissée aux individus. En revanche, le Coran 8.39 encourage les musulmans à combattre les croyants non musulmans jusqu'à ce qu'il n'y ait plus de *fitnah* (incrédulité). Le prophète Muhammad a déclaré qu'il avait été envoyé avec l'épée pour que seul Allah soit adoré. Il s'est vanté d'avoir été rendu victorieux par la terreur[89]. Dans l'islam, Dieu n'accorde sa miséricorde qu'aux personnes qui font d'abord un pas vers lui en se repentant[90].

L'Évangile de Jésus est centré sur la grâce, et les chrétiens doivent donc faire appel aux musulmans sur la base de la grâce de Jésus. Jésus, en tant que Messie, cherche le pécheur et sacrifie sa vie pour sa rédemption (Mt 9.11, 13). Jésus a conquis le monde par la croix, et non par l'épée ou la haine, et il est connu comme le « Prince de la paix » (Es 9.6). Il n'a jamais encouragé ses disciples à tuer les personnes qui ne croient pas en son message. Ainsi, l'amour et la grâce de Jésus, à la lumière du Coran 2.256, peuvent être un outil efficace pour attirer les musulmans vers le Christ. Jésus est la Parole faite chair qui a vécu parmi les hommes « pleine de grâce et de vérité » (Jn 1.14), et il appelle donc tous les croyants à témoigner de lui dans la grâce. « En toute humilité et douceur, avec patience, vous supportant les uns les autres avec charité » (Ep 4.2) ; « marchez dans la charité » (Ep 5.2a)[91].

Jeff Liverman affirme que l'engagement à travailler dans la langue et la culture locales est essentiel pour s'engager auprès des musulmans de manière efficace[92]. Les musulmans populaires doivent être atteints dans leurs propres pratiques culturelles, et ce à quoi ils s'identifient est une culture de la peur. Ils s'écrient : « Qui fera disparaître la peur de la mort et les dangers de la vie quotidienne ? » Les musulmans populaires, contrairement aux musulmans

---

88. Shenk, *Journeys of the Muslim Nation*, p. 159.
89. Howard Shin, *The Dividing Worldviews of Jesus and Muhammad*, Bloomington, Bestbow Press, 2015, p. 92.
90. Shenk, *Journeys of the Muslim Nation*, p. 159.
91. Nik Ripken, « Grace and Truth. Towards Christlike Relationships », dans *From Seed to Fruit. Global Trends, Fruitful Practices, and Emerging Issues among Muslims*, sous dir. J. Dudley Woodberry, 2ᵉ éd., Pasadena, William Carey Library, 2011, p. 370.
92. Jeff Liverman, « Unplowed Ground. Engaging the Unreached », dans *From Seed to Fruit. Global Trends, Fruitful Practices, and Emerging Issues among Muslims*, sous dir. J. Dudley Woodberry, 2ᵉ éd., Pasadena, William Carey Library, 2011, p. 15.

orthodoxes ghanéens, ont besoin d'être sauvés de la peur plutôt que du péché[93]. Le péché n'a que peu d'importance pour les musulmans populaires, c'est pourquoi l'accent doit être mis sur la grâce de Dieu, l'amour de Dieu et le pouvoir de Dieu de sauver de la peur et du danger. Le pardon, le salut et la vie éternelle doivent être présentés comme un don gratuit de la grâce de Dieu à ceux qui croient en Jésus. L'accent doit être mis sur Jésus qui donne la grâce et qui sauve de la peur et de la mort elle-même grâce à la démonstration de son pouvoir sur la mort par la résurrection.

Je postule que la suppression du fossé de l'ignorance entre les chrétiens et les musulmans permettra aux chrétiens de partager l'Évangile avec les musulmans populaires avec compassion et amour. Au lieu de considérer les musulmans comme des personnes brutales et violentes, la connaissance du Coran et une approche pacifique de dialogue avec les musulmans produiront un résultat positif. En utilisant le Coran dans mes échanges, j'ai connu un changement de paradigme dans mes relations avec les musulmans. Au cours d'un séminaire de doctorat en études islamiques à la Torch Trinity Graduate University, j'ai acquis des connaissances qui ont été mises à l'épreuve dans mes relations avec mon beau-frère, un musulman populaire appelé Rama (pseudonyme). Rama et ma sœur étaient profondément amoureux et se sont mariés sans tenir compte de leurs différences religieuses. Pauline (pseudonyme) était chrétienne, mais a accepté d'épouser Rama, un musulman, parce qu'elle estimait avoir attendu un partenaire et qu'elle avait trouvé en Rama le signe d'un partenaire bon et aimant.

Dès le début, Rama a ignoré sa position religieuse en tant que musulman et est allé de l'avant pour demander la main de Pauline. Pauline avait l'intention de convertir son mari au christianisme, mais à peine s'étaient-ils mariés que Rama et ses parents insistèrent pour que Pauline suive son mari dans l'islam. En quête de paix, elle s'est dit qu'elle amènerait son mari au Christ après le mariage. Elle a donc suivi les rituels islamiques du mariage et confessé la Chahada, mais a ensuite rompu avec l'islam et poursuivi son cheminement chrétien. Elle a tenté à plusieurs reprises de gagner Rama, mais, malheureusement, il n'a pas cédé. Il en a résulté une rupture de communication et une

---

93. J. Dudley Woodberry, « The View from a Refurbished Chair », dans *Missiological Education for the Twenty-First Century. The Book, The Circle, and the Sandals, Essays in Honour of Paul E. Pierson*, sous dir. J. Dudley Woodberry, Charles Van Engen et Edgar J. Elliston, American Society of Missiology Series 23, Eugene, Wipf and Stock, 2005, p. 194.

séparation pendant plusieurs années. Toute la famille était divisée et amère à cause de cette séparation.

Mes études doctorales m'ont donné l'occasion d'aborder l'Évangile avec mon beau-frère en utilisant le Coran lors d'une conversation téléphonique. Après un simple échange de salutations, j'ai demandé la permission de partager avec lui un passage du Coran. Comme il s'agissait du Coran et non de la Bible, il a accepté. Citant le Coran 2.256, je lui ai fait remarquer que le Coran avertit les musulmans en disant « Nulle contrainte en la religion ! », ce qui impliquait qu'il ne devait pas abandonner Pauline à cause de sa religion. Bien qu'elle suive Isa (Jésus), le Coran atteste que Jésus est le Messie, la bonne nouvelle (3.45). J'ai suggéré que s'il reconnaissait l'autorité d'Isa dans le Coran, alors il devait se réconcilier avec sa femme et lui parler conformément à ce qui est dit dans le Coran 16.125 : « *Appelle au Chemin de ton Seigneur par la Sagesse et la Belle Exhortation ! Discute avec eux de la meilleure manière ! Ton Seigneur connaît bien ceux qui sont égarés loin de Son Chemin et Il connaît bien ceux qui sont dans la bonne direction* »[94]. Bien que la discussion avec Rama ne l'ait pas amené à accepter Jésus, il a appelé sa femme le lendemain et a depuis repris contact avec elle. Ainsi, le fait de s'adresser aux musulmans sur la base de leurs écritures sert de pont pour partager l'Évangile avec eux.

Partager l'Évangile avec les musulmans est un appel à être un témoin et non un avocat ou un juge. Lorsqu'on s'adresse aux musulmans, il faut veiller à ne pas porter de jugement sur leurs croyances et leurs pratiques, ni à condamner leur prophète Muhammad. La Bible énonce clairement le rôle du croyant dans ses relations avec les étrangers, y compris les musulmans : « Vous recevrez une puissance, le Saint-Esprit survenant sur vous, et vous serez mes témoins à Jérusalem, dans toute la Judée, dans la Samarie, et jusqu'aux extrémités de la terre » (Ac 1.8, LSG). Le rôle du croyant est de témoigner de ce qu'il a vu, senti, entendu et touché concernant le Christ, un simple témoignage de sa mort, de sa résurrection et de son ascension. John Azumah décrit cela à l'aide d'une illustration de salle d'audience :

> Dans une salle d'audience, les principaux personnages sont le juge, les avocats, les témoins et, bien sûr, l'accusé et l'accusateur. Les avocats ont pour tâche de plaider les affaires afin d'obtenir la

---

94. Aning et Abdallah, « Islamic Radicalization and Violence in Ghana », p. 157.

condamnation ou l'acquittement, les témoins sont simplement appelés à témoigner de ce qu'ils ont vu, entendu ou vécu, tandis que le juge a pour tâche de rendre le jugement et de prononcer la sentence.[95].

Dieu est le juge, le Saint-Esprit est l'avocat et le croyant est appelé à agir en tant que témoin (Jn 14.26 ; Ac 1.8). En partageant l'Évangile avec les musulmans populaires, la vérité fondamentale doit être présentée et la conviction laissée à l'Esprit Saint.

Sur la base de son expérience avec les musulmans africains, Samuel Ajayi Crowther a fait remarquer : « Après de nombreuses années d'expérience, j'ai découvert que la Bible, l'épée de l'Esprit, doit mener son propre combat, sous la direction du Saint-Esprit… Le chrétien africain moyen connaissait mieux la Bible que le musulman africain moyen ne connaissait le Coran, car la Bible est traduisible[96] ». Engager un débat polémique avec les musulmans revient à jouer avec une équipe de football sur son propre terrain. Ils connaissent très bien le terrain et les coins d'où ils peuvent facilement marquer un but sans effort. Crowther se souvient de sa propre expérience :

> Alors qu'il était un jeune évangéliste fervent, gardant l'école dans un village où il y avait de nombreux musulmans, Crowther a trouvé un garçon portant une breloque. Crowther l'a coupée, en disant au garçon de l'emporter chez lui, car de telles superstitions n'étaient pas permises dans une école chrétienne. Le père s'est alors plaint avec colère. Crowther proposa de lui répondre devant les anciens musulmans et se présenta avec sa Bible et le Coran traduit par George Sale. À la fin de sa longue vie, il se souvenait encore de l'humiliation de cette rencontre. Tous ses arguments bien ficelés n'ont servi à rien. Pour les musulmans, il n'y avait qu'un seul argument : Dieu n'a pas eu de fils[97].

---

95. Azumah, « Christian Witness to Muslims », p. 5-21.
96. Samuel Ajayi Crowther, « Experiences with Heathens and Mohammedans in West Africa », Londres, Society for Promoting Christian Knowledge, 1892, p. 28, cité dans Andrew F. Walls, *The Cross-Cultural Process in Christian History. Studies in the Transmission and Reception of Faith*. Maryknoll, Orbis Books, 2002, p. 162.
97. *Ibid.*, p. 143.

Comme Crowther, plusieurs responsables chrétiens s'engagent aujourd'hui dans des débats avec des musulmans qui débouchent sur des confrontations polémiques, ce qui fait perdre des occasions de dialoguer avec les musulmans. Les approches polémiques ne peuvent pas produire le résultat souhaité, à savoir la transformation des musulmans, et ne l'ont pas fait historiquement. Selon Andrew F. Walls, dans l'esprit de Charles Wesley, « Muhammad était avant tout le grand imposteur ou, pour reprendre l'expression de Charles Wesley, "le voleur arabe, comme Satan audacieux" dont la doctrine devrait être chassée en enfer[98] ». De telles expressions antagonistes doivent être évitées à tout prix. Argumenter et critiquer Muhammad sur la base de ses faiblesses ne peut que conduire à une opposition violente. C'est comme un jeune homme amoureux d'une belle dame. Lorsqu'il l'aborde pour la première fois, il ne peut que lui dire tout le mal qu'il pense de ses parents et de sa famille et lui proposer de venir à lui pour une vie meilleure et la sécurité. Aucune femme n'accepterait un homme qui accuse ses parents en face d'elle. De même, aucun musulman n'acceptera de suivre un chrétien qui accuse Muhammad[99]. Raymond Lull (vers 1235-1316) a poétiquement écrit que « le discours interreligieux, plutôt que les croisades militaires, était la voie royale vers l'évangélisation des personnes d'autres religions[100] ».

Au cours de ses années de maturité en tant que missionnaire au Niger, Crowther a cherché un terrain d'entente à la jonction du Coran et de la Bible afin de s'engager auprès des musulmans dans des relations d'amour et d'amitié. Il a approché les musulmans en présentant Jésus comme un grand prophète, la naissance miraculeuse de Jésus et Gabriel comme le messager de Dieu – qui, selon les musulmans, ne peut pas se tromper. Le Coran 3.42-47 et 19.16-21 confirment l'annonce par Gabriel de la naissance miraculeuse de Jésus. Le Jésus dont Gabriel a annoncé la naissance s'est proclamé « le chemin, la vérité et la vie » et a ordonné à ses disciples de l'enseigner à toutes les nations (Mt 28 ; Jn 14). Au lieu d'utiliser le titre de Fils de Dieu, que les

---

98. George Osborn, sous dir., « For the Turks », Poetical Words of John and Charles Wesley, vol. 6, Londres, Wesleyan Methodist Conference Office, 1870, p. 137, cité dans Andrew F. Walls, *The Cross-Cultural Process in Christian History. The Missionary Movement in Christian History*, Maryknoll, Orbis Books, 2002, p. 137.
99. Azumah, « Historical Survey of Islam ».
100. Raymond Lull, « Historical Paradigms of Mission », p. 25, cité dans Hyung Jin Park, « MI 9300 History of Mission and World Christianity », conférence donnée à la Torch Trinity Graduate University, Séoul, Corée du Sud, 21 octobre 2020.

musulmans rejettent, le Fils de l'Homme devant lequel « toutes les nations se rassembleront » peut séduire les musulmans (Mt 25 ; Lc 12.39)[101].

De cette manière, l'Évangile peut être partagé avec les musulmans populaires sur la base de la pleine conviction du message chrétien central, sans diluer ou cacher aucun élément. Il doit être présenté tel qu'il est, avec grâce, amour, respect, humilité et patience, comme il est dit : « Soyez toujours prêts à vous défendre contre quiconque vous demande raison de l'espérance qui est en vous : mais (faites-le) avec douceur et crainte » (1 P 3.15, Colombe). Woodberry observe :

> Notre approche doit commencer par ce que les phénoménologues des religions appellent l'empathie, c'est-à-dire essayer d'entrer dans l'expérience religieuse des musulmans. Cela signifie qu'il faut faire des ablutions mentales pour se débarrasser des idées préconçues et s'asseoir aux pieds des musulmans pour apprendre à la fois des érudits et des gens ordinaires[102].

Nik Ripken a noté que les musulmans sont plus nombreux qu'on ne le pense à vouloir prêter l'oreille à ces discussions. En outre, le Coran lui-même encourage l'ouverture des musulmans aux chrétiens[103]. Comme nous l'avons mentionné au chapitre 2, les musulmans populaires ghanéens se considèrent d'abord comme des Ghanéens et sont donc en mesure de s'ouvrir à des conversations non conflictuelles sur la base d'une fraternité ghanéenne.

Dans le contexte ghanéen, les musulmans populaires n'ont généralement pas de connaissances scripturaires approfondies sur leur propre foi, de sorte qu'une approche discursive patiente ou une rencontre gracieuse pour la compréhension les aideront à faire confiance à l'Évangile chrétien de la grâce. Richard D. Love a noté que la liste de textes de l'Écriture suivante s'avère efficace pour s'engager auprès des musulmans populaires :

> Le Fils de Dieu a paru afin de détruire les œuvres du diable (1 Jn 3.8, LSG) ; Vous savez comment Dieu a déversé une onction de Saint-Esprit et de puissance sur Jésus de Nazareth,

---

101. Crowther, « Experiences with Heathens », cité dans Walls, *The Cross-Cultural Process in Christian History*, p. 143-144.
102. Woodberry, « The View from a Refurbished Chair », p. 193.
103. Ripken, « Grace and Truth », p. 369.

qui allait de lieu en lieu en faisant le bien et en guérissant tous ceux qui étaient sous la domination du diable, parce que Dieu était avec lui (Ac 10.38, S21) ; Il nous a délivrés du pouvoir des ténèbres et nous a transportés dans le royaume de son Fils bien-aimé, en qui nous avons la rédemption, le pardon des péchés (Col 1.13-14, Colombe) ; Il a dépouillé les principats et les autorités, et il les a publiquement livrés en spectacle, en les entraînant dans son triomphe (Col 2.15) ; Ainsi donc, puisque les enfants participent au sang et à la chair, il y a également participé lui-même, afin que, par la mort, il anéantît celui qui a la puissance de la mort, c'est-à-dire le diable (Hé 2.14). [Il l'a ressuscité] d'entre les morts et [l'a fait] asseoir à sa droite dans les lieux célestes, au-dessus de toute principauté, autorité, puissance, souveraineté, au-dessus de tout nom qui peut se nommer, non seulement dans le siècle présent, mais encore dans le siècle à venir. Il a tout mis sous ses pieds (Ep 1.20-22, Colombe) ; par la résurrection de Jésus-Christ qui, monté au ciel, est à la droite de Dieu et à qui les anges, les pouvoirs et les puissances ont été soumis (1 P 3.21-22, Colombe)[104].

Les musulmans populaires ont adoptés de nombreuses pratiques induites par la peur, et ils n'ont aucune assurance quant à leur destin. Par leurs œuvres et leur fidélité, ils espèrent que Muhammad leur accordera l'entrée au paradis. Cependant, le Prophète lui-même n'était pas sûr de sa destinée éternelle lorsqu'il donnait des conseils sur le destin de l'homme (Coran 5.266). En revanche, Jésus a parlé de la vie éternelle, du salut et de la destinée humaine avec une assurance précise (Lc 23.42-43 ; Jn 5.24 ; 10.28) ; il savait exactement d'où il venait, où il allait et quelle serait la destinée de ceux qui croiraient en lui (Jn 14.2-3 ; 16.5). Une telle assurance peut être un outil persuasif lorsqu'il s'agit d'aborder l'Évangile avec les musulmans. Cependant, l'engagement doit toujours se faire dans l'amour et avec une grande sagesse, comme l'indiquent les Écritures. « Conduisez-vous avec sagesse dans vos relations avec ceux du dehors, en mettant à profit toutes les occasions qui se présentent à vous » (Col 4.5, BDS). L'apôtre Paul déclare : « C'est lui que nous annonçons,

---

104. Richard D. Love, « Church Planting among Folk Muslims », *International Journal of Frontier Missions* 11, no. 2, avril 1994, p. 89.

exhortant tout homme, et instruisant tout homme en toute la sagesse, afin de présenter à Dieu tout homme, devenu parfait en Christ » (Col 1.28, LSG), et Jacques décrit l'aspect pratique de cette approche : « La sagesse d'en haut, elle, est d'abord pure, ensuite pacifique, conciliante, raisonnable, pleine de compassion et de bons fruits, sans parti pris, sans hypocrisie. Or le fruit de la justice est semé dans la paix par les artisans de paix » (Jc 3.17-18, NBS)[105].

Les pentecôtistes et les besoins existentiels de l'islam populaire

L'évangélisation n'est pas exclusivement « une action de communication verbale dans laquelle le nom de Jésus est central » ; elle est inséparable de l'action sociale et est plus efficace lorsqu'elle est associée à l'action sociale. L'incarnation de Jésus, la Parole faite chair, est l'Évangile. Les actes sans la parole sont inutiles, et la parole sans les actes aboutit à des rituels vides et à un message inefficace[106]. Une évangélisation efficace nécessite une proclamation et une démonstration pratique. David Bosch note à juste titre que l'évangélisation n'implique pas seulement une proclamation verbale de Jésus, mais aussi « une proclamation délibérée de l'Évangile par la parole et les actes, appelant les gens à la repentance et à la foi en Jésus[107] ».

L'évangélisation musulmane est la proclamation de la bonne nouvelle de Jésus aux musulmans par le biais d'actions pratiques et sociales enracinées dans l'amour du Christ afin de gagner les musulmans à la communauté d'amour du Christ. L'objectif est de conduire les musulmans à une nouvelle foi en Christ qui s'accompagne de changements de comportement et de vision du monde. L'un des facteurs qui a conduit à la propagation de l'islam au Ghana a été l'attention portée par les premiers musulmans à la situation économique des habitants du nord du pays. De même, gagner les musulmans au christianisme au Ghana sera plus efficace si l'Église s'efforce délibérément

---

105. Ripken, « Grace and Truth », p. 375.
106. Lesslie Newbigin, « Cross-Currents in Ecumenical and Evangelical Understandings of Mission », *International Bulletin of Missionary Research* 6, no. 4, 1982, p. 149, cité dans Krish Kandiah, « Lesslie Newbigin's Contribution to a Theology of Evangelism », *Transformation* 24, no. 1, janvier 2007, p. 53.
107. Bosch, « Evangelism. An Holistic Approach », *Journal of Theology for Southern Africa* 36, septembre 1981, p. 43-63, cité dans Krish Kandiah, « Lesslie Newbigin's Contribution to a Theology of Evangelism », *Transformation* 24, no. 1, janvier 2007, p. 54.

de répondre aux besoins fondamentaux des musulmans, dont la plupart vivent déjà dans des conditions déplorables.

Le partage de l'Évangile avec les musulmans populaires doit être soutenu par des actions, des actes bienveillants qui transforment des relations éloignées en rencontres ordinaires et offrent des occasions en or de partager l'Évangile. Les références à la prise en charge des besoins humains sont omniprésentes dans la Bible (Mt 5 – 7 ; Lc 4.16-21 ; Ac 2.44-47 ; Jc 2.14-26)[108], ce qui prouve qu'il n'y a pas de message évangélique efficace sans prise en charge des besoins et sans service aux autres. Jésus est venu « pour servir et non pour être servi » (Mc 10.45). Ainsi, en partageant l'Évangile avec les musulmans, les chrétiens doivent ouvrir les yeux pour voir les nombreuses occasions de servir les musulmans. Pour les pentecôtistes ghanéens, ce service peut prendre les formes suivantes : aider à creuser la tombe lors des funérailles, faire des dons aux familles endeuillées, payer les frais de scolarité du fils ou de la fille d'un musulman populaire du voisinage, offrir l'hospitalité aux *kayaye* (portefaix qui migrent du nord du Ghana vers les villes du sud), et répondre à l'appel de Jésus à nourrir les affamés, visiter les prisonniers, donner de l'eau à ceux qui ont soif et des vêtements aux moins privilégiés, et soigner les malades (Mt 25.34-40).

Les chrétiens peuvent combler le fossé qui les sépare des musulmans en établissant des relations et doivent éviter l'exclusivité culturelle. La culture de la haine, du langage abusif et des vaines disputes théologiques doit être remplacée par des paroles aimantes et de la patience. Les chrétiens et les musulmans partagent certaines identités communes au Ghana. C'est pourquoi les chrétiens ghanéens peuvent adopter un mode de vie communautaire qui renforce les relations lors des célébrations communes, telles que les ordinations, les mariages, les funérailles, les cérémonies de nomination et les rassemblements politiques, et ils peuvent tendre une main secourable lors des célébrations religieuses musulmanes, telles que l'*Aïd al-Fitr* et l'*Aïd al-Adha*.

---

108. Evelyne A. Reisacher, *Joyful Witness in the Muslim World. Sharing the Gospel in Everyday Encounters*, Grand Rapids, Baker Academic, 2016, p. 116.

Résumé

Pour dialoguer avec les musulmans, il est nécessaire de changer d'attitude et de faire preuve de compréhension, de respect et de compassion lorsque l'on utilise la vérité pour établir des ponts entre la conception musulmane et la conception biblique de la naissance de Jésus, de sa nature et de sa filiation, de sa crucifixion et de sa mort, et de son retour. En outre, le Saint-Esprit constitue l'élément central de la proclamation de l'Évangile par les pentecôtistes. En particulier, Jésus en tant qu'ancêtre est une porte d'entrée pour partager l'Évangile avec les musulmans populaires ghanéens dans le cadre d'un partenariat avec la grâce et l'amour. Le style de vie exemplaire du témoin est essentiel pour recommander l'Évangile aux musulmans populaires. L'Évangile peut être partagé efficacement avec les musulmans par la découverte et l'application du pentecôtisme aux besoins existentiels des musulmans, y compris l'assurance du salut. Les rencontres avec la théologie ou la vérité, ainsi que la découverte et la satisfaction des besoins existentiels des musulmans, sont des points de départ lorsqu'il s'agit d'aborder l'Évangile avec les musulmans. Cependant, comme les musulmans ghanéens sont des personnes orientées vers le pouvoir, ils ont besoin de plus que ce qui précède pour être réceptifs à l'Évangile.

CHAPITRE 5

L'engagement des pentecôtistes auprès des musulmans du Ghana

Les rencontres avec la puissance de Dieu et les besoins expérientiels des musulmans populaires

La vision du monde des musulmans populaires est imprégnée de la conscience du monde spirituel et des puissances des ténèbres. Il y a une lutte constante contre des êtres tels que « *qarina, jinn, dews, als,* [et] *pari* », dont on pense qu'ils influencent négativement les musulmans. Pour gagner les musulmans au Christ, les chrétiens doivent aller au-delà des rencontres avec la vérité dans la proclamation de l'Évangile et aller jusqu'à des rencontres pratiques de puissance par la manifestation des œuvres du Saint-Esprit[1]. En réponse à la quête de puissance des musulmans populaires, qui veulent contrer celle de nombreux êtres spirituels, Jésus ou Isa al-Masih (Jésus le Messie) doit être présenté comme l'auteur de miracles et le donateur du Saint-Esprit, capable de répondre à tous leurs besoins spirituels, y compris leurs besoins de guérison. Jésus a libéré des myriades de personnes de la maladie, des démons et des troubles, et ces actes devraient être démontrés pour convaincre les musulmans populaires. Au fil des ans, des musulmans ont témoigné de la manière dont l'intervention miraculeuse de Dieu dans les affaires humaines les a conduits à abandonner leur vie passée pour suivre Jésus. Dans ces cas, l'intervention de Dieu a généralement pris la forme d'actes

---
1. Nuekpe, « Muslim Christian Encounter in Ghana », p. 213.

souverains, tels que des visions, des rêves spirituels, des visites angéliques et des prières exaucées. Dans d'autres cas, les disciples de Jésus ont démontré concrètement la puissance de Dieu en guérissant les malades, en chassant les démons et en rétablissant la santé des personnes handicapées sous l'autorité de Jésus (Lc 9.1-2 ; 10.17-19)[2]. Ainsi, les rencontres avec la puissance de Dieu centrées sur le Christ ou sur Jésus peuvent être un moyen efficace de partager l'Évangile avec les musulmans populaires dans le contexte ghanéen, et cela relève du domaine du pentecôtisme au Ghana.

Le Coran présente Jésus comme un grand guérisseur capable de ressusciter même les morts (3.43-49 ; 5.109-110). Musk observe :

> La réponse biblique à la réalité reconnue des mauvais esprits, y compris les djinns, est qu'il est possible de guérir de leur oppression et de leur possession des humains. Cette guérison n'est pas obtenue par des moyens magiques, ni par des formules d'exorcisme, mais par la parole de puissance que Jésus prononce et qu'il confie à ses disciples. Ce pouvoir découle de la victoire de sa mort sur la croix[3].

Avec l'impact de l'islam populaire au Ghana, l'évangélisation doit être soutenue par des démonstrations de la puissance de Dieu, comme ce fut le cas après l'événement de la Pentecôte (Ac 2). Paul affirme que « notre Évangile ne vous a pas été prêché en paroles seulement, mais avec puissance, avec l'Esprit saint et avec une pleine conviction » (1 Th 1.5). Edward Rommen affirme que l'ordre missionnaire de Jésus comporte une partie « proclamation » et une partie « guérison », comme le mentionne la Bible : « Il les envoya proclamer le royaume de Dieu et opérer des guérisons » (Lc 9.2, BDS)[4]. Les musulmans respectent Jésus et sont conscients de son pouvoir de guérison et de création. Les musulmans populaires ghanéens étant des « personnes orientées vers la puissance[5] », ils ont besoin d'une preuve de puissance pour être gagnés au Christ. L'accent mis sur les miracles de Jésus et la manifestation des dons du Saint-Esprit attirera leur attention et leur curiosité.

---

2. Kim, Travis et Travis, « Relevant Responses to Popular Muslim Piety », p. 245.
3. Musk, *The Unseen Faces of Islam*, p. 44.
4. Edward Rommen, sous dir., *Spiritual Power and Missions*, Pasadena, William Carey Library, 1995, p. 94.
5. Kraft, *Power Encounter in Spiritual Warfare*, p. 2.

Comprendre les rencontres de puissance

Des rencontres avec la puissance de Dieu ont eu lieu dans la vie du peuple de Dieu dans l'accomplissement de la mission de Dieu, depuis l'Ancien Testament jusqu'au Nouveau Testament. Selon Kraft, les termes « rencontre de puissance » a été inventé pour la première fois par le missiologue Alan Tippet, qui avait passé deux décennies en tant que missionnaire aux Fidji. Tippet a défini les rencontres de puissance comme des événements qui se produisaient souvent parmi le peuple des Fidji ; lorsqu'un converti fuyait les puissances spirituelles traditionnelles pour chercher refuge auprès du Dieu chrétien, la puissance de Dieu était victorieuse sur les puissances traditionnelles[6]. Brand Howard définit les rencontres de puissance comme des signes, des prodiges, des miracles et le combat spirituel, qui est « la confrontation qui a lieu entre un croyant en tant qu'agent de Dieu sur terre et les forces des ténèbres démoniaques[7] ». Tous deux considèrent les rencontres de puissance comme l'engagement d'une bataille spirituelle entre les puissances des ténèbres et la puissance de Dieu dans le but de montrer la suprématie ou l'autorité de Dieu, qui se manifeste par des signes, des prodiges et des miracles variés. Herbert affirme qu'aucun mot ne peut expliquer pleinement les rencontres de puissance, car elles sont la démonstration surnaturelle de la puissance de Dieu d'une manière inépuisable[8]. Elles sont la preuve de la révélation divine, « à la fois le sceau officiel et autoritaire de Dieu », spécialement conçu par le Créateur pour manifester sa suprématie sur toute la nature et toute sa création, ainsi que pour témoigner du royaume de Dieu[9] et de la rédemption de Dieu.

L'histoire biblique évoque de telles rencontres avec Moïse et Pharaon (Ex 7 – 12) et avec Élie et les prophètes de Baal (1 R 18). Dans le présent ouvrage, le terme « rencontre de puissance » implique toutes les démonstrations de la puissance de Dieu à travers les dons du Saint-Esprit (1 Co 12.8-11) « qui se manifestent par des guérisons, des délivrances, des exorcismes, des signes et des prodiges, et des événements miraculeux qui défient les lois de la nature[10] ».

---

6. *Ibid.*, p. 1.
7. Howard Brant, « Power Encounter, Toward an SIM Position », *International Journal of Frontier Missions* 104, octobre 1993, p. 187.
8. Herbert Lockyer, *All the Miracles of the Bible*, Grand Rapids, Zondervan, 1961, p. 15.
9. *Ibid.*
10. Nuekpe, « Muslim Christian Encounter in Ghana », p. 213.

Le prototype du christianisme du Nouveau Testament « à très forte orientation surnaturelle » avec la démonstration de puissance, la prophétie, la guérison et l'exorcisme conduit généralement à la conversion et à la croissance rapide du christianisme, en particulier en Amérique latine et en Afrique[11]. Michael Pocock suggère que, depuis Lausanne 1974, plusieurs missionnaires ont pris conscience du fait que leur manque de puissance spirituelle pour affronter le monde démoniaque était le principal facteur limitant l'évangélisation mondiale[12]. Convaincus du fait que « pour les incrédules […] le dieu de ce siècle a aveuglé l'intelligence, afin qu'ils ne voient pas briller la splendeur de l'Évangile de la gloire de Christ » (2 Co 4.4, NEG), ils avaient besoin de la démonstration de la puissance de l'Évangile telle qu'elle est révélée dans les Écritures. « Notre Évangile ne vous a pas été prêché en paroles seulement, mais avec puissance, avec l'Esprit saint et avec une pleine conviction » (1 Th 1.5, S21)[13]. Ainsi, de nombreux missionnaires et ouvriers chrétiens sont invités à faire preuve de puissance pour vaincre la résistance satanique aux missions, ce que Pocock appelle « lier l'homme fort » ou « le combat spirituel[14] ». De nombreux missiologues[15] estiment que les rencontres de puissance sont au cœur de la « stratégie missiologique » pour une proclamation et une conversion efficaces, et il n'y a pas d'exception lorsque les pentecôtistes partagent l'Évangile avec des musulmans populaires au Ghana.

Les musulmans populaires croient en l'existence d'un monde spirituel dans lequel des puissances obscures cherchent constamment à détruire les êtres humains et à déterminer le cours des événements, à moins qu'elles ne soient apaisées ou influencées au moyen de pouvoirs magiques et d'incantations[16]. La nécessité des rencontres de puissance dans le cadre de la mission a été une préoccupation majeure pour les chrétiens pentecôtistes et charismatiques centrés sur la mission dans le monde entier. Larbi fait remarquer que le premier revivaliste à avoir foulé le sol de la Côte-de-l'Or fut l'évangéliste libérien William Wade Harris (env. 1860-1929), dont le travail

---

11. Michael Pocock, *The Changing Face of World Missions. Engaging Contemporary Issues and Trends*, Grand Rapids, Baker Academic, 2005, p. 192.
12. *Ibid.*, p. 184.
13. *Ibid.*, p. 185-186.
14. *Ibid.*
15. En particulier les missiologues pentecôtistes de l'hémisphère sud.
16. *Ibid.*, p. 187.

missionnaire s'accompagnait de signes et de prodiges. Wade a rapproché le concept d'un Dieu élevé du peuple ghanéen par des rencontres de puissance. Il a prêché l'Évangile pendant deux ans, et on dit qu'il a gagné cent vingt mille convertis. En revanche, Philip Quacoe (1741-1816), un missionnaire formé en Grande-Bretagne qui s'appuyait uniquement sur la proclamation de la théologie occidentale, n'a gagné que cinquante-deux personnes au sein de la même culture après cinq ans de travail missionnaire. La clé du succès de Harris, là où les missionnaires occidentaux avaient échoué, a été sa démonstration de puissance dans les missions[17].

Il convient de noter que même des chercheurs non pentecôtistes tels que Roland Anderson, un anglican, attirent l'attention sur le rôle de la puissance de l'Esprit et sur la nécessité de faire de la mission en s'appuyant à la fois sur la théologie paulinienne et sur le modèle néotestamentaire de démonstration de puissance[18]. Peter Wagner, bien qu'il ne soit pas pentecôtiste, a identifié dans ses recherches sur la croissance de l'Église que les rencontres de puissance sont la raison pour laquelle les mouvements pentecôtistes se développent efficacement et rapidement dans les missions[19]. De même que l'expérience pratique peut modifier la théologie, les missions donnent naissance à la théologie. Les musulmans populaires peuvent avoir mille raisons de ne pas se convertir au christianisme pour des raisons théologiques, mais, lorsqu'ils sont confrontés à la puissance de l'Évangile, un changement de paradigme se produit dans la pensée et l'action. La vie chrétienne est une vie qui implique des rencontres de puissance entre Dieu et les hôtes des puissances démoniaques qui cherchent à détruire la mission de Dieu[20]. Les rencontres de puissance deviennent une charnière sur laquelle oscille l'évangélisation efficace, en particulier dans la mission au sein de sociétés et de groupes religieux enclins à la puissance, tels que les musulmans populaires.

---

17. Larbi, *Pentecostalism*, p. 55.
18. Pocock, *The Changing Face of World Missions*, p. 186.
19. *Ibid.*
20. *Ibid.*, p. 189.

Les rencontres de puissance dans les anciennes Écritures

Un grand nombre de musulmans souhaitent lire la Bible et étudier Jésus, notamment parce que le Coran fait l'éloge de certaines parties de la Bible – la Torah et l'Injil – et tient les prophètes bibliques et Jésus en haute estime[21]. L'acceptation par les musulmans des anciennes Écritures, l'Ancien Testament, est un pont qui permet de partager l'Évangile avec les musulmans populaires. Les récits de rencontres de puissance dans les anciennes Écritures intéresseront les musulmans populaires.

Le Coran recommande aux musulmans de prêter attention aux écritures dans au moins quatre textes. Il recommande le *Suhuf*, un livre extrabiblique dont les musulmans pensent qu'il a été révélé par Abraham ; le *Taurat*, qui est la Torah de Moïse ; le *Zabur*, qui sont les Psaumes de David ; et l'*Injil* transmis par Jésus le Messie[22]. Les musulmans croient qu'il s'agit d'écritures révélées par Dieu : le Coran souligne que ces écritures servent de « Direction et Lumière » à toute l'humanité (5.44-47)[23] et dit du *Taurat* : « Nous avons apporté à Moïse et à Aaron la Salvation (*Furqân*) » (21.48)[24]. Le Coran affirme également que les chrétiens ont pour instruction de ne pas cacher le contenu de ces livres aux musulmans. Allah a prescrit à ceux qui ont reçu l'Écriture : « Montrez-là certes aux gens et ne la célez point ! » (3.187)[25]. En outre, le Coran ordonne à tous les musulmans, et même à Muhammad lui-même, de se tourner vers les gens du Livre s'ils ont un doute sur ce qu'Allah leur a révélé (Coran 10.94)[26]. Ces injonctions adressées aux musulmans offrent aux chrétiens l'occasion d'aborder avec eux les Écritures bibliques, en commençant par la Torah, les Psaumes et les quatre Évangiles. Les rencontres de puissance dans l'Ancien Testament peuvent donc être utilisées pour répondre à la quête de puissance des musulmans. Bien que les musulmans reconnaissent la Torah, les Prophètes et les Psaumes, ces textes peuvent servir de tremplin pour parler

---

21. Andrea Gray et Leith Gray, « The Imperishable Seed. Toward Effective Sharing of Scripture », dans *From Seed to Fruit. Global Trends, Fruitful Practices, and Emerging Issues among Muslims*, sous dir. J. Dudley Woodberry, 2ᵉ éd., Pasadena, William Carey Library, 2011, p. 26.
22. Shenk, *Journeys of the Muslim Nation*, p. 105.
23. *Ibid.*, p. 107.
24. *Ibid.*
25. *Ibid.*, p. 105.
26. *Ibid.*

des rencontres de puissance dans l'ensemble de l'Ancien Testament, en insistant sur le fait que la Torah, les Prophètes et les Psaumes font référence à l'ensemble du message sur Jésus (Lc 24.44).

Le récit de l'engagement de Dieu dans l'histoire à travers la Bible montre l'intention de Dieu derrière les rencontres de puissance. Dieu utilise les rencontres de puissance pour révéler sa vérité et pour inspirer la loyauté et l'obéissance de son peuple (Ex 3.1-12 ; Mt 20.29-34). Marguerite G. Kraft suggère qu'il y a « une rencontre d'engagement » par laquelle le peuple de Dieu lutte pour choisir la loyauté entre Dieu et des dieux étrangers (Jos 24.14-15) et une « rencontre avec la vérité » par laquelle Dieu utilise des rencontres de puissance pour distinguer sa vérité (Ex 3.1-12) au milieu de la fausseté[27]. Elles affirment la divinité de Dieu et le vaisseau humain que Dieu utilise pour attirer les êtres humains à lui (Ex 4.5, 31 ; 10.2 ; Dt 4.34-35 ; 1 R 17.24 ; 18.36). De même, les rencontres de puissance peuvent amener les musulmans à suivre Jésus et, par la même occasion, leurs yeux s'ouvriront pour découvrir la vérité biblique sur Jésus.

Dans l'Ancien Testament, les rencontres de puissance prenaient la forme de la main impérieuse de Dieu, une main forte qui obligeait l'ennemi à accepter le règne de Dieu et sa domination sur le monde et sur son peuple (Ex 3.19-20 ; 6.1). Marguerite Kraft affirme que Dieu a délivré Israël de l'Égypte par des rencontres de puissance (Ex 7.8 – 14.31) et qu'il a démontré son pouvoir pour mettre en évidence sa souveraineté sur toutes les puissances et tous les dirigeants. La déclaration du but de Dieu dans Exode 7.5 (LSG) dit : « Les Égyptiens connaîtront que je suis l'Éternel, lorsque j'étendrai ma main sur l'Égypte, et que je ferai sortir du milieu d'eux les enfants d'Israël[28] ». Herbert Lockyer note que les dix rencontres de puissance dont Moïse a fait preuve en Égypte (Ex 4.9 ; 7.14-24 ; Ps 78.44 ; 105.29) ont révélé un conflit entre « le divin et le diabolique », prouvant le pouvoir de Dieu sur les puissances défiantes de l'Égypte[29].

Edward Gross affirme que tous les miracles et toutes les rencontres de puissance qui suivent la rédemption d'Israël de l'esclavage en Égypte ont pour but

---

27. Marguerite G. Kraft, *Understanding Spiritual Power. A Forgotten Dimension of Cross-Cultural Mission and Ministry*, Maryknoll, Orbis Books, 1995, p. 52.
28. *Ibid.*, p. 55.
29. Lockyer, *All Miracles of the Bible*, p. 48.

l'exaltation ou la glorification de Dieu (Ex 9.16). La Torah/*Taurat* révèle que Dieu a appelé Israël à sortir des nations pour constituer un peuple distinct, séparé, pour présenter Dieu aux yeux des autres nations, afin qu'elles le voient et le glorifient. Cette responsabilité incluait la confrontation avec le paganisme et l'abandon de l'idolâtrie (Ex 4.23 ; 19.3-6 ; Dt 4.5-8). En s'acquittant efficacement de cette responsabilité, ils étaient engagés dans des rencontres de puissance avec des nations païennes et leurs dieux qui cherchaient à détruire le plan de la promesse de Dieu (1 S 5). Dans 1 Rois 18.36, Élie reconnaît que les miracles sont la justification de la divinité de Jéhovah et de son ministère prophétique[30], et Jérémie 32.20 affirme que ces rencontres de puissance se sont poursuivies. En guidant les musulmans populaires à travers cette découverte, on les incitera à se tourner vers Jésus.

Les rencontres avec la puissance dans le ministère de Jésus

Les miracles faisaient partie intégrante du ministère terrestre de Jésus (Lc 7.18-23 ; Jn 9.1-12 ; Ac 10.38). Le plus souvent, les gens se joignaient à lui et le reconnaissaient comme le Sauveur après qu'il eut vaincu les puissances sataniques. Les rencontres avec la puissance de Jésus étaient la preuve qu'il était l'Élie parfait qui avait été prédit (Mt 16.14 ; Mc 6.15 ; Lc 9.8). Jack Deere a décrit le but des miracles dans le ministère terrestre de Jésus comme étant la démonstration de ce qui suit :

> Dieu est avec Jésus (Jn 3.2) ; Jésus vient de Dieu (Jn 3.2 ; 9.32-33) ; Dieu a envoyé Jésus (Jn 5.36) ; Jésus a l'autorité sur terre pour pardonner les péchés (Mc 2.10-11 ; Mt 9.6-7 ; Lc 5.24-25) ; Jésus est approuvé par Dieu (Ac 2.22) ; le Père est en Jésus et Jésus est dans le Père (Jn 10.37-38 ; 14.11) ; en Jésus le royaume de Dieu est venu (Mt 12.28 ; Lc 11.20) ; et Jésus est le Messie (Mt 11 1-6 ; Lc 7.18-23) et le Fils de Dieu (Mt 14.25-33)[31].

---

30. Edward N. Gross, *Miracles, Demons and Spiritual Warfare. An Urgent Call for Discernment*, Grand Rapids, Baker Books, 1990, p. 29.
31. Jack Deere, *Surprised by the Power of the Spirit. Discovering How God Speaks and Heals Today*, Grand Rapids, Zondervan, 1993, p. 103.

Mark L. Strauss affirme que Jésus était connu pour ses exorcismes, qui ont marqué son ministère comme « un assaut spirituel contre la domination de Satan » dans tous les évangiles synoptiques[32]. Jésus a également enseigné et affirmé le ministère de l'exorcisme (Mc 3.22-27 ; 9.38-39 ; Lc 13.32).

Strauss souligne que les rencontres de Jésus avec les démons par le biais d'exorcismes avaient pour but de révéler la présence et la puissance du royaume de Dieu[33]. À Capharnaüm, Jésus a rencontré un homme possédé par un démon (Mc 1.2-28 ; Lc 3.32-37). L'exclamation de l'homme possédé par le démon a révélé qu'il n'y avait pas qu'un seul démon dans l'homme, mais une foule de démons. En les chassant, Jésus a démontré la présence du royaume de Dieu pour détruire le royaume de Satan. « Mais, si c'est par l'Esprit de Dieu que je chasse les démons, le royaume de Dieu est donc venu vers vous » (Mt 12.28, LSG). Jésus a parlé de Satan comme d'un homme fort luttant pour préserver ses biens, tandis que la puissance de Dieu vainc Satan et récupère tous ceux qui sont en « possession » de Satan[34]. Les exorcismes pratiqués par Jésus sont la preuve que Dieu libère les captifs (Lc 4.18-19) et accomplit une prophétie messianique (Es 61.1-2).

> L'Esprit du Seigneur est sur moi, parce qu'il m'a oint pour annoncer une bonne nouvelle aux pauvres ; il m'a envoyé pour guérir ceux qui ont le cœur brisé, pour proclamer aux captifs la délivrance, et aux aveugles le recouvrement de la vue, pour renvoyer libres les opprimés, pour publier une année de grâce du Seigneur (Lc 4.18-19, LSG).

Jésus a également démontré l'arrivée du royaume de Dieu et la puissance de Dieu en guérissant les malades. Strauss montre ce motif dans la question de Jean-Baptiste à Jésus (Mt 11.2-6 ; Lc 7.18-23), lorsque Jean, emprisonné, envoie ses propres disciples à Jésus pour savoir si celui-ci est vraiment « celui qui vient » et le Messie. La réponse de Jésus à l'interrogation de Jean souligne l'importance de sa guérison[35]. « Il leur répondit : Allez rapporter à Jean ce que vous avez vu et entendu : les aveugles voient, les boiteux marchent, les

---

32. Mark L. Strauss, *Four Portraits, One Jesus. A Survey of Jesus and the Gospels*, Grand Rapids, Zondervan, 2007, p. 461.
33. *Ibid.*
34. *Ibid.*, p. 462.
35. *Ibid.*

lépreux sont purifiés, les sourds entendent, les morts ressuscitent, la bonne nouvelle est annoncée aux pauvres » (Lc 7.22, voir aussi Mt 11.4-5).

Les miracles de guérison de Jésus indiquent l'accomplissement des Écritures de l'Ancien Testament qui prédisaient le salut de Dieu par Jésus, le Messie, qui viendrait pour vaincre tout le mal et restaurer la nature déchue de l'humanité. Strauss note que les miracles de guérison de Jésus renvoient à la restauration de la création promise dans l'Ancien Testament, en particulier par Ésaïe et d'autres prophètes (Es 26.19 ; 29.18-19 ; Jr 30.17 ; Ez 36.26-27 ; Jl 2.28). « Alors s'ouvriront les yeux des aveugles, s'ouvriront les oreilles des sourds ; alors le boiteux sautera comme un cerf, et la langue du muet éclatera de joie. Car des eaux jailliront dans le désert, et des ruisseaux dans la solitude » (Es 35.5-6, LSG). Les miracles de guérison sont une preuve concluante que la venue du Christ a apporté la guérison et la vie à l'humanité[36], tout comme la chute d'Adam a apporté la maladie et la mort à l'humanité. C'est le message et la démonstration dont les musulmans ont besoin pour se tourner vers le Christ.

Des rencontres de puissance par la prière

La prière est un élément important du devoir de dévotion des musulmans populaires, et les rencontres avec la puissance du Saint-Esprit sont déclenchées par la prière et le jeûne. Les musulmans ghanéens sont attirés par la prière et le jeûne, qui font partie de leurs rituels religieux (Coran 2.184). Puisqu'ils révèrent Jésus et font confiance à la prière, les chrétiens peuvent utiliser la prière pour l'évangélisation des musulmans populaires. Les prières de l'aube, de l'après-midi et du soir peuvent être un outil efficace pour attirer les musulmans vers la foi chrétienne, car c'est le modèle que suivent les musulmans. En ce qui concerne l'exorcisme, Jésus a dit à ses disciples : « Cette espèce-là ne peut sortir que par la prière » (Mc 9.29). Grâce aux prières efficaces des chrétiens, certains musulmans sont conduits au Christ après avoir vu Jésus dans leurs rêves, et leur cœur est réceptif à l'Évangile. Dans ces rêves, des anges ou Jésus lui-même apparaissent aux musulmans et leur

---

36. *Ibid.*, p. 462.

demandent de lui confier leur vie[37]. Il faut toutefois veiller à ce que ces prières pentecôtistes soient proclamées au nom de Jésus et non du « Fils de Dieu », et à ce qu'elles ne mentionnent pas la Trinité ou des mots qui provoquent la colère des musulmans, tels que « notre Seigneur et Sauveur ».

Les prières qui répondent aux besoins des musulmans populaires peuvent être divisées en trois catégories : les prières de rupture, les prières de guérison et les prières de délivrance. Les prières de rupture consistent à briser des liens spirituels spécifiques dans la vie des musulmans populaires. Il peut s'agir de malédictions ancestrales, de stérilité et d'autres problèmes persistants que l'on croit causés par des démons ou des êtres spirituels. Lors des prières de rupture, les musulmans populaires renoncent et se repentent des actes spécifiques qui ont pu conduire à l'imprégnation d'un esprit dans leur vie. Ainsi, les passages de l'Écriture qui traitent du renoncement et du repentir (Pr 28.13 ; Ez 14.6 ; Dn 4.27 ; Ac 19.18-19 ; 2 Co 4.2) peuvent être utilisés dans les prières avec les musulmans populaires. Cette forme de prière répond aux pratiques occultes des musulmans populaires, qui impliquent :

> l'invocation d'esprit(s) (Dt 18.9-14), des liens générationnels (Lm 5.7 ; Ps 79.8-9), des « liens d'âme » impies, des jugements sur soi-même ou sur les autres (Mt 7.1-2 ; Jc 4.11-12 ; Rm 14.4), les vœux faits en dehors de la volonté de Dieu (Pr 20.25 ; Mt 5.33-37 ; Lv5.4-6), [et] les malédictions (Ps 624 ; 109.28 ; Jc 3.9-10, Pr 26.2 ; Ga 3.13 ; Rm 12.14)[38].

La prière de guérison implique la guérison physique et émotionnelle des expériences douloureuses de la vie qui sont enfouies dans la mémoire du musulman populaire. Dans la prière, le musulman populaire est aidé à prier et à demander à Dieu de lui rappeler les causes du problème, puis à déverser son cœur vers Dieu (Ps 38.9 ; 42.4 ; 64.1 ; 62.8 ; Lm 3.19-20 ; Mt 26.36-44) pour obtenir la guérison intérieure et la restauration. Pendant son ministère

---

37. Bill Musk, « Dreams and the Ordinary Muslim », *Missiology: An International Review* 16, no. 2 avril 1988, p. 168.
38. Kim, Travis et Travis, « Relevant Responses to Popular Muslim Piety », p. 246.

terrestre, Jésus a administré la guérison intérieure à des personnes. Par exemple, Kim, Travis et Travis ont noté que :

> Il a restauré Pierre, rongé par la culpabilité (Jn 21.15-19), la femme au puits (Jn 4.4-42), Zachée, méprisé (Lc 19.1-10), la prostituée reconnaissante honorée par le Christ (Lc 7.36-50), la femme adultère sauvée (Jn 8.2-11), l'aveugle encouragé par le Christ (Jn 9.1-41), la femme hémorragique impure (Mc 5.25-34) et l'homme libéré de myriades de démons (Lc 8.26-39)[39].

Dans la prière de délivrance, les démons reçoivent l'ordre de fuir le territoire ou la vie du musulman populaire par l'autorité de Jésus (Mt 10.8 ; 28.18 ; Ep 6.12). Au Ghana, les musulmans populaires pratiquent ouvertement ce type de prière d'exorcisme dans le cadre de leurs pratiques de guérison.

Le pentecôtisme en tant que christianisme populaire

Le pentecôtisme au Ghana, tout comme l'islam populaire, est une forme de christianisme populaire, en raison de sa flexibilité contextuelle, de son engagement envers les aspects de la vision du monde africaine et de son adoption au niveau local sans nécessairement prendre une forme syncrétique. Le christianisme populaire est un christianisme pratique qui mêle l'orthodoxie à des éléments culturels ethniques pour répondre aux besoins spirituels des adeptes. Ils n'adhèrent pas nécessairement aux principes de l'herméneutique biblique, mais vont au-delà des textes et se tournent vers les visions du monde de la culture africaine pour les accepter et les développer. La plupart des pratiques chrétiennes populaires au Ghana se sont mêlées aux religions traditionnelles africaines d'une manière qui résonne avec la culture et la spiritualité ghanéennes. Cephas Omenyo a affirmé que l'on ne peut pas se détacher complètement de sa culture pour embrasser complètement une religion étrangère. Cet échec de la conversion culturelle se produit lorsque des personnes se convertissent au christianisme ou à l'islam alors que leur vision primitive du monde persiste[40]. Par exemple, un Ghanéen peut être

---

39. *Ibid.*
40. Cephas N. Omenyo, « Charismatic Churches in Ghana and Contextualization », *Exchange* 31, no. 3, 2002, p. 252-276.

chrétien tout en restant fidèle à la conception culturelle traditionnelle de la mort et de l'enterrement chez lui. Lorsqu'une personne meurt au Ghana, le lieu d'enterrement est très important. La maison de la personne n'est pas identique à sa demeure. La demeure est la maison ancestrale, la terre ancestrale, la terre de naissance ou la ville du défunt. Ainsi, un Ghanéen peut vivre en ville, mais doit être transporté à la maison ancestrale pour être enterré, au nom de l'identité ancestrale. Cette idée de se rapprocher des ancêtres et d'affirmer ses liens de parenté est pratiquée par les musulmans et les chrétiens ghanéens, à l'instar de ce que font les musulmans populaires du Kenya et de la plupart des régions d'Afrique de l'Ouest[41].

L'exemple ci-dessus montre comment les visions du monde de la culture ghanéenne posent continuellement des questions auxquelles l'islam et le christianisme tentent de répondre d'une manière qui trouve un écho auprès de la population, en mélangeant les religions traditionnelles africaines avec les valeurs coraniques ou bibliques. Omenyo a raison de noter que « toute l'affaire de la contextualisation de l'Évangile en Afrique est, dans une large mesure, la capacité d'une Église chrétienne ou d'un mouvement à réconcilier avec succès le christianisme avec la vision du monde africaine, ou à utiliser le message chrétien pour offrir des réponses aux questions soulevées par la vision du monde d'un peuple africain[42] ». À cet égard, je décris le pentecôtisme ghanéen comme un système de foi du « christianisme populaire ». De même, William Price Payne a décrit le pentecôtisme latino et le mouvement charismatique catholique romain comme un « christianisme populaire », parce qu'il s'agit de « systèmes de foi indigènes qui s'intègrent aux cultures hispaniques et offrent aux praticiens populaires des alternatives fonctionnellement équivalentes aux pratiques syncrétistes associées à la religion populaire », engageant « tous les aspects de la vision du monde des Latino-Américains[43] ».

Kwabena Darkwa Amanor a souligné que la foi pentecôtiste/charismatique ghanéenne et les religions traditionnelles africaines (RTA) sont des âmes sœurs, plutôt que des antagonistes, qui devraient se considérer comme

---

41. Lawrence Oseje, *African Traditions Meeting Islam. A Case of Luo-Muslim Funeral in Kendu Bay*, Kenya, Carlisle, Langham Monographs, 2018, p. 16.
42. Omenyo, « Charismatic Churches in Ghana and Contextualization », p. 254.
43. William Price Payne, « Folk Religion and the Pentecostalism Surge in Latin America », *Asbury Journal* 71, no. 1, 2016, p. 145.

des amis plutôt que comme des ennemis[44]. Je pense que le système de foi pentecôtiste et les RTA sont des mains gauche et droite réunies pour répondre aux besoins existentiels des chrétiens ghanéens dans le milieu africain. Elles se complètent plutôt que de se disputer les âmes des Ghanéens. Kwabena Asamoah Gyadu l'a noté à juste titre :

> En Afrique, la religion pentecôtiste est populaire parce qu'elle prend au sérieux les visions indigènes des causalités mystiques, démocratise l'accès au sacré et prône une piété interventionniste qui aide les gens ordinaires à faire face aux peurs et aux insécurités de la vie[45].

En ce sens, le pentecôtisme et l'islam populaire ont en commun leur popularité et tentent de répondre aux besoins existentiels des Africains en s'appuyant fortement sur les visions du monde indigènes africaines. L'engagement créatif des pentecôtistes ghanéens avec les RTA a conduit à la reconstruction d'une nouvelle forme de christianisme au Ghana, que les théologiens ne construisent pas théologiquement[46]. Cette forme concerne un engagement pratique de la foi chrétienne à travers la culture ghanéenne et ses visions du monde primaires au niveau de la base. Cette nouvelle forme de christianisme, qui répond aux besoins existentiels des populations locales, est ce que j'appelle une forme de « christianisme populaire ». Ses pratiques ne suivent pas toujours l'orthodoxie de l'idéologie occidentale. Ainsi, le cas du Ghana peut être mieux compris comme un christianisme cuit dans la marmite de la culture ghanéenne.

Les pratiques pentecôtistes de guérison et de délivrance

Tout comme l'islam populaire a des pratiques qui ne sont pas conformes à l'orthodoxie, la spiritualité pentecôtiste au Ghana a des pratiques qui varient

---

44. Kwabena Darkwa Amanor, « Pentecostal and Charismatic Churches in Ghana and the African Culture: Confrontation or Compromise? » *Journal of Pentecostal Theology* 18, no. 1, 2009, p. 126.
45. J. Kwabena Asamoah-Gyadu, « "Function to Function": Reinventing the Oil of Influence in African Pentecostalism », *Journal of Pentecostal Theology* 13, no. 2, 2005, p. 232.
46. Omenyo, « Charismatic Churches in Ghana and Contextualization », p. 267.

à l'infini. En raison de cette particularité (l'absence d'orthodoxie), les chrétiens pentecôtistes du Ghana peuvent jeter un pont entre les deux religions grâce à des pratiques telles que la prière, les consultations, les exorcismes, les jeûnes prolongés et les neuf dons du Saint-Esprit (1 Co 12.8-12). Ce dont les musulmans ont besoin, c'est de solutions aux problèmes quotidiens, et non de dogmes et de formules. Parce que la spiritualité pentecôtiste répond aux besoins des musulmans populaires, elle peut être un moyen d'atteindre les musulmans.

Le concept pentecôtiste de guérison et de délivrance est né dans les Églises spirituelles du Ghana. Leur culte prenait la forme de musique et de danse, de chants, de sauts, de parler en langues, de transes (cf. les musulmans soufis), de prophéties, d'interprétation des rêves et de dévoilement des sources de maladies chroniques. La prière, la direction et l'assistance spirituelles font appel à des éléments considérés comme des symboles du pouvoir divin, notamment l'huile d'onction, l'eau bénite, les amulettes en forme de croix, les bains rituels, les bougies, la poudre, le parfum et d'autres éléments[47].

Les pentecôtistes contemporains du Ghana, tout en utilisant des approches similaires à celles des musulmans populaires, considèrent que ces approches permettent de contextualiser le message chrétien dans le milieu culturel ghanéen. Certains utilisent même des herbes et de la bouillie. Opoku Onyinah note que l'accent mis sur ces approches semble être « une menace pour le progrès du christianisme » au Ghana[48]. Cependant, je considère ces pratiques religio-magique comme une préparation progressive au véritable message de l'Évangile, un point d'entrée dans la foi chrétienne pour la majorité des gens, qui sont moins éduqués et dont l'objectif premier est un Évangile qui répond aux besoins spirituels quotidiens. Les pentecôtistes, grâce à ce type de pratiques religio-magique, peuvent s'identifier aux musulmans populaires et partager l'Évangile avec eux. Une fois qu'ils ont été conquis, ils peuvent devenir des disciples.

Pour les musulmans du Ghana, la guérison et la délivrance sont comme le point de rencontre entre le pneu et la route. Au cœur de toutes les pratiques de guérison et de délivrance au Ghana – qu'elles soient pratiquées

---

47. Opoku Onyinah, « Matthew Speaks to Ghanaian Healing Situations », *Journal of Pentecostal Theology* 10, no. 1, 2001, p. 125-126.
48. *Ibid.*, p. 30.

dans le cadre des RTA, du pentecôtisme ou de l'islam populaire – se trouve l'*abisa* (le dévoilement de ce qui est caché), le concept de découverte des causes[49]. Dans ce contexte, les premiers revivalistes qui ont émergé au Ghana au début du XXe siècle ont gagné plusieurs convertis. Ces figures prophétiques – Sampson Oppong, John Swatson, Peter Anim et Wade Harris, dont les ministères sont mentionnés au chapitre 1 – ont démontré la puissance de l'Évangile et attiré de nombreuses personnes au Christ[50]. Ils se préoccupaient d'un salut pratique, à l'instar de l'islam populaire. De même, les pentecôtistes peuvent répondre aux besoins spirituels des musulmans populaires et donc les attirer. Même si un chrétien n'a pas une connaissance approfondie de la littérature islamique et n'est pas en mesure de raisonner sur la base des Écritures, il peut présenter l'Évangile par la puissance du Saint-Esprit (Ac 4.13)[51].

La plupart des Ghanéens attribuent la source de la souffrance, qu'il s'agisse de la maladie ou de la pauvreté, à des réalités spirituelles. Si je soutiens que les pratiques pentecôtistes de guérison et de délivrance du mal conviennent pour amener les musulmans populaires à la foi en Jésus, je dois également souligner que la souffrance, la maladie et la pauvreté sont inévitables tant que l'humanité demeure sur terre (Mt 10.28 ; 25.36). Ainsi, Jésus a réprimandé les gens qui voulaient d'abord voir des signes avant de l'accepter, les qualifiant de génération mauvaise (Mt 12.39). La croix de Jésus ne peut être retirée de l'Évangile qui conduit au vrai salut. C'est pourquoi les musulmans doivent être orientés vers la réalité de la croix et la puissance capable de soutenir l'homme au milieu de toutes les causalités inconnues dans sa vie. Puisque l'esprit de Dieu est supérieur à celui des êtres humains et qu'il est le seul à tout savoir, comme le confirment le Coran et la Bible, les musulmans populaires doivent être orientés vers le chemin de la paix, qui est le pouvoir de soutien de l'Esprit Saint.

---

49. *Ibid.*, p. 136.
50. Larbi, *Pentecostalism*, chap. 3.
51. Nuekpe, « Muslim Christian Encounter in Ghana », p. 219.

Les rencontres de puissance en tant que phénomènes continus

La recherche d'une démonstration de puissance au milieu d'une opposition satanique a augmenté parmi les missionnaires dans les pays du Sud. Cependant, de nombreux missionnaires occidentaux viennent de sociétés où le pouvoir manifesté par la sorcellerie, la magie noire, les esprits morts et la possession par des démons sont visiblement absents de la vie quotidienne. Ainsi, de nombreux penseurs occidentaux doutent du phénomène des rencontres de puissance et estiment que leur occurrence ne devrait pas être normative. Les chrétiens doivent reconnaître qu'il existe des forces spirituelles dangereuses qui exercent un contrôle sur des nations, des villes, des villages et des familles entières (Dn 10.11-13)[52]. En ignorant les rencontres de puissance, le monde évangélique risque d'être lié par les puissances des ténèbres, à moins qu'il ne fasse appel aux dons divins dont disposent les croyants pour affronter ces puissances[53].

Alors que la plupart des érudits s'accordent sur l'existence de rencontres de puissance dans la Bible, beaucoup pensent que la pratique des rencontres de puissance s'est arrêtée avec les apôtres et n'est plus d'actualité. Certains spécialistes, comme Charles Kraft, affirment que les rencontres de puissance du ministère de Jésus sont destinées à être reproduites par les croyants, parce que Jésus a déclaré à ses disciples qu'ils feraient de plus grandes choses : « En vérité, en vérité, je vous le dis, celui qui croit en moi fera aussi les œuvres que je fais, et il en fera de plus grandes, parce que je m'en vais au Père » (Jn 14.12, LSG)[54]. Les Écritures révèlent également que les rencontres de puissance se poursuivent dans les missions. Jésus a déclaré dans Marc 16.17-18 :

> Voici les miracles qui accompagneront ceux qui auront cru : en mon nom, ils chasseront les démons ; ils parleront de nouvelles langues ; ils saisiront des serpents ; s'ils boivent quelque breuvage mortel, il ne leur fera point de mal ; ils imposeront les mains aux malades, et les malades, seront guéris (LSG).

---

52. Brant, « Power Encounter, Toward an SIM Position », p. 185.
53. *Ibid.*
54. Kraft, *Power Encounter in Spiritual Warfare*, p. 14.

En disant « ceux qui croient en mon nom », Jésus ne fait pas référence seulement aux douze apôtres, mais aussi à ceux qui, à l'avenir, croiront en son nom. Tous les croyants deviennent des candidats à la démonstration de sa puissance. En outre, Jacques 5.14-15 montre clairement que les anciens de l'Église sont censés administrer la guérison aux malades.

Outre Charles Kraft, d'autres chercheurs non charismatiques, comme James Kallas, un luthérien, admettent la nécessité des rencontres de puissance dans les missions[55]. Ils soulignent que, tout au long de son ministère terrestre, Jésus a chassé les démons et guéri les malades ; ses disciples reçoivent donc son autorité par la puissance du Saint-Esprit pour chasser les démons, guérir les malades et enseigner aux autres à faire de même jusqu'à ce qu'il revienne. Les disciples n'étaient pas censés partir en mission sans en avoir reçu l'autorisation (Mt 28.20 ; Lc 9.1-2 ; Ac 1.8)[56].

Richard Gaffin, qui représente le point de vue cessationniste, observe que les pentecôtistes affirment que tout ce qui a trait à l'opération du Saint-Esprit remonte à l'événement spécial de la Pentecôte (Ac 2) ; ainsi, l'effusion du Saint-Esprit le jour de la Pentecôte était un modèle ou un cas normatif à suivre par tous les croyants à tout moment après ou pendant la conversion. Les Écritures utilisées pour défendre cet argument sont souvent « Actes 2 (Pentecôte), l'expérience de Samarie en Actes 8, l'expérience de Césarée (Ac 10) et l'expérience d'Éphèse (Ac 19)[57] ». S'appuyant sur l'observation de D. A. Carson selon laquelle « la structure essentiellement historique et salvatrice du livre des Actes est trop souvent négligée », Gaffin soutient que les pentecôtistes ont fait une doctrine des matériaux narratifs des Actes, mettant « les Actes de Luc sur le même pied théologique que les lettres de Paul[58] ». Les cessationnistes affirment que les événements concernant « l'ordre du salut » (*ordo salutis*) sont applicables à tout moment par le croyant et devraient être distingués des événements de « l'histoire de la rédemption » ou de « l'histoire du salut », qui se sont produits une fois pour toutes jusqu'à l'accomplissement du salut par le Christ. Dans cette optique, ils soutiennent que la Pentecôte était un événement de l'histoire de la rédemption, sur la base d'Actes 1.5 et

---

55. *Ibid.*, p. 15.
56. *Ibid.*
57. Richard B. Jr. Gaffin, « A Cessationist View », dans *Are Miraculous Gifts for Today?* sous dir. Wayne A. Grudem, Grand Rapids, Zondervan Academic, 1996, p. 30.
58. *Ibid.*

de Luc 3.16. Si c'est le cas, elle ne peut être répétée en tant qu'œuvre achevée de Dieu et accomplissement de la prophétie messianique, tout comme le baptême d'eau de Jésus par Jean était un indicateur de l'ensemble de son ministère (Ac 10.37 ; Lc 20.4)[59].

Par conséquent, les cessationnistes font appel au récit historique de Luc-Actes, affirmant que la Pentecôte était « un accomplissement eschatologique de l'œuvre rédemptrice historique du Christ », un sceau rédempteur (Ep 1.13) sans lequel son œuvre de salut n'aurait pas été complète[60]. Selon ce point de vue, il n'y a pas de salut sans la Pentecôte. La venue de l'Esprit à la Pentecôte a eu lieu une fois pour toutes ; ceux qui acceptent le Christ feront l'expérience de l'Esprit lors de leur conversion[61]. Les cessationnistes, conscients de l'occurrence continue des rencontres de puissance dans Luc-Actes, affirment que l'ensemble de Luc et des Actes est le récit d'une œuvre rédemptrice historique accomplie. Même s'il y avait suffisamment de preuves de l'action du Saint-Esprit dans les Actes (Ac 8.14 ; 10.44-48 ; 11.15-18 ; 19.1-7), le motif théologique de Luc était de révéler un accomplissement eschatologique de tout ce qui avait été dit par le Seigneur (Ac 1.8).

Dans cette optique, Luc et les Actes doivent être lus comme un tout et non comme deux parties[62]. Cela implique que toutes les manifestations du Saint-Esprit dans le cadre de 1 Corinthiens 12.9-10 étaient des marques des apôtres (2 Co 12.12) et n'étaient pas destinées à se poursuivre. Ainsi, des chercheurs comme Robert L. Saucy soutiennent que la période apostolique des rencontres de puissance était une période fondatrice qui ne doit pas être considérée comme un modèle pour l'Église contemporaine. Cela reviendrait à aller au-delà de ce qui a été écrit, ce qui est interdit (1 Co 4.6)[63].

L'œuvre du Saint-Esprit dépasse l'entendement humain. Comme Pierre, à moins que les hommes ne se prévalent de Dieu et ne fassent certaines expériences avec lui lors de rencontres de puissance, les réalités divines seraient difficiles à comprendre pour l'esprit charnel curieux. Ainsi, les rencontres

---

59. *Ibid.*, p. 31.
60. *Ibid.*
61. *Ibid.*, p. 36.
62. *Ibid.*, p. 39.
63. Robert L. Saucy, « An Open but Cautious Response to Richard B. Gaffin, Jr. », dans *Are Miraculous Gifts for Today?* sous dir. Wayne A. Grudem, Grand Rapids, Zondervan Academic, 1996, p. 65.

de puissance doivent être comprises à la lumière de la vérité révélée dans les Écritures, de sorte que personne ne puisse ouvrir un nouveau canon de l'Écriture. Cependant, affirmer catégoriquement que les rencontres de puissance ont cessé avec les apôtres est une exagération ou « un dépassement de ce qui est écrit » (1 Co 4.6). Outre les apôtres, il y a eu d'autres cas de rencontres de puissance qui ne sont pas directement liées à l'accomplissement de l'œuvre du Christ (Ac 15.32 ; 21.9 ; 1 Co 14 ; 1 Th 5.19)[64]. Par exemple, le prophète Agabus a prophétisé au sujet d'une famine à Jérusalem (Ac 11.27-29) et ne l'a certainement pas fait au sujet de l'accomplissement rédempteur du Christ. Par conséquent, l'argument des cessationnistes selon lequel les rencontres de puissance ont été interrompues contient une certaine vérité théologique, mais n'est pas entièrement vrai.

Samuel C. Storm, un spécialiste de la troisième vague, remarque que « la perspective de Luc est que la Pentecôte est une charnière historique rédemptrice, sur laquelle oscillent à la fois l'accomplissement historique du Christ une fois pour toutes et l'application future aux chrétiens, disponible pour tous ceux qui croient[65] ». Pierre a clairement expliqué que le don du Saint-Esprit, y compris toutes ses manifestations, est d'abord l'accomplissement historique et rédempteur de la prophétie messianique de Joël (Jl 2.28 ; Ac 2.16). Cependant, il a également déclaré que les dons étaient destinés à la fois à hier et à aujourd'hui : « Car la promesse est pour vous, pour vos enfants et pour tous ceux qui sont au loin, tous ceux que le Seigneur notre Dieu appelle à lui » (Ac 2.38-39).

C'est pourquoi nous voyons des événements miraculeux se manifester dans la vie des gens ordinaires de l'Église après la période apostolique. L'Évangile ne dit nulle part que Dieu ne confirmerait pas sa parole par des signes et des prodiges dans le présent et dans les jours à venir (Mc 16.17-18). Plusieurs versets du Nouveau Testament indiquent que des rencontres de puissance sont encore possibles aujourd'hui et ne doivent pas être méprisées sur la base d'une expérience limitée (Ac 19.1-7 ; Rm 12.3-6 ; Ga 3.5 ; 1 Th 5.19-22).

---

64. *Ibid.*, p. 65.
65. C. Samuel Storms, « A Third Wave Response to Richard B. Gaffin, Jr. », dans *Are Miraculous Gifts for Today?* sous dir. Wayne A. Grudem, Grand Rapids, Zondervan Academic, 1996, p. 73-74.

Douglas A. Oss, un spécialiste de la Pentecôte et du charismatique, a noté que la puissance de l'Esprit Saint a été répétée même au sein des Actes (Ac 4.30-31) ; ainsi, la Pentecôte n'est pas répétable, mais sa puissance et ses manifestations sont disponibles aujourd'hui[66]. Douglas a averti que les chrétiens doivent veiller à ne pas traiter leur foi avec un rationalisme scientifique, en la limitant à des confessions théologiques ou doctrinales[67]. Douglas est d'accord avec Deere, qui a déclaré :

> Personne n'a jamais pris la Bible, commencé à la lire et conclu que Dieu ne faisait plus de signes et de miracles et que les dons du Saint-Esprit n'existaient plus. La doctrine du cessationnisme n'est pas née d'une étude attentive des Écritures. Elle est née de l'expérience[68].

Deere fait remarquer que le Nouveau Testament est plein de rencontres de puissance ; par conséquent, l'absence de rencontres de puissance dans l'expérience d'une personne, comme la doctrine de « l'élection et de la prédestination », pourrait être attribuée au mystère divin, incapable d'être expliqué de manière exhaustive à la faculté humaine[69]. L'absence d'expérience de miracles et de puissance de Dieu à travers les dons de l'Esprit Saint ne doit pas être interprétée comme une preuve de cessation. En utilisant la Bible – qui est pleine d'exemples de miracles dans l'Ancien Testament, le Nouveau Testament, le temps des apôtres et les « derniers jours » (Ac 2.17) – pour désapprouver les rencontres de puissance aujourd'hui, Dieu devient en quelque sorte un menteur. Deere affirme que toute tentative de mépriser les miracles ou de les traiter comme une chose du passé suit la théologie rationaliste de Bultmann qui « démythifie » le Nouveau Testament[70]. Les cessationnistes affirment souvent que la doctrine ne peut pas être construite sur le livre des Actes. Cependant, les théologiens réformés de l'époque de Calvin ont utilisé Actes 13.48 pour prouver leur doctrine de l'élection inconditionnelle. De

---

66. Douglas A. Oss, « A Pentecostal/Charismatic Response to Richard B. Gaffin, Jr. », dans *Are Miraculous Gifts for Today?* sous dir. Wayne A. Grudem, Grand Rapids, Zondervan Academic, 1996, p. 89.
67. *Ibid.*, p. 87.
68. Deere, *Surprised by the Power of the Spirit*, p. 99.
69. *Ibid.*
70. *Ibid*, p. 111.

même, les dispensationalistes ont largement utilisé les Actes pour ratifier le dispensationalisme[71].

Saucy suggère que tous les érudits évangéliques admettent la nature surnaturelle de Dieu lorsqu'il accomplit des miracles. Toutefois, il n'est pas certain que ces miracles soient normaux pour l'Église d'aujourd'hui. Saucy accepte le rôle du Saint-Esprit dans la croissance continue du croyant (Ep 5.18), mais réfute la manifestation de l'Esprit à travers certains dons de puissance aujourd'hui[72]. Il réfute l'occurrence des dons miraculeux pour aujourd'hui, citant des cas miraculeux spécifiques dans la Bible qui ne sont pas reproductibles : « Ananias et Saphira tués pour avoir menti (Ac 5.1-11), Elymas aveuglé (Ac 13.6-12), des chaînes tombées et des portes de prison miraculeusement ouvertes (Ac 5.17-22 ; 16.23-26 ; 12.1-11), l'ombre même de Pierre guérissant (Ac 5.15), et le mouchoir et le tablier qui ont touché Paul guérissant (Ac 19.11-12)[73]. » Il conclut qu'il n'y a pas d'enseignement spécifique dans la Bible qui prouve la discontinuité des miracles, mais qu'il n'y a pas de clarté sur la question de savoir si l'un des événements miraculeux doit se poursuivre[74].

Brant note que la capacité de chasser les démons n'est pas liée à la possession de dons spirituels, mais à la connaissance de la position de chacun en Christ et de son autorité sur les principautés (Ep 1.19-21 ; 2.4-6)[75]. Les croyants doivent se tenir dans la justice et dans la foi pour résister à Satan (1 P 5.8-9). Jésus a déjà accompli la tâche de vaincre Satan sur la croix, en le désarmant et en le livrant en spectacle public (Col 2.15). C'est pourquoi le croyant n'a qu'à prendre sa position en Christ et à ordonner aux démons de s'enfuir au nom de Jésus. Paul décrit les armes du croyant contre les puissances des ténèbres comme étant une disposition d'intimité avec le Christ et une vie juste (Ep 6.10-19). Un chrétien pécheur ne peut pas prétendre qu'il possède certains dons de la grâce et qu'il est capable de s'opposer à Satan.

Certains érudits soutiennent que les mêmes disciples à qui le Christ a donné l'autorité de chasser les démons dans Matthieu 10.8 ont reçu l'instruction d'enseigner aux autres à faire de même jusqu'à ce que le Christ revienne

---

71. *Ibid.*
72. Saucy, « An Open but Cautious Response to Richard B. Gaffin, Jr. », p. 126.
73. *Ibid.*, p. 102.
74. *Ibid.*, p. 126.
75. Brant, « Power Encounter, Toward an SIM Position », p. 185.

la seconde fois (Mt 28.19-20)[76]. Le problème de cette interprétation est que, outre l'ordre de chasser les démons, Jésus a donné aux premiers disciples d'autres instructions qui ne s'appliquent pas aux disciples d'aujourd'hui. Par exemple, les instructions d'aller seulement vers les brebis perdues d'Israël, de ne pas apporter d'argent, etc. (Mt 10.5-14), n'étaient certainement pas destinées aux missionnaires d'aujourd'hui. Cela montre que tous les commandements et pouvoirs que Jésus a donnés aux disciples n'étaient pas destinés aux disciples d'aujourd'hui. Une tentative de revendiquer tout ce que les apôtres représentent et ont fait en termes de pouvoir est une distorsion de l'histoire biblique. Si l'Église se préoccupe indûment de la conscience du pouvoir ou de la conscience du démon, elle finira par être détournée de sa raison d'être ultime[77]. Cependant, le Saint-Esprit est toujours disponible et à l'œuvre parmi les pentecôtistes, et ils peuvent utiliser les manifestations de puissance comme un pont pour partager l'Évangile avec les musulmans.

Les rencontres de puissance dans les missions auprès des musulmans populaires aujourd'hui

David Yonggi Cho rapporte que, dès le début de son ministère à l'Église du Plein Évangile en Corée du Sud, ce sont les rencontres de guérison divine qui ont tourné les cœurs vers Dieu, et, pour de nombreux missionnaires, ces rencontres de puissance font la différence entre le succès et l'échec[78]. Vondey a appelé les pratiques de guérison et de délivrance en mission la vocalisation de la foi centrée sur l'utilisation des neuf dons du Saint-Esprit (1 Co 12.8-12), à savoir « la parole de sagesse, la parole de connaissance, le discernement des esprits (dons de révélation), la foi, les guérisons, les miracles (dons de puissance), la prophétie, la diversité de langues, [et] l'interprétation des langues (dons vocaux) ». Ces dons ouvrent la voie à la conversion dans les missions[79]. Julie Ma et Wonsuk Ma ont fait remarquer que, dans le cadre de la culture et de la religion, la guérison et la délivrance sont des attentes des humains à l'égard des divinités et des esprits. Ainsi, la guérison divine

---

76. *Ibid.*, p. 188.
77. *Ibid.*, p. 185.
78. David Yonggi Cho, *Spiritual Leadership for the New Millennium*, Seoul, Logos, 2002, p. 55.
79. Vondey, *Pentecostal Theology*, p. 109.

par le biais de rencontres de puissance dans les missions répond à un code de religiosité autochtone et devient une motivation majeure pour les gens de s'approcher de Dieu[80]. L'accent mis par les pentecôtistes sur l'expérience du Saint-Esprit en tant que source de puissance présente des points communs avec les pratiques musulmanes populaires, ce qui leur permet de jeter des ponts pour partager l'Évangile avec les musulmans populaires. Par exemple, au Ghana, les musulmans populaires sont soucieux de connaître l'origine des décès dans leur vie quotidienne. En mettant l'accent sur la parole de connaissance et le don de prophétie, les pentecôtistes peuvent répondre à la quête des musulmans populaires de connaître les causes présentes et futures de leur vie, mais cela n'est pas sans limites.

En général, les rencontres de puissance suscitent la foi, ce qui conduit souvent à une forme de conversion. Cependant, il convient d'examiner si les rencontres de puissance doivent être utilisées pour soutenir la foi en Dieu et si les rencontres de puissance aideront les musulmans à garder la foi. Tout au long de l'histoire de la rédemption, des gens ont vu la démonstration de la puissance de Dieu, mais sont retournés aux dieux mêmes que Dieu avait vaincus[81]. Cela se produit à maintes reprises dans la relation d'alliance d'Israël avec Dieu et dans son engagement avec les nations qui l'entourent. Même après que Moïse a vaincu les dieux égyptiens et qu'Élie a vaincu Baal et ses prophètes, Israël s'est encore détourné de Dieu (1 R 22.6)[82]. Les rencontres de puissance dans le cadre de la mission peuvent conduire à un changement de croyance et parfois de comportement, mais, dans la plupart des cas, la vision du monde du peuple reste la même.

Hiebert a souligné que si les croyances et le comportement d'une personne changent alors que sa vision du monde reste la même, elle peut poursuivre un « christo-paganisme[83] ». S'il n'est pas accompagné d'une bonne compréhension théologique, le fait de s'appuyer sur des rencontres de puissance pour partager l'Évangile avec des musulmans populaires peut faire plus de mal que de bien. Dans les sociétés des pays du Sud orientées vers la puissance, comme le Ghana, les rencontres de puissance sont monnaie courante : les adeptes

---

80. Wonsuk Ma et Julie C. Ma, *Mission in the Spirit. Towards a Pentecostal/Charismatic Missiology*, Regnum Studies in Mission, Eugene, Wipf and Stock, 2010, p. 38.
81. Kraft, *Power Encounter in Spiritual Warfare*, p. 11.
82. *Ibid.*
83. Hiebert, *Transforming Worldviews*, p. 11.

de dieux plus faibles prêtent allégeance à des dieux plus forts tout en restant fidèles à leurs propres dieux. Cela rappelle ce qui se passait fréquemment dans l'Ancien Testament : « Ainsi ils craignaient l'Éternel, et ils servaient en même temps leurs dieux, d'après la coutume des nations d'où on les avait transportés » (2 R 17.33).

Les musulmans populaires du Ghana, en raison de leur penchant pour la puissance, peuvent être attirés par Jésus par le biais de rencontres de puissance. Cependant, leur vision du monde ne peut être changée que s'ils comprennent les principes bibliques ou la théologie qui sous-tendent la rencontre de puissance, qui consiste à montrer à l'humanité la souveraineté, la suprématie et la puissance rédemptrice de Dieu. L'objectif est que les gens abandonnent tous les autres dieux pour rendre gloire au seul vrai Dieu (Ac 4.12) et qu'ils vivent selon les principes de son royaume. C'est la parole de Dieu qui soutient la foi et non les miracles et les signes, comme le déclare Paul : « Ainsi la foi vient de ce qu'on entend, et ce qu'on entend vient de la parole de Christ » (Rm 10.17). Jésus a dit que même le miracle du retour à la vie d'un mort n'amènerait pas les gens à la repentance s'ils n'écoutaient pas la parole : « Et Abraham lui dit : S'ils n'écoutent pas Moïse et les prophètes, ils ne se laisseront pas persuader quand même quelqu'un des morts ressusciterait » (Lc 16.31, LSG). Ce n'est que par la prédication authentique de la parole de Dieu que les gens suivront vraiment le Christ. Paul dit : « Les Juifs demandent des miracles et les Grecs cherchent la sagesse : nous, nous prêchons Christ crucifié ; scandale pour les Juifs et folie pour les païens, mais puissance de Dieu et sagesse de Dieu pour ceux qui sont appelés, tant Juifs que Grecs » (1 Co 1.22-24). Les rencontres de puissance sont un moyen de parvenir à une fin, mais pas une fin en soi. Elles peuvent amener les musulmans à Jésus, mais ils ont besoin de bien plus que des rencontres de puissance pour être retenus en Jésus.

Les musulmans dans l'ère postpandémique

Le 30 janvier 2020, l'Organisation mondiale de la santé (OMS) a déclaré que l'épidémie de COVID-19 constituait une urgence de santé publique de portée internationale et, peu après, le 11 mars 2020, l'OMS a déclaré que le COVID-19 était une pandémie ou une épidémie mondiale susceptible d'affecter non seulement la santé, mais aussi tous les secteurs de la vie[84]. Les pandémies telles que le COVID-19 sont des catastrophes qui interrogent et ébranlent la vision religieuse du monde d'une communauté et permettent aux communautés religieuses de repenser leurs valeurs, leurs perspectives et leur but dans la vie.

La pandémie a affecté l'expression de la foi des chrétiens et des musulmans et leurs réponses à l'énigme du mal. La vie sociale et politique a été perturbée par la pandémie, et toutes les formes de rassemblements internes ont été interrompues, ce qui a conduit à l'évolution de différents types de technologies médiatiques pour sauver les pratiques religieuses. Au milieu de la pandémie mortelle, tout le monde, y compris les musulmans populaires, a cherché des réponses à la vie. Asamoah-Gyadu suggère que la réponse la plus publique à la pandémie a été de nature religieuse[85]. La pandémie a donné lieu à de nombreuses théories de conspiration politiques et économiques, auxquelles certains chefs religieux ont adhéré. Certains considèrent la pandémie comme un programme satanique visant à perturber les activités religieuses et les expressions de la foi sous diverses formes. Pour certains évangéliques et pentecôtistes, la pandémie est l'accomplissement d'une prophétie qui annonce la fin eschatologique de l'histoire, résultant de la mauvaise conduite des hommes dans leur désobéissance à la voix du Créateur[86]. Dans le contexte du pentecôtisme ghanéen, la foi chrétienne promet le salut et la délivrance du mal et fait appel à la puissance du Saint-Esprit comme moyen de survie et de réconfort au milieu de la détresse (Jn 14.16).

L'histoire se répète. Au début du XXe siècle, plus de cinquante millions de vies ont été détruites par une pandémie mondiale de grippe. Les gens de l'époque ont cherché des réponses appropriées à une époque où la science médicale n'était pas aussi développée qu'aujourd'hui. En Afrique, l'anti-médecine est apparue ; des Églises indépendantes armées de l'exercice spirituel de la prière, le « peuple de la prière » Aladura, ont répondu à la pandémie

---

84. Asonzeh Ukah, « Prosperity, Prophecy and the COVID-19 Pandemic. The Healing Economy of African Pentecostalism », *Pneuma* 42, 2020, p. 447.
85. J. Kwabena Asamoah-Gyadu, Alexander Chow et Emma Wild-Wood, « Editorial. The Covid-19 Pandemic and World Christianity », *Studies in World Christianity* 26, no. 3, 2020, p. 213-218.
86. *Ibid.*

par la prière[87]. Au Ghana, Peter Anim, considéré comme le père du pentecôtisme ghanéen, était une figure de proue du mouvement anti-médecine Faith Tabernacle qui a lutté contre la grippe de 1918-1919 par la prière. Même si la plupart des pentecôtistes ghanéens ont abandonné l'héritage anti-médicamenteux, il convient de noter que la plupart des pentecôtistes classiques du Ghana sont issus du mouvement anti-médicamenteux de l'apôtre Peter Anim[88].

En mettant l'accent sur la guérison physique par le Saint-Esprit et sur le pouvoir de soutien du Saint-Esprit dans le brouillard de l'affliction, la communauté pentecôtiste était bien placée pour répondre de manière efficace et innovante à la pandémie de COVID-19[89]. Le COVID-19 a provoqué une crise de foi dans de nombreuses communautés religieuses et a mis à l'épreuve leurs affirmations et leurs doctrines. Le pentecôtisme met l'accent sur la guérison, la délivrance et la restauration, qui ont été des besoins ressentis par les musulmans ghanéens pendant la période pandémique et postpandémique. Il est concevable que le pentecôtisme soit resté le mouvement qui a le mieux répondu à la pandémie de COVID-19 ; outre la prospérité, la guérison et la délivrance constituent les produits les plus essentiels sur le marché pentecôtiste africain. Le pentecôtisme est « une religion reconstruite qui répond aux besoins quotidiens et aux expériences d'insécurité spirituelle et physique auxquels sont confrontés de nombreux Africains », quelle que soit leur appartenance religieuse.

Le christianisme est né dans « les creusets des troubles, des épidémies, des fléaux et des maladies[90] » et a toujours agi dans le contexte des pandémies, des épidémies et des blocages, de la Pâque hébraïque à la Pentecôte. Dès la peste d'Antonin (la peste de Galien, 165-180 de notre ère) et la peste de Cyprien (251-266 de notre ère), le christianisme a fait des pandémies une occasion de démontrer sa crédibilité et de gagner des convertis[91]. Les mosquées de La Mecque et de Médine ont été fermées pendant la pandémie de COVID-19, et la messe de Pâques dans la célèbre cathédrale Notre-Dame n'a rassemblé que dix personnes. Cependant, au Nigeria (capitale mondiale du pentecôtisme

---

87. *Ibid.*, p. 214.
88. *Ibid.*, p. 215.
89. Ukah, « Prosperity, Prophecy and the COVID-19 Pandemic », p. 450.
90. *Ibid.*, p. 447.
91. *Ibid.*, p. 457.

en raison de ses méga-Églises), la plupart des Églises pentecôtistes charismatiques ont fait leurs cultes, grâce à la puissance de soutien du Saint-Esprit[92]. Les méthodes utilisées par les chrétiens pour partager l'Évangile avec les musulmans ne pouvaient pas rester les mêmes pendant et après la pandémie. La pandémie a offert aux chrétiens, en particulier aux pentecôtistes, davantage d'occasions de partager l'Évangile avec les musulmans populaires, en raison de leur penchant pour la guérison divine par le biais de rencontres de puissance.

Résumé

Les rencontres de puissance sous toutes leurs formes ont commencé dans l'Ancien Testament, se sont poursuivies pendant le ministère de Jésus et sont encore accessibles aujourd'hui. Certains érudits s'accordent à dire que les rencontres de puissance se poursuivent aujourd'hui, tandis que d'autres ne sont pas d'accord. Il est clair qu'il existe de nombreux récits de faux prophètes et de rencontres de puissance contrefaites ; les signes et les prodiges sont le fait de faux prophètes et de Satan (Mc 14.22 ; Ac 8.9-24 ; 2 Th 2.9 ; Ap 19.20). Ainsi, toutes les formes de dons spirituels doivent être testées. Comme le dit Jean : « Bien-aimés, n'ajoutez pas foi à tout esprit ; mais éprouvez les esprits, pour savoir s'ils sont de Dieu, car plusieurs faux prophètes sont venus dans le monde » (1 Jn 4.1, LSG). La Bible fait clairement place au discernement de tous les dons spirituels à la lumière de la parole écrite (1 Co 14.29 ; 1 Th 5.19-22). Les rencontres de puissance dans l'Ancien et le Nouveau Testament indiquent l'œuvre rédemptrice de Jésus. Toutefois, certains éléments indiquent que ces rencontres de puissance se poursuivront jusqu'aux « derniers jours », lorsque le Christ viendra. L'absence de telles expériences spirituelles ne doit pas nous amener à généraliser, en disant que les rencontres de puissance ne sont pas normatives. Toutes les rencontres de puissance doivent être soumises et évaluées à l'aune des Écritures. Puisqu'il y a suffisamment de preuves bibliques de personnes opérant dans les dons spirituels même après les apôtres, les rencontres de puissance ne devraient pas être considérées comme une chose du passé. Tout enfant de Dieu désireux de recevoir de tels dons peut le faire selon la volonté de Dieu.

---

92. *Ibid.*, p. 455.

Étant donné que les musulmans du Ghana sont des personnes orientées vers la puissance, les rencontres de puissance sont utiles pour partager l'Évangile avec les musulmans. Les pentecôtistes du Ghana peuvent certainement utiliser les dons spirituels et les rencontres de puissance pour partager l'Évangile avec les musulmans. Les dons ne sont pas entre les mains et sous l'autorité de vases terrestres qui les utilisent à leur guise ; ils se manifestent quand et comme Dieu le permet souverainement pour l'édification de l'Église et pour sa propre glorification. Si les rencontres de puissance restent un moyen efficace pour développer l'évangélisation en mission, les chrétiens doivent constamment s'appuyer sur la parole écrite de Dieu pour approfondir leur relation avec lui. C'est l'action du Saint-Esprit qui soutient les musulmans populaires et les délivre du mal.

L'engagement des chrétiens auprès des musulmans est un acte de proclamation de l'Évangile pour leur montrer la valeur et la vraie nature de Jésus. Une proclamation est un acte humain, tandis que la conviction et la conversion ultérieure au christianisme sont des actes de Dieu. Je ne peux donc pas sincèrement proposer une seule approche comme étant l'approche ultime pour gagner les musulmans ghanéens au Christ. Les voies de Dieu sont différentes des voies humaines (Es 55.8), et la meilleure approche pour gagner une personne peut différer d'une autre pour diverses raisons, y compris des différences culturelles spécifiques, le niveau de spiritualité de chaque musulman et chrétien, et leur degré de connaissance du Coran et de la Bible. Néanmoins, le pouvoir de soutien du Saint-Esprit pour garder les musulmans populaires, qu'ils connaissent la guérison, la délivrance ou qu'ils manquent de bénédictions matérielles, reste l'ultime moyen de préserver les musulmans populaires en Jésus.

Conclusion

Le Ghana était autrefois connu comme une ceinture de résistance à l'islam en Afrique. Malheureusement, cette résistance s'est effondrée et la présence de l'islam se fait sentir dans presque tous les villages du Ghana. Bien que les relations entre chrétiens et musulmans au Ghana soient généralement cordiales, il peut y avoir des tensions et des malentendus qui conduisent à des affrontements religieux lorsque les chrétiens partagent l'Évangile. Les chrétiens, en particulier les pentecôtistes ghanéens, doivent donc être conscients de l'influence de l'islam au Ghana et avoir une bonne compréhension du Coran. Bien que les chrétiens pentecôtistes aient autrefois joué un rôle de premier plan dans la croissance du christianisme au Ghana, ils ne disposent pas aujourd'hui de la compréhension et des approches appropriées pour amener les musulmans à partager l'Évangile. Pour répondre à ces besoins, cette étude vise à mettre en évidence les domaines d'incompréhension et d'ignorance qui peuvent être réduits chez les chrétiens ghanéens et à montrer comment les pentecôtistes peuvent amener les musulmans ghanéens à s'intéresser à l'Évangile. Sur la base d'examens descriptifs et analytiques de la littérature, il est évident que les musulmans ghanéens sont des musulmans populaires et qu'ils partagent avec les pentecôtistes un héritage spirituel commun de pratiques des religions traditionnelles africaines. Ce travail conclut donc que ces pratiques peuvent servir de passerelles aux pentecôtistes pour l'évangélisation auprès des musulmans et fournir des approches appropriées, tout en préservant la coexistence pacifique des deux religions au Ghana.

Avant l'arrivée des missionnaires occidentaux, les habitants du Ghana étaient influencés par le concept d'un être suprême et par leur besoin d'être délivrés du pouvoir des dieux inférieurs. Bien que les missionnaires occidentaux aient réussi à assurer le développement socio-économique du peuple ghanéen, ils n'ont pas pu répondre à son besoin d'être délivré du mal. Cet échec des missionnaires de passage a conduit à la formation de mouvements de réveil africains, à partir desquels des Églises indépendantes et pentecôtistes charismatiques ont été créées. L'Église de Pentecôte est devenue la version locale du pentecôtisme africain, qui répondait et répond toujours aux besoins spirituels des Africains et des Ghanéens. L'islam s'est développé au Ghana au cours du XIVe siècle, grâce aux commerçants et aux missionnaires. L'islam s'est répandu au Ghana sous l'influence du colonialisme britannique, de l'adaptation et de l'accommodation de l'islam dans les religions traditionnelles africaines, de l'influence des chefs ghanéens qui détenaient les sièges traditionnels du pouvoir, et de l'influence des religieux islamiques qui distribuaient des charmes et des amulettes. La rencontre entre l'islam et les RTA a donné naissance à une nouvelle forme d'islam, l'islam populaire, qui est la forme prédominante de l'islam au Ghana.

Les croyances et pratiques religieuses des musulmans ghanéens sont influencées par les pratiques religio-magique enracinées dans les RTA. Bien que les musulmans ghanéens pratiquent les cinq piliers de l'islam comme tous les musulmans, ils ont des interprétations différentes de ces pratiques religieuses et les considèrent comme des moyens de se libérer du mal. Les musulmans ghanéens éprouvent de la peur et de l'insécurité face à un avenir inconnu et à des puissances maléfiques, et recherchent donc la guérison, la puissance et les bénédictions pour les vaincre. Pour se protéger, ils vénèrent les saints et les ancêtres et se fient aux charmes, aux amulettes et aux *malams*. Les musulmans populaires ghanéens sont donc des personnes orientées vers la puissance. Ce travail a permis d'identifier les besoins existentiels, expérientiels et théologiques des musulmans populaires, afin de montrer les passerelles que les pentecôtistes peuvent utiliser pour transmettre l'Évangile aux musulmans populaires.

Il est important de noter que les approches directes et indirectes qui impliquent une confrontation ne donnent pas de bons résultats lorsqu'il s'agit de partager l'Évangile avec les musulmans. Culturellement et politiquement, les musulmans et les chrétiens ghanéens vivent en harmonie et en paix, sous l'influence de leur communauté culturelle, de l'éducation coopérative et d'une alliance politique intégrative qui comprend des adeptes des deux religions. Néanmoins, il y a des conflits et des heurts lorsque les chrétiens font du prosélytisme auprès des musulmans et utilisent des méthodes traditionnelles d'évangélisation polémique. Cependant, les approches conversationnelles et apologétiques qui permettent de développer une relation amicale avec les musulmans populaires donneront certains résultats.

Cette étude a montré comment les pentecôtistes peuvent identifier et répondre aux besoins théologiques des musulmans populaires. Il s'agit notamment de la compréhension de l'autorévélation de Dieu en tant que Dieu unique et du *tawḥīd* (unicité de Dieu), ainsi que de la convergence et de la divergence de l'identité de Jésus dans le Coran et dans la Bible. Les musulmans rejettent Jésus en tant que Fils de Dieu, mais ils ont une grande estime pour la personne de Jésus. Il est donc essentiel de comprendre le Jésus coranique, sa naissance et sa vie si l'on veut dialoguer avec les musulmans. De même que de nombreux chrétiens dans le monde interprètent mal la Bible, de nombreux musulmans manquent de compréhension à l'égard de leurs propres écritures. Même si les musulmans nient la crucifixion et la mort de Jésus, les érudits islamiques ne sont pas parvenus à un consensus à ce sujet. La nature ouverte de la discussion offre aux pentecôtistes une bonne occasion d'aborder avec les musulmans le message fondamental de l'Évangile.

Néanmoins, une compréhension théologique de Jésus-Christ ne peut avoir de sens pour les musulmans populaires que si Jésus est présenté d'une manière pertinente et significative pour la culture. Présenter Jésus aux musulmans populaires ghanéens comme l'ancêtre par excellence a du sens pour eux, car Jésus a rempli toutes les conditions requises pour être un excellent ancêtre héroïque. En outre, en raison de l'interprétation controversée de l'Esprit dans le Coran et de la compréhension superficielle qu'ont les musulmans du Saint-Esprit et de ses œuvres, le Saint-Esprit peut être un point de départ fructueux.

Le Coran approuve la récitation de la révélation de Dieu (Coran 13.39). La proclamation verbale de la vérité de la parole de Dieu à l'intention des musulmans a le pouvoir de les convaincre : « Car je n'ai point honte de l'Évangile : c'est une puissance de Dieu pour le salut de quiconque croit, du Juif premièrement, puis du Grec » (Rm 1.16, LSG). La Parole de Dieu, contrairement au Coran, n'est pas seulement une révélation de Dieu, mais Dieu incarné (Jn 1.1). Elle a l'autorité de Dieu et est capable d'inspirer les auditeurs (Hé 4.12). On a dit que saint Augustin a senti que Dieu lui parlait directement en écoutant et en lisant la Parole de Dieu :

> Alors qu'il agonisait dans son jardin à cause de son échec moral, il entendit un enfant qui, dans une maison voisine, répétait d'une voix chantante le refrain *Tolle lege* (« Prends et lis »). Il y avait sur un banc un livre sur les lettres de Paul. Augustin le prit et lut : « Marchons honnêtement, comme en plein jour, loin des excès et de l'ivrognerie, de la luxure et de l'impudicité, des querelles et des jalousies. Mais revêtez-vous du Seigneur Jésus-Christ, et n'ayez pas soin de la chair pour en satisfaire les convoitises (Rm 13.13-14) »[1].

C'est ce qui a conduit à la conversion et au baptême d'Augustin. De la même manière, la proclamation de la parole pure de Dieu à des musulmans populaires peut apporter une conviction, la parole de Dieu parle, et la puissance de Dieu pour sauver est intrinsèque à cette parole.

Le style de vie de celui qui présente l'Évangile est aussi important que l'Évangile qu'il partage. C'est pourquoi le caractère christique est une nécessité pour ceux qui veulent partager l'Évangile avec les musulmans. Les chrétiens doivent montrer aux musulmans qu'ils possèdent la lumière qui chasse les ténèbres et la corruption dans le monde. Lorsque les musulmans populaires voient les chrétiens vivre une vie transparente dans la politique, l'Église, les affaires et la famille, ils seront attirés par le Jésus que les chrétiens professent. En outre, la vérité biblique doit être présentée avec grâce et amour sur la base des Écritures :

> Mais sanctifiez dans vos cœurs Christ le Seigneur, étant toujours prêts à vous défendre, avec douceur et respect, devant quiconque vous demande raison de l'espérance qui est en vous, et ayant une bonne conscience, afin que, là même où ils vous calomnient comme si vous étiez des malfaiteurs, ceux qui décrient votre bonne conduite en Christ, soient couverts de confusion. (1 P 3.15-16)

Partager l'Évangile avec grâce et vérité implique d'être « tout à tous », ce qui signifie s'identifier à la culture des musulmans populaires, manger avec

---

1. Everett Ferguson, *Church History. Vol. 1. From Christ to the Pre-Reformation. The Rise and Growth of the Church in Its Cultural, Intellectual, and Political Context*, 2ᵉ éd., Grand Rapids, Zondervan, 2013, p. 270.

eux (Ga 2.11-16), les honorer (1 P 2.17), les considérer comme meilleurs que soi (Ph 2.3), les servir comme le Christ a servi le monde (Ga 5.13), et ne pas s'offenser d'eux (1 Co 10.32)[2]. Le fait de devenir tout pour les musulmans populaires (1 Co 9.22) n'implique pas l'abandon des valeurs fondamentales de l'Évangile, mais impose plutôt à celui qui proclame l'Évangile la responsabilité de démontrer sa volonté de s'aventurer dans la vie des autres et de partager leurs conditions de vie. Dans le contexte des musulmans populaires du Ghana, en particulier ceux du nord, les pentecôtistes du sud qui veulent s'engager auprès d'eux pourraient échanger une brosse à dents contre un bâton à mâcher, un tissu Kente contre un vêtement blouse du nord, et du Coca-Cola contre de la noix de kola, qui font partie de l'identification culturelle des musulmans populaires[3]. Il peut s'agir de déclarer le jeûne et la prière pendant le mois de Ramadan pour demander au Seigneur un renouveau spirituel qui transforme les rencontres quotidiennes en rencontres de puissance.

Répondre aux besoins existentiels des musulmans populaires est une autre façon de partager l'Évangile avec eux. Les chrétiens doivent identifier les services d'amour qu'ils peuvent offrir aux musulmans populaires et prendre des mesures pratiques pour répondre à leurs besoins. Étant donné que les musulmans populaires ghanéens sont orientés vers la puissance, ils devraient également faire l'expérience des rencontres de puissance qui peuvent répondre à leurs besoins expérientiels. Les puissances des ténèbres imprègnent leur monde et leur vision du monde ; ce travail a donc permis de comprendre comment les rencontres de puissance peuvent atteindre les musulmans populaires dans le contexte ghanéen. Le Coran recommande aux musulmans de respecter les anciennes Écritures, y compris le Nouveau Testament, de sorte que les œuvres de puissance dans la vie de Jésus sont des moyens pour les musulmans populaires de parvenir à la connaissance salvatrice de Jésus. Les pratiques pentecôtistes de guérison, de délivrance, de prière et de jeûne conformes à la Bible répondront aux besoins expérientiels des musulmans. À l'ère postpandémique, les rencontres de guérison et de délivrance peuvent également devenir un moyen approprié de partager l'Évangile avec les musulmans, en raison de leur quête d'une guérison continue. Toutefois,

---

2. James P. Dretke, *A Christian Approach to Muslims. Reflections from West Africa*, Pasadena, William Carey Library, 1979, p. 148.
3. *Ibid.*

les rencontres de puissance ne devraient servir que de rampe de lancement pour attirer les musulmans populaires vers l'Évangile ; ce n'est pas une fin, mais un moyen de parvenir à une fin.

Bien que cette recherche ait eu pour but de trouver une approche spécifique pour faire connaître l'Évangile aux musulmans du Ghana, la proclamation ne doit pas être considérée comme un acte humain, mais comme l'œuvre du Saint-Esprit qui conduit les individus à la conviction et à la conversion par la grâce de Dieu. Les voies de Dieu sont différentes des voies humaines, et chaque musulman populaire a ses propres particularités ; par conséquent, la meilleure approche peut varier d'une personne à l'autre. C'est pourquoi le meilleur moyen de s'engager auprès des musulmans populaires et de les préserver en Jésus est de leur proposer une formation de disciple qui les incite à s'appuyer sur la puissance de soutien du Saint-Esprit pour les délivrer du mal.

Contributions à la recherche

Les pentecôtistes ghanéens s'engagent dans une évangélisation active et persistante pour partager l'Évangile avec tous les Ghanéens. Cependant, ce travail m'a permis de constater que les pentecôtistes ghanéens ne comprennent pas suffisamment les musulmans dans le contexte de l'islam populaire pour les inciter à partager l'Évangile. En outre, bien que certains érudits, par l'intermédiaire d'ONG et de conseils non pentecôtistes, aient tenté d'éduquer les chrétiens ghanéens sur les relations entre chrétiens et musulmans, les pentecôtistes ne sont généralement pas impliqués dans ces programmes en raison de prétendues différences doctrinales.

Les résultats de cette recherche permettent donc aux pentecôtistes de mieux comprendre les musulmans populaires, ce qui peut les aider dans leur travail d'évangélisation.

En tant que principale version locale du pentecôtisme, l'Église de Pentecôte utilise le modèle local de la mission et de l'évangélisation de masse, ainsi que de nombreuses interventions sociales pour partager l'Évangile. Cependant, il n'existe pas de modèles spécifiques adaptés aux besoins des musulmans populaires du Ghana depuis que le Ministère de l'évangélisation des nordistes a cessé ses activités. Même si quelques chercheurs ont écrit sur la mission de l'Église de Pentecôte, aucun travail de recherche n'a été effectué jusqu'à présent sur l'évangélisation chrétienne des musulmans ou sur la mission de l'Église de Pentecôte auprès des musulmans. Cette recherche comble donc une lacune importante dans la compréhension actuelle de l'évangélisation, ce qui pourrait être utile aux futurs chercheurs. Les idées et recommandations proposées dans le cadre de cette étude peuvent également servir de guide aux futurs responsables chrétiens qui cherchent à faire connaître l'Évangile aux musulmans de manière efficace.

Dans le passé, les pentecôtistes ont eu des attitudes négatives à l'égard des musulmans, ce qui les a empêchés de jeter les bons ponts pour permettre aux musulmans de passer des malentendus et des polémiques antichrétiennes aux rencontres avec la vérité, et de la peur à la foi et à l'espérance en Jésus. Ce travail contribue à sensibiliser les pentecôtistes ghanéens à la nécessité d'un engagement constructif avec les musulmans, en prouvant qu'il existe des passerelles entre la théologie et la vie quotidienne. Les résultats mettent en évidence le lien crucial de l'identité nationale et tribale, qui est primordial pour l'identité ghanéenne, avant son identité religieuse. Ainsi, les chrétiens considèrent les musulmans avant tout comme des frères et sœurs ghanéens. Cette relation offre aux chrétiens pentecôtistes une excellente occasion de s'engager librement auprès d'eux, en tirant le meilleur parti des ponts existants, des supports théologiques et des besoins existentiels des musulmans populaires.

Ce travail a également démontré l'influence de l'islam populaire au Ghana et a attiré l'attention sur l'héritage spirituel similaire que partagent les musulmans populaires ghanéens et les pentecôtistes. Cette compréhension des pratiques de l'islam populaire peut faciliter le partage efficace de l'Évangile avec les musulmans ghanéens. Cette étude confirme non seulement la christologie de Jésus en tant qu'ancêtre des chrétiens africains, mais elle ajoute également une nouvelle dimension à la connaissance de Jésus en tant qu'ancêtre héros des musulmans populaires ghanéens. Jésus remplit les conditions requises au-delà de tous les ancêtres ghanéens en tant que membre du clan des musulmans populaires, en tant que sauveur universel. Cette réalité est donc recommandée comme pont pour partager l'Évangile avec les musulmans populaires.

Cette étude a également identifié les rencontres de puissance comme un moyen de partager l'Évangile avec les musulmans populaires ghanéens. Toutefois, je mets en garde contre l'accent mis sur les pratiques religio-magique, car les musulmans populaires peuvent réinterpréter le christianisme comme un nouveau charme ou une puissance magique pour gagner en influence, ce qui ne produit pas de véritables conversions. Je confirme donc la position de Hiebert, selon laquelle ces pratiques peuvent ne pas conduire à une véritable conversion des personnes qui se contentent de changer leurs symboles ou fétiches et de donner des noms chrétiens à leurs dieux et esprits païens[4]. Dans le même ordre d'idées, certains chercheurs non pentecôtistes et pentecôtistes affirment que ces approches semblent constituer « une menace pour le progrès du christianisme » au Ghana[5]. Cependant, j'ai démontré que ces pratiques religio-magique peuvent être utilisées comme une préparation progressive aux rencontres avec la vérité de l'Évangile, comme des points d'entrée dans la foi chrétienne pour la majorité des personnes qui sont moins éduquées et qui recherchent un évangile qui répond aux besoins spirituels de tous les jours. La foi chrétienne promet le salut et la délivrance du mal et fait appel à la puissance du Saint-Esprit comme moyen de survie et de réconfort au milieu de la détresse (Jn 14.16). Par conséquent, dans le contexte du pentecôtisme ghanéen, les musulmans populaires devraient être orientés vers la puissance du Saint-Esprit qui les soutient, car c'est l'approche ultime qui les maintiendra dans la foi chrétienne.

Il n'existe pas de manière spécifique de partager l'Évangile avec les musulmans populaires au Ghana. Cependant, l'islam populaire est prédominant au Ghana et offre aux pentecôtistes des passerelles pour partager l'Évangile. L'engagement par la théologie dans la douceur et le respect, l'engagement par les besoins existentiels, l'engagement par les rencontres de puissance et l'engagement par le pouvoir de soutien du Saint-Esprit dans la formation des disciples sont les meilleurs moyens de transmettre l'Évangile aux musulmans populaires. Les pentecôtistes, par leur ténacité à évangéliser, sont des branches qui peuvent porter du fruit. Cette étude offre aux pentecôtistes du Ghana des outils pour s'auto-élaguer, afin de porter beaucoup plus de fruit, comme l'a dit Jésus : « Tout sarment qui porte du fruit, il l'émonde, afin qu'il porte encore plus de fruit » (Jn 15.1-2, LSG). Les pentecôtistes, et l'Église de Pentecôte en particulier, sont l'un des sarments de la vigne qui produit des fruits dans leur désir d'atteindre le monde. Afin de porter davantage de fruits, cette recherche a permis de prendre conscience et de comprendre l'islam, ce qui peut modifier l'approche polémique des pentecôtistes en matière de

---

4. Hiebert, *Transforming Worldviews*, p. 11.
5. Onyinah, « Matthew Speaks to Ghanaian Healing Situations », p. 30.

partage de l'Évangile dans le cadre d'un dialogue plus aimant, respectueux et plein de compassion.

Recommandations

Ce travail a fait appel à une recherche descriptive et analytique des sources documentaires pour parvenir à ses conclusions. Les futurs chercheurs devraient donc recourir à des études ethnographiques pour approfondir ces résultats. Les Églises pentecôtistes charismatiques étant nombreuses au Ghana, les chercheurs de différentes confessions ou de différentes régions géographiques pourraient approfondir ce travail en analysant et en comparant les différentes approches de l'engagement auprès des musulmans populaires dans leurs contextes spécifiques. En outre, bien que ce travail ait porté sur les musulmans populaires du Ghana, il sera utile d'étudier l'islam orthodoxe au Ghana et les approches des Églises orthodoxes ghanéennes en matière de dialogue.

Bibliographie

ABDUL-HAMID Mustapha, « Christian-Muslim Relationship in Ghana. A Model for World Dialogue and Peace », *Ilorin Journal of Religious Studies* 1, no. 1, juin 2011, p. 21-32.

AGBETI Kofi J., *West African Church History. Christian Missions and Church Foundations: 1482–1919*, Leiden, E. J. Brill, 1986. Cité dans Daniel Okyere Walker, « The Pentecost Fire Is Burning. Models of Mission Activities in the Church of Pentecost », thèse de doctorat, University of Birmingham, mars 2010.

AL-BUKHARI Sahih, *The Translation of the Meanings of Sahih Al-Bukhari*, vol. 9, traduit et corrigé par Muhammad Muhsin Khan, Al Nabawiya, Dar Ahya Us-Sunnah. Cité dans Caleb Chul-soo Kim, *Islam among the Swahili in East Africa*, 2ᵉ éd., Nairobi, Acton Publishers, 2016.

AL-GHAZALI Abu Hamid, « Inner Dimensions of Islamic Worship », traduit par Muhtar Holland, Leicester, Islamic Foundation, 1983. Cité dans Carole Hillenbrand, *Introduction to Islam. Beliefs and Practices in Historical Perspective*, Londres, Thames and Hudson, 2015.

AL-TABARI Abu Ja'far, *Commentaire du Coran*, abrégé et traduit par M. Pierre Godé, Partie 6. Cité dans J. Dudley Woodberry, « The Muslim Understanding of Jesus », *Word and Word* 16, no. 2, printemps 1996, p. 173-178.

AMANOR Kwabena Darkwa, « Pentecostal and Charismatic Churches in Ghana and the African Culture: Confrontation or Compromise? » *Journal of Pentecostal Theology* 18, no. 1, 2009, p. 123-140.

ANDERSON Allan Heaton, « Diversity in the Definition of "Pentecostal/Charismatic" and Its Ecumenical Implications », *Mission Studies* 9, no. 1, 1 janvier 2002, p. 40-55.

ANDERSON Allan Heaton, *An Introduction to Pentecostalism*, Cambridge, Cambridge University Press, 2004. Cité dans Opoku Onyinah, « The Movement of the Spirit around the World in Pentecostalism », *Transformation* 30, no. 4, 2 octobre 2013, p. 273-286.

Anderson Allan Heaton, *To the Ends of the Earth. Pentecostalism and the Transformation of World Christianity*, New York, Oxford University Press, 2013.

Anank Francis Kweku, « The Impact of the Northern Outreach Ministry on the Church of Pentecost », Mémoire de licence en lettres, Pentecost University College, 2013. Cité dans Amos Jimmy Markin, « Spirit and Mission. The Church of Pentecost as a Growing African Pentecostal Denomination », thèse de doctorat, South African Theological Seminary, 2018.

Anim Emmanuel, « Mission, Migration, and World Christianity. An Evaluation of the Mission Strategy of the Church of Pentecost in the Diaspora », *Pentecost Journal of Theology and Mission 1*, no. 1, juillet 2016, p. 36-51.

Aning Kwesi, Abdallah Mustapha, « Islamic Radicalization and Violence in Ghana », *Conflict, Security and Development* 13, no. 2, mai 2013, p. 149-167.

Antoine Mikelle, « Practice and Conversion of Asante Market Women to the Ahmadiyya Muslim Mission in the Late 20th Century », thèse de doctorat, Michigan State University, 2010.

Arnold Clinton E., « The Kingdom, Miracles, Satan, and Demons », dans *The Kingdom of God*, sous dir. Christopher W. Morgan et Robert A. Peterson, Wheaton, Crossway, 2012, p. 153-178.

Asamoah-Gyadu J. Kwabena, *African Charismatics. Current Developments within Independent Indigenous Pentecostalism in Ghana*, Studies of Religion in Africa 27, Leiden, Brill, 2005.

Asamoah-Gyadu J. Kwabena, « "Function to Function": Reinventing the Oil of Influence in African Pentecostalism », *Journal of Pentecostal Theology* 13, no. 2, 2005, p. 231-256.

Asamoah-Gyadu J. Kwabena, « Pentecostalism and the Missiological Significance of Religious Experience. The Case of Ghana's Church of Pentecost », *Trinity Journal of Church and Theology* 12, no. 1, juillet/décembre 2002, p. 30-53.

Asamoah-Gyadu J. Kwabena, Chow Alexander, Wild-Wood Emma, « Editorial. The Covid-19 Pandemic and World Christianity », *Studies in World Christianity* 26, no. 3, 2020, p. 213-218. https://doi.org/10.3366/swc.2020.0306.

Asem E. Kafui, sous dir., *A History of the Church of Pentecost*, vol. 1, Accra, Pentecost Press, 2005.

Assimeng Max, *Social Structure of Ghana. A Study in Persistence and Change*, Tema, Ghana Publishing Corporation, 1999. Cité dans Daniel Okyere Walker, « The Pentecost Fire Is Burning. Models of Mission Activities in the Church of Pentecost », thèse de doctorat, University of Birmingham, mars 2010.

Ayoub Mahmoud M., *Islam. Faith and History*, Londres, Oneworld Publications, 2013, édition Kindle.

Ayoub Mahmoud M., *Islam. Faith and History*, Oxford, Thomson Press, 2004.

AZUMAH John, « Christian Witness to Muslims. Rationale, Approaches and Strategies », *Missionalia* 34, no. 1, avril 2006, p. 5-21.
AZUMAH John, « Controversy and Restraint in Ghana », *Transformation* 17, no. 1, janvier 2000, p. 23-26.
AZUMAH John, « Fault Lines in African Christian Responses to Islam », dans *The African Christian and Islam*, sous dir. John Azumah et Lamin Sanneh, Carlisle, Langham Monographs, 2013, p. 125-146.
AZUMAH John, « Historical Survey of Islam and Christian-Muslim Relations in Africa », cours donné au Sannet Institute, Accra, Ghana, 4 novembre 2021.
AZUMAH John, *The Legacy of Arab-Islam in Africa. A Quest for Inter-Religious Dialogue*, Londres, Oneworld Publications, 2014.
AZUMAH John, « Muslim-Christian Relations in Ghana. Too Much Meat Does Not Spoil the Soup », *Current Dialogue* 36, décembre 2000, p. 1-5.
AZUMAH John, *My Neighbour's Faith. Islam Explained for Christians*, Grand Rapids, Zondervan, 2008, édition Kindle.
AZUMAH John, SANNEH Lamin, sous dir., *The African Christian and Islam*, Carlisle, Langham Monographs, 2013.
BEDIAKO Kwame, « Christian Faith and African Culture. An Exposition of the Epistle to the Hebrews », *Journal of African Christian Thought* 13, no. 1, juin 2010, p. 45-57.
BEDIAKO Kwame, « Christianity, Islam and the Kingdom of God. Rethinking Their Relationship from an African Perspective », *Journal of African Christian Thought* 7, no. 2, décembre 2004, p. 1-57.
BEDIAKO Kwame, *Jesus and the Gospel in Africa. History and Experience*, Theology in Africa, Yaoundé, Cameroun, Paternoster Press, 2000.
BENYAH Francis, « Commodification of the Gospel and the Socio-Economics of Neo-Pentecostal/Charismatic Christianity in Ghana », *Legon Journal of the Humanities* 29, 2018, p. 116-145.
BERG Bruce L., LUNE Howard, *Qualitative Research Methods for the Social Sciences*, 8ᵉ éd., Pearson New International Editions, Essex, Pearson Education, 2014.
BOSCH David, « Evangelism. An Holistic Approach », *Journal of Theology for Southern Africa* 36, septembre 1981, p. 43-63. Cité dans Krish Kandiah, « Lesslie Newbigin's Contribution to a Theology of Evangelism », *Transformation* 24, no. 1, janvier 2007, p. 51-60. http://www.jstor.com/stable/43052689.
BOSCH David, *Transforming Mission. Paradigm Shifts in Theology of Mission*, 20ᵉ éd., American Society of Missiology 16, Maryknoll, Orbis, 2011, éd. Kindle.
BRANT Howard, « Power Encounter, Toward an SIM Position », *International Journal of Frontier Missions* 104, octobre 1993, p. 185-192.

BREIDENBACH Paul S., « Spatial Juxtapositions and Belief Orientations in a Ritual of a Ghanaian Healing Movement 1 », *Journal of Religion in Africa* 7, no. 2, 1975, p. 94-110.

BROOMHALL B., « The Evangelization of the World, a Missionary Band. A Record of Consecration, and an Appeal », dans *From Seed to Fruit. Global Trends, Fruitful Practices, and Emerging Issues among Muslims*, sous dir. J. Dudley Woodberry, 2ᵉ éd., Pasadena, William Carey Library, 2011, p. 1-14.

CHO David Yonggi, *Spiritual Leadership for the New Millennium*, Seoul, Logos, 2002.

Church of Pentecost Evangelism Ministry, « The 21st Century Church. Its Evangelistic Task, Challenges and Relevance », Paper from Evacon 2021, University of Mine and Technology, Tarkwa, 13-16 juin 2002, p. 1-96.

CLARKE Peter B., « West Africa and Christianity », Londres, Edward Arnold, 1986. Cité dans Daniel Okyere Walker, « The Pentecost Fire Is Burning. Models of Mission Activities in the Church of Pentecost », thèse de doctorat, University of Birmingham, mars 2010.

CLARKE Peter B., *West Africa and Islam. A Study of Religious Development from the 8th to the 20th Century*, Londres, Edward Arnold, 1982.

Le Coran (al-Qor'ân), traduction de l'arabe par Régis Blachère, Paris, Maisonneuve et Larose, 1966.

CRAGG Kenneth, *Jesus and the Muslim. An Exploration*, Oxford, Allen and Unwin, 1985.

CROWTHER Samuel Ajayi, « Experiences with Heathens and Mohammedans in West Africa », Londres, Society for Promoting Christian Knowledge, 1892. Cité dans Andrew F. Walls, *The Cross-Cultural Process in Christian History. Studies in the Transmission and Reception of Faith*. Maryknoll, Orbis Books, 2002.

DASWANI Girish, « (In-)Dividual Pentecostals in Ghana », *Journal of Religion in Africa* 41, no. 3, 2011, p. 256-279.

DEERE Jack, *Surprised by the Power of the Spirit. Discovering How God Speaks and Heals Today*, Grand Rapids, Zondervan, 1993.

DOVLO Elom, ASANTE Alfred Ofosu, « Reinterpreting the Straight Path. Ghanaian Muslim Converts in Mission to Muslims », *Exchange* 32, no. 3, juillet 2003, p. 214-238.

DRETKE James P., *A Christian Approach to Muslims. Reflections from West Africa*, Pasadena, William Carey Library, 1979.

EFFAH Yusuf K., « The Early History of the Ahmadiyya in Ghana », Accra, Ahmadiyya Muslim Mission Press, 1994. Cité dans Mikelle Antoine, « Practice and Conversion of Asante Market Women to the Ahmadiyya Muslim Mission in the Late 20th Century », thèse de doctorat, Michigan State University, 2010.

EGGEN Wiel, « Mawu Does Not Kill. On Ewe Kinship-Focused Religion », *Exchange* 31, no. 4, octobre 2002, p. 342-261.

EPHSON Ben, « Muslim-Christian Clashes Escalate », *Christianity Today* 40, no. 2, 5 février 1996, p. 102. Atlas Religion Database with AtlaSerials.

ESPOSITO John L., sous dir., *The Oxford Encyclopedia of The Islamic World*, vol. 5, Oxford, Oxford University Press, 2009.

ESPOSITO John L., *What Everyone Needs to Know About Islam. Answers to Frequently Asked Questions, From One of America's Leading Experts*, New York, Oxford University Press, 2002.

EVANS H. St. John T., « The Akan Doctrine of God. African Ideas of God », Londres, Edinburgh House Press, 1995. Cité dans Olof Petterson, « Monotheism or Polytheism? A Study of the Ideas about Supreme Beings in African Religion », *Temenos Nordic Journal of Comparative Religion* 2, 1966, p. 48-67. https://doi.org/10.33356/temenos.6465.

FAIRMAN Walter T., « The Approach to Moslems », *MW*, juillet 1926, p. 272-274. Cité dans Sam Schlorff, *Missiological Models in Ministry to Muslims*, Upper Darby, Middle East Resources, 2006.

FALK Peter, *The Growth of the Church in Africa*, Grand Rapids, Zondervan, 1979. Cité dans Daniel Okyere Walker, « The Pentecost Fire Is Burning. Models of Mission Activities in the Church of Pentecost », thèse de doctorat, University of Birmingham, mars 2010.

FERGUSON Everett, *Church History. Vol. 1. From Christ to the Pre-Reformation. The Rise and Growth of the Church in Its Cultural, Intellectual, and Political Context*, 2ᵉ éd., Grand Rapids, Zondervan, 2013.

FREDERICKS Martha Th., « Let Us Understand Our Differences. Current Trends in Christian-Muslim Relations in Sub-Saharan Africa », *Transformation* 27, no. 4, octobre 2010, p. 261-274.

GAFFIN Richard B. Jr., « A Cessationist View », dans *Are Miraculous Gifts for Today?* sous dir. Wayne A. Grudem, Grand Rapids, Zondervan Academic, 1996, p. 25-63.

GAUDEUL Jean-Marie, *Called From Islam to Christ. Why Muslims Become Christians*, Crowborough, Monarch Books, 1999. Cité dans Elom Dovlo et Alfred Ofosu Asante, « Reinterpreting the Straight Path. Ghanaian Muslim Converts in Mission to Muslims », *Exchange* 32, no. 3, juillet 2003, p. 214-238.

GEOFFREY Eric, *Introduction to Sufism. The Inner Path of Islam*, Bloomington, World Wisdom, 2010.

GHANA EVANGELICAL COMMITTEE, « Survey of Churches in Ghana, 1989, 1991, 2010 ». Cité dans Amos Jimmy Markin, « Spirit and Mission. The Church of Pentecost as a Growing African Pentecostal Denomination », thèse de doctorat, South African Theological Seminary, 2018.

Gifford Paul Joseph, « Ghana's Charismatic Churches », *Journal of Religion in Africa* 24, no. 3, août 1994, p. 241-265.

Gifford Paul Joseph, *Ghana's New Christianity: Pentecostalism in a Globalizing African Economy*, Bloomington, Indiana University Press, 2004.

Goheen Michael W., *Introducing Christian Mission Today. Scripture, History and Issues*, Downers Grove, IVP Academic, 2014.

Grafton David D., « Muslim-Christian Relations in the Midst of the COVID-19 Pandemic », *The Muslim World* 111, no. 4, 2021, p. 563-572.

Gray Andrea, Gray Leith, « The Imperishable Seed. Toward Effective Sharing of Scripture », dans *From Seed to Fruit. Global Trends, Fruitful Practices, and Emerging Issues among Muslims*, sous dir. J. Dudley Woodberry, 2ᵉ éd., Pasadena, William Carey Library, 2011, p. 26-37.

Green Denis J., « Guidelines from Hebrews for Contextualization », dans *Muslims and Christians on the Emmaus Road: Crucial Issues in Witness among Muslims*, sous dir. J. Dudley Woodberry, Pasadena, MARC, 1989, p. 233-250.

Gross Edward N., *Miracles, Demons and Spiritual Warfare. An Urgent Call for Discernment*, Grand Rapids, Baker Books, 1990.

Grudem Wayne A., sous dir. *Are Miraculous Gifts for Today?* Grand Rapids, Zondervan Academic, 1996.

Gyasi I. K., « Ahmadiyya's Contribution to National Development », *Ghanaian Chronicle*, 8 mars 2004, All Africa, https://allafrica.com/stories/200403081144.html.

Haider Najam, *Shi'i Islam. An Introduction*, New York, Cambridge University Press, 2014.

Hakeen Al-Hajj Maulvi Fazlur Rahman, « Ahmadiyya Movement in West Africa », *Review of Religions* 33, no. 9 & 10, septembre-octobre 1934. Cité dans Nathan Iddrisu Samwini, « The Muslim Resurgence in Ghana Since 1950 and Its Effects upon Muslims and Muslim-Christian Relations », thèse de doctorat, University of Birmingham, septembre 2003.

Haustein J.rg, « Birmingham GloPent Conference Report », News and Events, GloPent, dernière modification le 30 mai 2006, https://www.glopent.net/Members/webmaster/birmingham-2006/birmingham-conference-report.

Hilborn David, Bird Matt, sous dir., *God and the Generations. Youth, Age and the Church Today*, Carlisle, Paternoster, 2002. Cité dans Christian Tsekpoe, « Local Species in African Soil. The Development of James McKeown's Mission Models and the Church of Pentecost Ghana », thèse de doctorat, Oxford Centre for Mission Studies, 2002.

Harrison Everett F., Hagner Donald A., « Romans », *Romans–Galatians*, vol. 11, Expositor's Bible Commentary, éd. rév., Grand Rapids, Zondervan, 2008.

HIEBERT Paul G., « Power Encounter and Folk Islam », dans *Muslims and Christians on the Emmaus Road. Crucial Issues in Witness among Muslims*, sous dir. J. Dudley Woodberry, Monrovia, MARC, 1989, p. 45-61.

HIEBERT Paul G., *Transforming Worldviews. An Anthropological Understanding of How People Change*, Grand Rapids, Baker Academic, 2008.

HILLENBRAND Carole, *Introduction to Islam. Beliefs and Practices in Historical Perspective*, Londres, Thames and Hudson, 2015.

HISKETT Mervyn, *The Development of Islam in West Africa. Longman Studies in African History*, Essex, Longman Group, 1984.

HOLLENWEGER Walter J., « Evangelism. A Non-Colonial Model », *Journal of Pentecostal Theology* 3, no. 7, 1995, p. 107-128.

IBN KHALDUN, « The Muqaddimah », trad. Franz Rosenthal, vol. 2, New York, Pantheon, 1958. Cité dans J. Dudley Woodberry, « The Muslim Understanding of Jesus », *Word and Word* 16, no. 2, printemps 1996, p. 173-178.

IBRAHIM Mohammad Saani, « The Decline of Sufism in West Africa. Some Factors Contributing to the Political and Social Ascendancy of Wahhabist Islam in Northern Ghana », thèse de doctorat, McGill University, Montréal, octobre 2011. ProQuest Dissertations & Theses Global.

IBRAHIM Mohammad Saani, « The Tijaniyya Order in Tamale, Ghana. Its Foundation, Organization and Role », mémoire de maîtrise, McGill University, 2002.

JAWANZA Eric Clark, « Reconceiving the Doctrine of Jesus as Saviour in Terms of the African Understanding of an Ancestor. A Model for the Black Church », *Black Theology: An International Journal* 8, no. 2, 2010, p. 140-159.

JOHNSON Todd M., « Counting Pentecostals Worldwide », *Pneuma* 36, 2014, p. 265-288.

JOHNSON Todd M., « The Demographics of Renewal », dans *Spirit-Empowered Christianity in the 21st Century*, sous dir. Synan Vinson, Lake Mary, Charisma House, 2011, p. 55-68.

JOHNSTONE Patrick, *The Future of the Global Church. History, Trends, and Possibilities*, Downers Grove, IVP, 2011.

JOHNSTONE Patrick, « Look at the Fields. Survey of the Task », dans *From Seed to Fruit. Global Trends, Fruitful Practices, and Emerging Issues among Muslims*, sous dir. J. Dudley Woodberry, 2ᵉ éd., Pasadena, William Carey Library, 2011, p. 1-13.

JONES L. Bevan, *Christianity Explained to Muslims. A Manual for Christian Workers*, Calcutta, YMCA Publishing House, 1938. Cité dans Sam Schlorff, *Missiological Models in Ministry to Muslims*, Upper Darby, Middle East Resources, 2006.

Jones L. Bevan, *The People of the Mosque*, Londres, Student Christian Movement Press, 1932. Cité dans Sam Schlorff, *Missiological Models in Ministry to Muslims*, Upper Darby, Middle East Resources, 2006.

Khan Muhammad Muhsin, Taqi-ud-Din Al-Hilali Muhammad, trad., *Interpretation of the Meanings of the Noble Qur'an in the English Language. A Summarized Version of Al-Tabari, Al-Qurtubi and Ibn Kathir with Comments from Salih Al-Bukhari*, Saudi Arabia, Dar-us-Salam Publications, 1997.

Kim Ah Young, « The Muslim Presence in Korea and Its Implications for Korean Evangelical Missiology », thèse de doctorat, Fuller Theological Seminary, août 2003.

Kim Caleb Chul-soo, *Islam among the Swahili in East Africa*, 2e éd., Nairobi, Acton Publishers, 2016.

Kim Caleb Chul-soo, Travis John, Travis Anna, « Relevant Responses to Popular Muslim Piety », dans *From Seed to Fruit. Global Trends, Fruitful Practices, and Emerging Issues among Muslims*, sous dir. J. Dudley Woodberry, 2e éd., Pasadena, William Carey Library, 2011, p. 239-249.

Kobo Ousman Murzik, « Promoting the Good and Forbidding the Evil. A Comparative Historical Study of Ahl-as-Sunna Islamic Movement in Ghana and Burkina Faso, 1950–2000 », thèse de doctorat, University of Wisconsin-Madison, 2005. ProQuest Dissertations & Theses Global.

Kraft Charles H., *Power Encounter in Spiritual Warfare*, Eugene, Wipf and Stock, 2017.

Kraft Marguerite G., *Understanding Spiritual Power: A Forgotten Dimension of Cross-Cultural Mission and Ministry*, Maryknoll, Orbis Books, 1995.

Kure Maikudi, « Evangelism among Muslims. Notes from Nigeria », *Transformation* 17, no. 1, janvier 2000, p. 17-19.

Lapidus Ira M., *A History of Islamic Societies*, 2e éd., Cambridge, Cambridge University Press, 2002.

Larbi Emmanuel Kingsley, *Pentecostalism. The Eddies of Ghanaian Christianity*, Accra, Centre for Pentecostal and Charismatic Studies, 2015, édition Kindle.

Larson Warren, « Jesus in Islam and Christianity. Discussing the Similarities and the Differences », *Missiology* 36, no. 3, juillet 2008, p. 327-341.

Levtzion Nehemia, *Muslims and Chiefs in West Africa. Study of Islam in the Middle Volta Basin in the Pre-Colonial Period*, Oxford, Clarendon Press, 1968.

Levtzion Nehemiah, Pouwels Randall L., sous dir., *The History of Islam in Africa*, Athens, Ohio University Press, 2000.

Lewis Bernard, Churchill Buntzie Ellis, *Islam. The Religion and the People*, Upper Saddle River, Pearson Education, 2009.

Lipka Michael, Hackett Conrad, « Why Muslims Are the World's Fastest-Growing Religious Group », Pew Research Center, 6 avril 2017, http://pewrsr.ch/2nOPNXY.

LIVERMAN Jeff, « Unplowed Ground. Engaging the Unreached », dans *From Seed to Fruit. Global Trends, Fruitful Practices, and Emerging Issues among Muslims*, sous dir. J. Dudley Woodberry, 2ᵉ éd., Pasadena, William Carey Library, 2011, p. 16-23.

LIVINGSTONE Greg, « Laborer from the Global South: Partnering in the Task », dans *From Seed to Fruit. Global Trends, Fruitful Practices, and Emerging Issues among Muslims*, sous dir. J. Dudley Woodberry, 2ᵉ éd., Pasadena, William Carey Library, 2011, p. 39-50.

LOCKYER Herbert, *All the Miracles of the Bible*, Grand Rapids, Zondervan, 1961.

LOVE Richard D., « Church Planting among Folk Muslims », *International Journal of Frontier Missions* 11, no. 2, avril 1994, p. 87-91.

LULL Raymond, « Historical Paradigms of Mission ». Cité dans Hyung Jin Park, « MI 9300 History of Mission and World Christianity », conférence donnée à la Torch Trinity Graduate University, Séoul, Corée du Sud, 21 octobre 2020.

MA Wonsuk, MA Julie C., *Mission in the Spirit. Towards a Pentecostal/Charismatic Missiology*, Regnum Studies in Mission, Eugene, Wipf and Stock, 2010.

MARKIN Amos Jimmy, « Spirit and Mission. The Church of Pentecost as a Growing African Pentecostal Denomination », thèse de doctorat, South African Theological Seminary, 2018.

MBILLAH Johnson A., « African Churches and Interfaith Relations. Food for Thought », dans *From the Cross to the Crescent. A PROCMURA Occasional Paper*, sous dir. J. Mbillah et J. Chesworth. PROCMURA, Nairobi, Kenya, 2004. Cité dans Martha Th. Fredericks, « Let Us Understand Our Differences. Current Trends in Christian-Muslim Relations in Sub-Saharan Africa », *Transformation* 27, no. 4, octobre 2010, p. 261-274.

MBILLAH Johnson A., « PCG: Evangelism and the Muslim Presence », The First Evangelism Consultation of the Presbyterian Church of Ghana, 1-4 mars 1994. Cité dans Elom Dovlo et Alfred Ofosu Asante, « Reinterpreting the Straight Path. Ghanaian Muslim Converts in Mission to Muslims », *Exchange* 32, no. 3, juillet 2003, p. 214-238.

MBITI John S., « Challenges of Languages, Culture, and Interpretation in Translating the Greek New Testament », *Swedish Missiological Themes* 97, no. 2, 2009, p. 141-164.

MBITI John S., *Concepts of God in Africa*, Londres, SPCK, 1970.

MBITI John S., « The Future of Christianity in Africa (1970–2000) », *Communion Viatorum, Theological Quarterly* 13, no. 1-2, printemps 1970, p. 19-38. Atla Religion Database with AtlaSerials.

McGEE Gary B., « Pentecostal Phenomena and Revivals in India. Implications for Indigenous Church Leadership », *International Bulletin of Missions Research* 20, no. 3, 1ᵉʳ juillet 1996, p. 112-117.

MENDONSA Eugene L., « Etiology and Divination among the Sisala of Northern Ghana », *Journal of Religion in Africa* 9, no. 1, 1978, p. 33-50.

MOBLEY Harris W., « The Ghanaian's Image of the Missionary. An Analysis of the Published Critiques of Christian Missionaries by Ghanaians, 1897–1965 », Leiden, E. J. Brill, 1970. Cité dans Daniel Okyere Walker, « The Pentecost Fire Is Burning. Models of Mission Activities in the Church of Pentecost », thèse de doctorat, University of Birmingham, mars 2010.

MUSK Bill, « Dreams and the Ordinary Muslim », *Missiology: An International Review* 16, no. 2 avril 1988, p. 163-171.

MUSK Bill, *The Unseen Faces of Islam. Sharing the Gospel with Ordinary Muslims*, Sutherland, Marc Evangelical Missionary Alliance, 1989.

NEILL Stephen, « A History of Christian Missions », Londres, Penguin Group, 1964. Cité dans Daniel Okyere Walker, « The Pentecost Fire Is Burning. Models of Mission Activities in the Church of Pentecost », thèse de doctorat, University of Birmingham, mars 2010.

NEWBIGIN Lesslie, « Cross-Currents in Ecumenical and Evangelical Understandings of Mission », *International Bulletin of Missionary Research* 6, no. 4, 1982. Cité dans Krish Kandiah, « Lesslie Newbigin's Contribution to a Theology of Evangelism », *Transformation* 24, no. 1, janvier 2007, p. 51-60. http://www.jstor.com/stable/43052689.

NICHOLS Samuel O., « African Christian Theology and the Ancestors: Christology, Ecclesiology, Ethics and Their Implications beyond Africa », *Journal of African Christian Thought* 8, no. 1, juin 2005, p. 27-35.

NUAMAH Sheikh Ishaak Ibrahim, *Islam, the Misunderstood Religion in Ghana. An Analytical Study of Efforts to Paint Islam Black*, Kumasi, Islamic Social Centre. Cité dans Elom Dovlo et Alfred Ofosu Asante, « Reinterpreting the Straight Path. Ghanaian Muslim Converts in Mission to Muslims », *Exchange* 32, no. 3, juillet 2003, p. 214-238.

NUEKPE Dieudonne Komla, « Muslim Christian Encounter in Ghana », *Torch Trinity Center for Islamic Studies Journal* 12, no. 2, septembre 2019, p. 193-234.

ODEM Jason, « Reviewed Work(s). Muhammad and the Qur'an, The Task and the Text by Kenneth Cragg », *Journal of Qur'anic Studies* 6, no. 2, 2004, p. 69-74.

OMENYO Cephas N., « Charismatic Churches in Ghana and Contextualization », *Exchange* 31, no. 3, 2002, p. 252-276.

ONWUBIKO K. B. C., *History of West Africa. Book Two*, Accra, Africana Publishing, 1985. Cité dans Elom Dovlo et Alfred Ofosu Asante, « Reinterpreting the Straight Path. Ghanaian Muslim Converts in Mission to Muslims », *Exchange* 32, no. 3, juillet 2003, p. 214-238.

ONYINAH Opoku, « Matthew Speaks to Ghanaian Healing Situations », *Journal of Pentecostal Theology* 10, no. 1, 2001, p. 125-126.

Onyinah Opoku, « The Movement of the Spirit around the World in Pentecostalism », *Transformation* 30, no. 4, 2 octobre 2013, p. 273-286.
Orobator Agbonkhianmeghe E., *Theology Brewed in an African Pot*, Maryknoll, Orbis Books, 2008, édition Kindle.
Osborn George, sous dir., « For the Turks », Poetical Words of John and Charles Wesley, vol. 6, Londres, Wesleyan Methodist Conference Office, 1870. Cité dans Andrew F. Walls, *The Cross-Cultural Process in Christian History. The Missionary Movement in Christian History*, Maryknoll, Orbis Books, 2002.
Oseje Lawrence, *African Traditions Meeting Islam. A Case of Luo-Muslim Funeral in Kendu Bay*, Kenya, Carlisle, Langham Monographs, 2018.
Osman Sheikh Ahmed, *Islam. The Seal and Syntheses of Divine Revelations*, Maryland, Amana Publications, 2006.
Oss Douglas A., « A Pentecostal/Charismatic Response to Richard B. Gaffin, Jr. », dans *Are Miraculous Gifts for Today?* sous dir. Wayne A. Grudem, Grand Rapids, Zondervan Academic, 1996, p. 86-93.
Owusu-Ansah David, « Prayer, Amulets and Healing », dans *The History of Islam in Africa*, sous dir. Nehemiah Levtzion et Randall L. Pouwels, Athens, Ohio University Press, 2000, p. 477-488.
Parrinder Geoffrey, *Jesus in the Qur'an*, Oxford, Oneworld Publication, 1995.
Parshall Philip L., *Bridges to Islam. Christian Perspective on Folk Islam*, Downers Grove, IVP, 2006.
Parshall Philip L., *Bridges to Islam*, Grand Rapids, Baker Book House, 1983. Cité dans Sampson Kenneth Kofi Twumasi, « Understanding the Folk Islam of the Dagbani-Speaking People. A Prerequisite to Evangelism in North Ghana », thèse de doctorat, Andrews University, 1996.
Parshall Philip L., *New Paths in Muslim Evangelism. Evangelical Approaches to Contextualization*, Grand Rapids, Baker, 1992.
Payne William Price, « Folk Religion and the Pentecostalism Surge in Latin America », *Asbury Journal* 71, no. 1, 2016, p. 145-174, https://place.asburyseminary.edu/asburyjournal/vol71/iss1/12.
Peskett Howard, Ramachandra Vinoth, *The Message of Mission*, The Bible Speaks Today, Downers Grove, IVP, 2003. Cité dans Michael Goheen, *A Light to the Nations, The Missional Church and the Biblical Story*, Grand Rapids, Baker Academic, 2011.
Peterson David, *The Apostles: PNTC*, Grand Rapids, Eerdmans, 2009. Accordance Bible Software.
Petterson Olof, « Monotheism or Polytheism? A Study of the Ideas about Supreme Beings in African Religion », *Temenos Nordic Journal of Comparative Religion* 2, 1966, p. 49-67. https://doi.org/10.33356/temenos.6465.
Pew Research Center, « The Future of World Religions. Population Growth Projection 2010–2050 », Washington, D.C., Pew Research Center, 2016.

Consulté le 8 avril 2021, https://www.pewresearch.org/religion/2015/04/02/religious-projections-2010-2050/#:~:text=Due%20to%20the%20heavy%20 concentration,2050%20and%2055%25%20in%202010.

POCOCK Michael, *The Changing Face of World Missions, Engaging Contemporary Issues and Trends*, Grand Rapids, Baker Academic, 2005.

PONTZEN Benedikt, *Islam in a Zongo. Muslim Lifeworlds in Asante, Ghana*, Cambridge, Cambridge University Press, 2021, édition Kindle.

POWELL Samuel M., « The Theological Significance of the Holiness Movement », *Quarterly Review* 25, no. 2, été 2005, p. 126-140.

RATTRAY R. Sutherland, « Religion and Art in Ashanti », Londres, Oxford University Press, 1927. Cité dans Emmanuel Kingsley Larbi, *Pentecostalism. The Eddies of Ghanaian Christianity*, Ghana, Centre for Pentecostal and Charismatic Studies, 2015.

REISACHER Evelyne A., *Joyful Witness in the Muslim World. Sharing the Gospel in Everyday Encounters*, Grand Rapids, Baker Academic, 2016.

RHEENEN Gailyn Van, *Communicating Christ in Animistic Contexts*, Grand Rapids, Baker Book House, 1991. Cité dans Sampson Kenneth Kofi Twumasi, « Understanding the Folk Islam of the Dagbani-Speaking People. A Prerequisite to Evangelism in North Ghana », thèse de doctorat, Andrews University, 1996.

RIPKEN Nik, « Grace and Truth. Towards Christlike Relationships », dans *From Seed to Fruit. Global Trends, Fruitful Practices, and Emerging Issues among Muslims*, sous dir. J. Dudley Woodberry, 2ᵉ éd., Pasadena, William Carey Library, 2011, p. 367-379.

RIPPIN Andrew, *Muslims. Their Religious Beliefs and Practices*, vol. 1, The Formative Period, Londres, Routledge, 1991.

ROBECK Cecil M. « A Pentecostal Theology for a New Millennium », Paper presented to the twenty-sixth annual meeting of the Society for Pentecostal Studies, Oakland, Californie, 1997. Cité dans Allan Anderson, « Diversity in the Definition of 'Pentecostal/Charismatic' and Its Ecumenical Implications », *Mission Studies* 19, no. 1, 1ᵉʳ janvier 2002, p. 40-55.

ROBERT Dana L., *Christian Mission. How Christianity Became a World Religion*, West Sussex, John Wiley & Sons, 2009.

ROMMEN Edward, sous dir., *Spiritual Power and Missions*, Pasadena, William Carey Library, 1995.

RYAN Patrick J., « "Arise, O God!": The Problem of 'Gods' in West Africa », *Journal of Religion in Africa* 11, no. 3, 1980, p. 161-171.

RYAN Patrick J., « The Mystical Theology of Tijani Sufism and Its Social Significance in West Africa », *Journal of Religion in Africa* 30, no. 2, mai 2000, p. 208-224.

Samwini Nathan Iddrisu, « The Muslim Resurgence in Ghana Since 1950 and Its Effects upon Muslims and Muslim-Christian Relations », thèse de doctorat, University of Birmingham, septembre 2003.

Sanneh Lamin, *The Crown and the Turban. Muslims and West African Pluralism*, Boulder, Westview Press, 1997.

Sanneh Lamin, *Pentecostal Mission and Global Christianity*, Londres, Regnum Books International, 2014.

Sanneh Lamin, *West African Christianity. The Religious Impact*, Londres, C. Hurst, 1993.

Sarbah Cosmas Justice Ebo, « A Critical Study of Christian-Muslim Relations in the Central Region of Ghana with Special Reference to Traditional Akan Values », thèse de doctorat, University of Birmingham, septembre 2010.

Saucy Robert L., « An Open but Cautious Response to Richard B. Gaffin, Jr. », dans *Are Miraculous Gifts for Today?* sous dir. Wayne A. Grudem, Grand Rapids, Zondervan Academic, 1996, p. 65-71.

Saucy Robert L., « An Open but Cautious View », dans *Are Miraculous Gifts for Today?* sous dir. Wayne A. Grudem, Grand Rapids, Zondervan Academic, 1996, p. 97-147.

Schimmel Annemarie, Falaturi Abdoldjavad, sous dir., *We Believe in One God. The Experience of God in Christianity and Islam*, Londres, Seabury Press, 1979. Cité dans Ah Young Kim, « The Muslim Presence in Korea and its Implications for Korean Evangelical Missiology », thèse de doctorat, Fuller Theological Seminary, août 2003.

Schlorff Sam, *Missiological Models in Ministry to Muslims*, Upper Darby, Middle East Resources, 2006.

Sebunje William, « Research Techniques », Kampala, Uganda, Centre for Statistics and Applied Research Capacity Building. Consulté le 20 novembre 2021. https://docplayer.net/52407791-Research-techniques-researched-anddocumented-by-william-sebunje.html.

Shenk David W., « The African Christian and Islamic Mysticism. Folk Islam », cité dans John Azumah et Lamin Sanneh, *The African Christian and Islam*, Carlisle, Langham Monographs, 2013, p. 251-272.

Shenk David W., *Journeys of the Muslim Nation and the Christian Church. Exploring the Mission of Two Communities*, Scottdale, Herald Press, 2003.

Shin Howard, *The Dividing Worldviews of Jesus and Muhammad*, Bloomington, Bestbow Press, 2015.

Steinhaus S. P., « The Spirit-First Approach to Muslim Evangelism », *International Journal of Frontier Missions* 17, no. 4, hiver 2000, p. 23-30. https://www.ijfm.org/PDFs_IJFM/17_4_PDFs/03_Steinhaus.pdf.

Storms C. Samuel., « A Third Wave Response to Richard B. Gaffin, Jr. », dans *Are Miraculous Gifts for Today?* sous dir. Wayne A. Grudem, Grand Rapids, Zondervan Academic, 1996, p. 72-85.

Strauss Mark L., *Four Portraits, One Jesus: A Survey of Jesus and the Gospels*, Grand Rapids, Zondervan, 2007.

Suarsana Yan, « What is Pentecostalism? Some Historiographical Considerations », Paper submitted to the workshop, « Studying Pentecostalism in a Transcultural Perspective » at the Cluster of Excellence « Asia and Europe in a Global Context », Karl Jaspers Centre for Advanced Cultural Studies, Heidelberg University, Allemagne, 3-5 avril 2014. https://www.glopent.net/Members/ysuarsana/suarsana_paper_workshop_2014.pdf/view. Consulté le 24 novembre 2021.

Tasie G. O. M., « Christian Awakening in West Africa, 1914–1918. A Study in the Significance of Native Agency in the History of Christianity in West Africa », sous dir. Ogbu U. Kalu, Londres, Longman, 1980. Cité dans Daniel Okyere Walker, « The Pentecost Fire Is Burning. Models of Mission Activities in the Church of Pentecost », thèse de doctorat, University of Birmingham, mars 2010.

Trimingham John Spencer, « The Influence of Islam upon Africa », Londres, Longmans, Green & Co., 1958. Cité dans Cosmas Justice Ebo Sarbah, « A Critical Study of Christian-Muslim Relations in the Central Region of Ghana with Special Reference to Traditional Akan Values », thèse de doctorat, University of Birmingham, septembre 2010.

Trimingham John Spencer, *Islam in West Africa*, Oxford, Oxford University Press, 1959.

Trimingham John Spencer, « The Phases of Islamic Expansion and Islamic Culture Zones in Africa », dans *Islam in Tropical Africa*, sous dir. I. M. Lewis, 2ᵉ éd., Londres, International African Institute, 1980.

Tsekpoe Christian, « Local Species in African Soil. The Development of James McKeown's Mission Models and the Church of Pentecost, Ghana », thèse de doctorat, Oxford Centre for Mission Studies, 2002.

Twumasi Sampson Kenneth Kofi, « Understanding the Folk Islam of the Dagbani-Speaking People. A Prerequisite to Evangelism in North Ghana », thèse de doctorat, Andrews University, 1996.

Ukah Asonzeh, « Prosperity, Prophecy and the COVID-19 Pandemic. The Healing Economy of African Pentecostalism », *Pneuma* 42, 2020, p. 430-459.

Unal Ali, *The Qur'an with Annotated Interpretation in Modern English*, New Jersey, The Light, 2006.

Unluer Sema, « Being an Insider Researcher while Conducting Case Study Research », *Qualitative Report* 17, no. 29, 2012, p. 1-14. https://doi.org/10.46743/2160-3715/2012.1752.

VEERMAN David R., « Introduction to Hebrews », dans *Life Application Study Bible*, New International Version, sous dir. Bruce Barton, Grand Rapids, Tyndale, 1989.

VIKOR Knut S., « Sufi Brotherhoods in Africa », dans *The History of Islam in Africa*, sous dir. Nehemiah LEVTZION et Randall L. POUWELS, Athens, Ohio University Press, 2000, p. 441-476.

VINSON Synan, « The Charismatic Renewal After Fifty Years », dans *Spirit-Empowered Christianity in the 21st Century*, sous dir. Synan Vinson, Lake Mary, Charisma House, 2011, p. 7-24.

VONDEY Wolfgang, *Pentecostal Theology. Living the Full Gospel*, New York, Bloomsbury, 2017.

WALKER Daniel Okyere, « The Pentecost Fire Is Burning. Models of Mission Activities in the Church of Pentecost », thèse de doctorat, University of Birmingham, mars 2010.

WALLS Andrew F., *The Cross-Cultural Process in Christian History. Studies in the Transmission and Appropriation of Faith*, Maryknoll, Orbis Books, 2002.

WATT Montgomery W., « Islam and Christianity Today. A Contribution to Dialogue », Londres, Routledge, 1983. Cité dans Ah Young Kim, « The Muslim Presence in Korea and Its Implications for Korean Evangelical Missiology », thèse de doctorat, Fuller Theological Seminary, août 2003.

WESTERLUND D., Rosander E., sous dir., « African Islam and Islam in Africa. Encounter Between Sufis and Islamists », Athens, Ohio University Press, 1997. Cité dans Mohammad Saani Ibrahim, « The Decline of Sufism in West Africa. Some Factors Contributing to the Political and Social Ascendancy of Wahhabist Islam in Northern Ghana », thèse de doctorat, McGill University, Montreal, octobre 2011. ProQuest Dissertations & Theses Global.

WILKS Ivor, « The Juula and the Expansion of Islam into the Forest », dans *The History of Islam in Africa*, sous dir. Nehemiah LEVTZION et Randall L. POUWELS, Athens, Ohio University Press, 2000, p. 93-115.

WILSON Christy J., *The Christian Message to Islam*, New York, Fleming H. Revell, 1950. Cité dans Sam Schlorff, *Missiological Models in Ministry to Muslims*, Upper Darby, Middle East Resources, 2006.

WOODBERRY J. Dudley, sous dir., *From Seed to Fruit. Global Trends, Fruitful Practices, and Emerging Issues among Muslims*, 2ᵉ éd., Pasadena, William Carey Library, 2011.

WOODBERRY J. Dudley, « The Muslim Understanding of Jesus », *Word and Word* 16, no. 2, printemps 1996, p. 173-178.

WOODBERRY J. Dudley, « The View from a Refurbished Chair », dans *Missiological Education for the Twenty-First Century. The Book, The Circle, and the Sandals, Essays in Honour of Paul E. Pierson*, sous dir. J. Dudley Woodberry, Charles

Van Engen et Edgar J. Elliston, American Society of Missiology Series 23, Eugene, Wipf and Stock, 2005.

WORLD COUNCIL OF CHURCHES CENTRAL COMMITTEE, « Towards Common Witness », Resources. World Council of Churches, 19 septembre 1997, https://www.oikoumene.org/resources/documents/towards-common-witness.

WRIGHT Christopher J. H., *La mission de Dieu. Fil conducteur du récit biblique*, traduit de l'anglais par Alexandre Sarran, Charols, Excelsis, 2012.

WYLLIE Robert W., « Pioneers of Ghanaian Pentecostalism. Peter Anim and James McKeown », *Journal of Religion in Africa* 6, no. 2, 1974, p. 109-122.

YAKUBU Rahman, « Ghana », dans *The African Christian and Islam*, sous dir. John Azumah et Lamin Sanneh, Carlisle, Langham Monographs, 2013, p. 303-316.

YUNG Hwa, « Pentecostalism and the Asian Church », dans *The Charismatic Face of Christianity in Asia*, sous dir. Allan Anderson et Edmond Tang, 2ᵉ éd., Regnum Studies in Mission, Oxford, Regnum, 2005, p. 30-45.

ZWEMER Samuel, *The Influence of Animism on Islam*, New York, McMillan, 1920. Cité dans Sampson Kenneth Kofi Twumasi, « Understanding the Folk Islam of the Dagbani-Speaking People. A Prerequisite to Evangelism in North Ghana », thèse de doctorat, Andrews University, 1996.

Table des matières

Préface ix

Résumé xiii

Abréviations xv

Remerciements xvii

Introduction 1
    Énoncé de la problématique de la recherche 1
    Contexte de l'étude 4
        La croissance de l'islam et ses implications pour les
        pentecôtistes 4
        L'essor du pentecôtisme africain 7
        La croissance de l'Église de Pentecôte en tant que
        pentecôtisme africain local 8
        Les musulmans populaires au Ghana 9
        L'engagement des chrétiens auprès des musulmans au Ghana 13
        L'approche de l'Église catholique romaine 14
    Déclaration d'intention 16
    Problématique 17
    Hypothèses 18
    Méthodologie 18
    Limites 21
    Thèse 21
    Questions de recherche 21
        Question centrale de la recherche 21
        Sous-questions 21
    Importance de la recherche 22
    Définition des termes 22
    Structure de l'étude 23

Chapitre 1 25
*Le développement historique du christianisme au
Ghana et l'impact du pentecôtisme*
    La religion indigène au Ghana 25
    L'arrivée du christianisme 30
        Les missions catholiques au Ghana 30
        Les missions protestantes au Ghana 32

  L'impact des missions occidentales 33
 Les origines du pentecôtisme mondial 35
 Le pentecôtisme au Ghana 40
  Le précurseur du pentecôtisme : les Églises spirituelles 40
  L'émergence du pentecôtisme 43
  La première phase du pentecôtisme 45
  La deuxième phase : le néo-pentecôtisme 46
 L'impact du pentecôtisme sur le christianisme ghanéen 48
 Résumé 51

Chapitre 2 53
Le développement de l'islam et la nature des relations entre chrétiens et musulmans au Ghana
 L'islam en Afrique de l'Ouest 53
 Histoire de l'islam au Ghana 55
 Les caractéristiques et la propagation de l'islam au Ghana 58
 L'émergence et l'expansion de l'islam depuis le milieu du XXe siècle ...61
  Mouvements réformistes islamiques au Ghana 61
  L'émergence des groupes islamiques au Ghana 64
 L'ordre soufi : Tariqa Tijaniyya 66
  Le mouvement Mahdi 69
  Le mouvement Ahmadiyya 69
  La mission Ahmadiyya au Ghana 71
  L'impact de la mission Ahmadiyya 72
  Le chiisme 74
 Comprendre les relations entre chrétiens et musulmans au Ghana ..76
  Les groupes intermusulmans 76
  La violence islamique fondée sur la dynamique socio-
   économique et politique 77
  Différences doctrinales et d'interprétation 78
  Relations entre chrétiens et musulmans 83
  Évolution historique des missions de l'Église de Pentecôte
   auprès des musulmans 85
  Le ministère chrétien des musulmans convertis 90
 Résumé 96

Chapitre 3 99
L'influence de l'animisme sur les croyances et les pratiques des musulmans populaires ghanéens
 Croyances fondamentales 99
 Arkan : les cinq piliers 102

    Chahada : confession de foi 102
    Salat : la prière rituelle 104
    Zakat : l'aumône 107
    Sawm : le jeûne 108
    Hajj : pèlerinage 109
  La vie quotidienne des musulmans populaires au Ghana 111
    Le monde des esprits des musulmans populaires 111
    Les djinns et les forces spirituelles 112
    Pratiques religieuses et magiques 117
    Le mauvais œil 122
    La divination ou l'orientation 123
    La vénération des saints 125
    Le culte des ancêtres 126
    Rites de passage 127
  Résumé 130

Chapitre 4 133
*Les méthodes existantes pour partager l'Évangile avec
les musulmans populaires*
  L'approche directe 133
  L'approche indirecte ou de l'accomplissement 135
  Le modèle dialogique 136
  Le dialogue interreligieux 137
  La compréhension de Jésus par les musulmans 139
    L'autorévélation de Dieu et l'unicité 139
    La naissance et la vie de Jésus 142
    La crucifixion et la mort de Jésus 144
    La nature et la filiation de Jésus 146
    Le retour de Jésus 149
  Le support théologique des pentecôtistes pour aborder les
    musulmans populaires 151
    Jésus en tant qu'ancêtre dans le contexte populaire ghanéen ... 151
    Le Saint-Esprit, un pont vers les musulmans populaires 155
    La puissance du style de vie et du caractère 158
    Le pouvoir de la proclamation orale 159
    La grâce, l'amour et la vérité de Jésus pour les musulmans
      populaires 161
    Les pentecôtistes et les besoins existentiels de l'islam
      populaire 169
  Résumé 171

Chapitre 5 173
L'engagement des pentecôtistes auprès des musulmans du Ghana
    Les rencontres avec la puissance de Dieu et les besoins
       expérientiels des musulmans populaires 173
    Comprendre les rencontres de puissance 175
    Les rencontres de puissance dans les anciennes Écritures 178
    Les rencontres avec la puissance dans le ministère de Jésus 180
    Des rencontres de puissance par la prière 182
    Le pentecôtisme en tant que christianisme populaire 184
    Les pratiques pentecôtistes de guérison et de délivrance 186
    Les rencontres de puissance en tant que phénomènes continus 189
    Les rencontres de puissance dans les missions auprès des
       musulmans populaires aujourd'hui..195
    Les musulmans dans l'ère postpandémique...197
    Résumé...200

Conclusion 203
    Contributions à la recherche 208
    Recommandations..211

Bibliographie 213

Langham Literature, et sa branche éditoriale, est un ministère de Langham Partnership.

Langham Partnership est un organisme chrétien international et interdénominationnel qui poursuit la vision reçue de Dieu par son fondateur, John Stott :

> *promouvoir la croissance de l'Église vers la maturité en Christ en relevant la qualité de la prédication et de l'enseignement de la Parole de Dieu.*

Notre vision est de voir des églises équipées pour la mission, croissant en maturité en Christ, par le ministère de pasteurs et de responsables qui croient, qui enseignent et qui vivent la Parole de Dieu.

Notre mission est de renforcer le ministère de la Parole de Dieu de trois manières :
- par la mise en place de mouvements nationaux de formation à la prédication biblique ;
- par la rédaction et la distribution de livres évangéliques ;
- par la formation d'enseignants théologiques évangéliques qualifiés qui formeront ensuite des pasteurs et responsables d'églises dans leurs pays respectifs.

Notre ministère

Langham Preaching collabore avec des responsables nationaux en vue de la création de mouvements de prédication biblique dirigés par les nationaux eux-mêmes. Ces mouvements, qui naissent progressivement un peu partout dans le monde, rassemblent non seulement des pasteurs, mais aussi des laïcs. Nos équipes de formateurs venus de beaucoup de pays différents proposent une formation pratique qui comporte plusieurs niveaux, suivie d'une formation de facilitateurs locaux. La continuité est assurée par des groupes de prédicateurs locaux et par des réseaux régionaux et nationaux. Ainsi nous espérons bâtir des mouvements solides et dynamiques, constitués de prédicateurs entièrement consacrés à la prédication biblique.

Langham Literature fournit des livres évangéliques et des ressources électroniques par la publication et la distribution, par des subventions et des réductions à des leaders et futurs leaders, à des étudiants et bibliothèques de séminaires dans le monde majoritaire. Nous encourageons aussi la rédaction de livres évangéliques originaux dans de nombreuses langues nationales par le biais de bourses pour des écrivains, en soutenant des maisons d'édition évangéliques locales, et en investissant dans quelques projets majeurs comme *le Commentaire Biblique Contemporain*, qui est un commentaire de la Bible en un seul volume rédigé par des auteurs africains pour l'Afrique.

Langham Scholars soutient financièrement des doctorants évangéliques du monde majoritaire dans le but de les voir retourner dans leurs pays d'origine pour former des pasteurs et d'autres chrétiens nationaux en leur proposant un enseignement biblique et théologique solide. Cette branche de Langham cherche donc à équiper ceux qui en équiperont d'autres. Langham Scholars travaille aussi en partenariat avec des séminaires dans le monde majoritaire, afin de renforcer l'éducation théologique évangélique sur place. De ce fait, un nombre croissant de « Langham Scholars » (le nom « Scholars » signifie « boursiers ») peut aujourd'hui suivre des programmes doctoraux de haut niveau au cœur même du monde majoritaire. Une fois leurs études terminées, ces « Langham Scholars » vont non seulement former à leur tour une nouvelle génération de pasteurs, mais exercer une grande influence par leurs écrits et par leur leadership.

Pour plus d'informations, consultez notre site : langham.org.

www.ingramcontent.com/pod-product-compliance
Lightning Source LLC
Chambersburg PA
CBHW051539230426
43669CB00015B/2656

Cet ouvrage de Dieudonné Komla Nuekpe sur l'islam au Ghana dans une perspective pentecôtiste est le bienvenu pour un certain nombre de raisons. Tout d'abord, l'ouvrage identifie un pont solide entre les musulmans et les chrétiens ghanéens dans l'héritage commun des religions traditionnelles africaines. L'accent mis par le christianisme pentecôtiste charismatique sur le surnaturel et la rencontre spirituelle, y compris les rêves, les visions et la guérison par la foi, trouve un écho chez de nombreux musulmans ghanéens que l'auteur qualifie de « musulmans populaires ». L'approche missionnaire adoptée par l'auteur trouvera également un écho auprès des pentecôtistes. L'islam et le christianisme sont des religions missionnaires, et la discussion sur l'engagement des musulmans dans l'Évangile ne surprendra ni les musulmans ni les chrétiens ghanéens. Ce qui distingue cet ouvrage, cependant, c'est l'esprit de respect mutuel et l'approche moins conflictuelle que recommande l'auteur. Cela fait de cet ouvrage une contribution très précieuse à la compréhension chrétienne de l'islam et l'engagement avec les musulmans au Ghana et au-delà.

John Azumah, Ph.D. (histoire de l'islam en Afrique)
Directeur Exécutif du Sannet Institute
Professeur invité, Yale Divinity School, États-Unis

Le Dr Nuekpe commence ce livre en fournissant des informations complètes sur la foi islamique, ce qui est essentiel pour les ouvriers de l'Évangile parmi les musulmans. Ensuite, il emmène le lecteur plus loin, en ouvrant ses yeux missionnaires pour qu'il puisse voir les besoins des adhérents ordinaires appelés « musulmans populaires » dans le contexte ghanéen. Le livre aide non seulement les lecteurs à acquérir des connaissances approfondies sur les musulmans populaires, mais il fournit également des lignes directrices pratiques pour leur transmettre l'Évangile de manière holistique, aimante, sage, pacifique et efficace. Le point fort de sa discussion réside dans l'accent qu'il met sur le ministère de la « rencontre de puissance », compte tenu de la vision du monde des musulmans populaires ghanéen orientée vers la puissance. Ses suggestions passionnées, issues de sa perspective pentecôtiste africaine, sont suffisamment stimulantes pour inciter les lecteurs à réexaminer et à revoir l'approche missionnaire des musulmans dits populaires. Ce livre est incontournable pour ceux qui recherchent sincèrement une méthode efficace d'évangélisation et de formation de disciples parmi les musulmans ghanéens et les autres musulmans du monde entier.

Caleb Kim, Ph.D. (études interculturelles)
Directeur du Doctorat en études interreligieuses
Coordinateur du programme du Centre d'étude des religions
African International University, Kenya

Conscient du contexte religieux du christianisme ghanéen axé sur la puissance, le Dr Nuekpe, dans une perspective émique, souligne de manière critique l'importance des dons du Saint-Esprit pour l'évangélisation des personnes d'autres religions qui partagent un héritage spirituel similaire. L'histoire de la mission ghanéenne démontre l'efficacité de l'évangélisation par la puissance du Saint-Esprit. Aujourd'hui, si l'on considère les personnes qui sont dans un besoin existentiel en raison du manque de ressources pour faire face à la pandémie, les chrétiens ont une grande opportunité de leur faire connaître l'Évangile. Bien que le Dr Nuekpe considère les aspects expérientiels comme un facteur important de la conversion des gens, il souligne l'importance d'un changement de vision du monde par l'étude continue des Écritures. Cette étude arrive à point nommé pour donner un aperçu de l'évangélisation efficace des populations, non seulement au Ghana, mais aussi dans le monde entier.

Chang Seop Kang, Ph.D. (études interculturelles)
Professeur adjoint de missiologie
Torch Trinity Graduate University, Corée du Sud
Pasteur principal, Église chrétienne chinoise d'Incheon

La lecture de ce livre m'a beaucoup éclairé, et j'espère qu'il comblera le fossé entre la communauté chrétienne et la communauté musulmane. Atteindre le monde musulman avec l'Évangile du Christ a été rendu plus facile et plus simple par le Dr Dieudonné Komla Nuekpe.

Paul Frimpong Manso, Ph.D. (théologie)
Ancien surintendant général
Assemblées de Dieu du Ghana
Président du Conseil pentecôtiste et charismatique du Ghana
Président du Comité d'évangélisation du Ghana

L'approche du Dr Nuekpe sur le sujet des relations islamo-chrétiennes est intéressante et véritablement pentecôtiste. Alors que de nombreux chercheurs ont adopté une approche historique, doctrinale, dialogique ou politique de l'islam et des musulmans au Ghana, l'auteur aborde le sujet sous un angle purement spirituel et de conversion : « Cette étude démontre que les musulmans ghanéens sont principalement des musulmans populaires, un groupe de musulmans qui n'ont pas complètement abandonné les pratiques des religions traditionnelles africaines (RTA), lorsqu'ils ont adopté l'islam. En tant que tels, les musulmans populaires sont des personnes orientées vers la puissance, comme les pentecôtistes, et les deux groupes partagent l'héritage spirituel ghanéen des pratiques des religions traditionnelles africaines. Cet article propose de voir comment cet héritage commun peut servir de passerelle aux pentecôtistes pour s'engager auprès des musulmans avec l'Évangile. » Son identification de la prédominance de la vie populaire parmi les musulmans du Ghana fait que l'ouvrage vaut la peine d'être lu, en particulier pour les personnes intéressées par le partage de l'Évangile avec les musulmans. Ce livre est indispensable pour tous les chrétiens qui cherchent à comprendre l'islam au Ghana.

Nathan Iddrisu Samwini, Ph.D. (islamologie)
Maître de conférence en relations islamo-chrétiennes et musulmanes
KNUST, Ghana
Ancien évêque de l'Église méthodiste du Ghana, Diocèse de Tamalé

L'islam vécu en Afrique et ses implications missiologiques pour les pentecôtistes du Dr Dieudonné Komla Nuekpe est une source d'inspiration profonde pour les missionnaires du monde entier. Le thème central du livre est la manière de communiquer l'Évangile aux musulmans populaires du Ghana. L'auteur offre une explication concise et claire de l'histoire et des caractéristiques des religions indigènes du Ghana, en mettant l'accent sur leurs aspects surnaturels et spirituels. En outre, le livre se penche sur l'islam populaire au Ghana, qui est syncrétisé avec ces croyances, et explore le christianisme ghanéen, en particulier le pentecôtisme. Il analyse ensuite les stratégies d'évangélisation des Églises existantes et conclut que le pentecôtisme est une réponse puissante. Le livre démontre que la suprématie de Dieu offre un niveau de domination différent de celui des autres forces spirituelles. Cette leçon permet d'aider les adeptes de l'islam populaire au Ghana à faire l'expérience de la puissance du Saint-Esprit. En même temps, l'auteur insiste sur la nécessité de comprendre des principes théologiques solides et met en garde contre une focalisation exclusive sur les capacités surnaturelles. En d'autres termes, ce livre souligne l'importance de l'harmonie entre la Parole de Dieu et la puissance du Saint-Esprit.

En lisant ce livre, je me suis souvenu d'une anecdote datant des débuts de l'Église du Plein Évangile de Yoido, dans laquelle le pasteur David Yonggi Cho avait remporté un débat avec un « chaman » concernant la guérison d'une femme malade. Depuis l'Église primitive jusqu'à nos jours, le fait d'être rempli du Saint-Esprit a été le moyen le plus efficace de prêcher l'Évangile à travers les âges. Ce livre est un ouvrage inestimable qui explique non seulement les stratégies et les méthodes d'évangélisation au Ghana et au-delà, mais qui donne aussi une idée profonde de l'essence de l'Évangile, des bonnes stratégies missionnaires et de la direction à suivre.

Révérend Younghoon Lee, Ph.D. (sciences religieuses)
Pasteur principal
Yoido Full Gospel Church, Séoul, Corée du Sud
Président du Conseil chrétien de Corée

Bien que les pentecôtistes et les musulmans vivent en paix au Ghana, la position exclusiviste du christianisme ghanéen et le zèle évangéliste des pentecôtistes à prêcher l'Évangile aux musulmans entraînent des conflits et des tensions occasionnels entre eux. Dans cet ouvrage excellent et bien écrit, Dieudonné Komla Nuekpe a découvert le lien de l'héritage commun qui permet aux pentecôtistes du Ghana de partager leur foi avec les musulmans dans une atmosphère pacifique. Le livre est opportun et stimulant, il servira de manuel pour les sions théologiques et de livre de ressources pour tous les chrétiens soucieux des relations islamo-chrétiennes au Ghana et au-delà. Dieudonné doit être félicité pour sa précieuse contribution à l'importante littérature sur le christianisme ghanéen.

Christian Tsekpoe, Ph.D. (théologie et mission)
Responsable de la formation ministérielle
Université de Pentecôte, Ghana
Président du Comité de mission locale et urbaine de l'Église de Pentecôte, Ghana